HEYNE ‹

Urban Priol, 1961 geboren, gründet wenige Jahre nach dem Abitur seine erste Kleinkunstbühne. Anfänglich Gemeinschaftsprogramme – unter anderem mit Andreas Giebel –, ab 1995 Soloauftritte, darunter *Alles muss raus* (2001). *Täglich frisch* (2003) und *Tür zu!* (2006). Seit 2002 Jahresrückblick *TILT!*. Viele Auszeichnungen, darunter Salzburger Stier, Deutscher Kabarett-Preis, Deutscher Fernsehpreis 2007 mit Georg Schramm für die ZDF-Satiresendung *Neues aus der Anstalt*. Priol lebt in der Nähe von Aschaffenburg.

URBAN PRIOL

HIRN IST AUS

Mit Zeichnungen von Greser & Lenz

WILHELM HEYNE VERLAG
MÜNCHEN

Verlagsgruppe Random House FSC-DEU-0100
Das FSC®-zertifizierte Papier *München Super* für dieses Buch
liefert Arctic Paper Mochenwangen GmbH.

3. Auflage
Taschenbucherstausgabe 05/2011

Inhalt

Vorwort zum Vorwort	7
Vorwort	8
Kreuzfahrt der Tränen	10
Mütter an sich	39
Gebührenterror	41
Depperltest	51
Bahnvision	57
Hektik des Alltags	72
Ausreden	76
Steuerprüfung	78
Partner Hund	87
Letzte Verkünder	96
Haarree gutt!	98
Krötentunnel	101
Kommunales for Beginners	103
Visionen	106
DIN-Normen und anderes	109
Und wenn nichts mehr geht – saufen?	114
Finale Communale	117
Germanischer Optimismus	122
Linksfahrerentschuldigungsblues	127
Bahngedanken	130
Jubiläen müssen auch sein	134
Bahnausreden	137
Sackgassen	140
Mobile Sprechhilfen	142
Der ADAC macht das schon	144
Kreuzfahrt II	149

Ängste 156

Klimawandel 161

Der Film zum Absturz 164

Der Psycho-Workshop 166

Verbindliche Auskunft 169

Mit einer Stimme 175

Streikland 180

Weltspartag 182

Europa wird zum Stier 187

Tu felix Austria 190

Visa – die Freiheitsaffäre 193

Völler fehlt 196

Zu viele auf einmal 201

»Liebe ist ...?!« 205

Novembriges 207

Allgemeine Gewöhnung 210

Hochzeitsbedingte Scheidungen 212

Rettungsversuche 215

Hitlisten 222

Multiple Eheschließung 224

Nine-Eleven 226

Krisen der Freundschaft 229

Die Welt liebt ihn 233

Die Mission vor »Mission accomplished« 235

Tsunami-Hilfe 240

Erziehungsdramen 242

Schlagzeilen 246

Tücken der Technik 247

Du bist Deutschland 253

Workshops 255

Glückskeks 258

Börsenschwankungen 260

Pope down 261

Forsthaus Falkenau 269

Nachwort 272

Vorwort zum Vorwort

»Auf nachstehenden Blättern wird ein kleiner bunter Geschichtenstrauß dargereicht. Er ist unter schlichten Leuten aufgeblüht und soll Menschen einfachen Gemütes erfreuen. Das schmale Erzählgebund enthält Stücke mannigfacher Art, angefangen vom empfindsamen Märchen bis zum pfiffigen Schwank, und von der frommen Legende bis zur derben Schnurre. Die verschiedenen Stücke gewähren einen Blick in das Erzählgut, das einst in der Spessarter Landschaft umwanderte.

Wie? Heute noch solche Geschichtlein bieten? Erst recht. In der Unrast gegenwärtiger Tage flüchten wir zuweilen in eine Hürde traulicher Besinnlichkeit sowie heiterer Unbekümmertheit. Jawohl, die kurze Ausruh' bei unserer Volksdichtung kann neue Spannkraft für das schwere, zermürbende Tagewerk sein.«

Dieses kleine Vorwort klingt, als habe der Bundespräsident persönlich zur Feder gegriffen. Es ist aber entnommen dem schmucken Band *Das Wirtshaus zu Rohrbrunn* von Valentin Pfeifer – visionärer und rhetorisch bestechender als jeder Berliner Redeversuch unseres hochverehrten Bundes-Horst.

Vorwort

»Sagen Sie mal – was machen Sie eigentlich tagsüber?«

Das ist so eine Lieblingsfrage, die man als reisender Kabarettist nach der Vorstellung häufig gestellt bekommt. Schon ist man in ein prickelndes Gespräch verwickelt, nebenan, beim Lieblingsitaliener des Veranstalters in Bad Oeynhausen oder Georgsmarienhütte (etwas anderes hat um diese Zeit ohnehin nicht mehr geöffnet).

»Sagen Sie mal – was machen Sie eigentlich tagsüber?«

Im Moment sitze ich gerade auf der Terrasse einer Einliegerwohnung in Saint-Laurent-du-Var in der Nähe von Nizza und beneide die flanierenden Urlauber, die sich in die azurblauen Fluten an der Promenade des Anglais stürzen, während ich schwitzend darüber nachdenke, welches Vorwort am besten zu jenem Œuvre passen könnte, das ich der Meinung meiner Agentur zufolge unbedingt schreiben sollte: »Hör mal – du hast tagsüber eigentlich genug Zeit – da könntest du doch mal Texte der letzten Jahre zusammensuchen, neue Texte dazustellen und ein Buch daraus machen, das fällt dir zwischendurch doch nicht schwer, oder?«

Und dann kommt das, was einem oft so schwer fällt, in die Quere – nicht Nein sagen zu können. Ich hätte sagen sollen: »Doch, das fällt mir schon schwer, denn wenn ich das mache, dann ist August, und eigentlich wollte ich etwas entspannen, weil im September geht doch die Tour wieder los, und dann stehen nach der Vorstellung fremde Menschen vor mir, die dann von mir wissen wollen, was ich eigentlich tagsüber so mache, und darauf muss ich mich mental vorbereiten«, aber das habe ich nicht gesagt, ich habe dummerweise gesagt: »Nein.« Was von der Gegenseite eindeutig als ein Ja!, also als Zustimmung, gewertet wurde, obwohl ich eigentlich Nein! gemeint hatte. Ich teile dieses Schicksal mit vielen Menschen. Nicht Nein sagen zu können. Das kriegt man in der Kindheit so mit. Man quengelt rum und sagt, wenn man etwas nicht will, spontan das Richtige, nämlich: »Nein!« Schon wird man angepflaumt: »Och, nun sag doch nicht immer Nein!«

Dann befolgt man das, man will ja ein liebes Kind sein, und leidet oftmals darunter bis zum Ende seiner Tage. Später, nach den ersten Lebensniederlagen und etlichen Sitzungen beim persönlichen Therapeuten seines Vertrauens, wird man dann darauf getrimmt, sich dieses Verhaltensmuster für teures Geld wieder abzutrainieren, nachdem sich durch das jahrelange Nicht-Nein-Sagen-Können Katastrophe um Katastrophe über einem aufgetürmt hat: die erste Ehe – bei ganz hoffnungslosen Fällen sogar Zweit-, Dritt- oder Viertehe.

Eigentlich ist es schön hier, in Saint-Laurent-du-Var: Man hat einen wunderbaren Blick auf das zentrale Bergmassiv der Region Alpes-Maritimes, und wenn ich nicht an diesem blöden Vorwort sitzen würde, könnte ich mich ganz fürchterlich angenehm langweilen, mitten im August. Gerade suppt mir ein vorzüglicher Schluck 05er Comte Lafond aus der Appellation Sancerre Contrôlée über eines der lose um mich herumwehenden Skriptblätter – Aufzeichnungen von 1997. Was damals los war: Der Dicke war noch Kanzler, Angela noch sein Mädchen, die A-Klasse von Mercedes stolperte über den Elch-Test ... ach ja – und dann war da auch noch ...

Kreuzfahrt der Tränen

Es gibt in letzter Zeit immer mehr Menschen, die sich fragen: Was kann die SPD eigentlich, außer in regelmäßigen Abständen ihre Kanzler und Parteivorsitzenden wegzumeucheln, unzufrieden und beleidigt durch die Gegend zu stapfen und ansonsten – wie jetzt – innerhalb der Großen Koalition möglichst wenig in Erscheinung zu treten, um Angela Merkel das breite Feld der Selbstdarstellung zu überlassen? Solche Vorwürfe sind ungerecht. Die SPD leistet sich nicht nur einiges, sie macht auch viel. Vor allem für altgediente Genossinnen und Genossen. Als Kabarettist ist man immer neugierig, und so wurde ich hellhörig, als Mitte der 90er Jahre das Angebot kam, als Bordbelustigung mit auf eine SPD-Kreuzfahrt zu gehen. Die SPD macht Kreuzfahrten? Dass sie ab und an baden geht, das ist hinlänglich bekannt – aber wer weiß schon, dass die Partei sich einen eigenen Reiseservice hält, der vom Trekking im Unteren Weserbergland über Silvester in Shanghai bis hin zu Veteranenreisen ins ehemalige Königsberger Heimatlandgefühl so ziemlich alles bereithält, was des Sozen Herz begehrt. Gut, auch die CSU hält sich ein parteieigenes Reisebüro, allerdings sind die Christsozialen über organisierte Wallfahrten nach Altötting und frömmelndes Gemeinschaftsschluchzen im Herrgottswinkel noch nicht hinausgekommen. 1997 stand ein tolles Angebot im Raum: Mittelmeerkreuzfahrt. Ablegehafen Nizza. Anlegehafen Nizza. Dazwischen Sonne, ein paar Auftritte an Bord der MS »Dalmacija«, ein mit kroatischer Besatzung unter karibischer Flagge dümpelnder Kleinschoner – kurz: Es versprach ein entspanntes Engagement zu werden, nicht wie im Jahr zuvor im rauen Nordmeer, eine Reise, die unter dem Motto stand:

Haut's vom Tisch den Sechser-Pack,
Ist raue See im Skagerrak!

Zwölf Tage an Bord. Das hat nur einen Nachteil: Man kann nicht weg. Man ist seinem Publikum rund um die Uhr ausgeliefert: »Hören Se mal – wir können wegen der Dünung den Hafen nit anlaufen! Macht doch mal solange Programm, ihr seid doch im Preis mit drin – oder nit? Also!«

Galas, also geschlossene Veranstaltungen, gehören ohnehin zum Lieblingsrepertoire – du wirst einem Publikum zum Fraß vorgeworfen, das nicht weiß, was es erwartet, und lieber einen trinken würde ... das muss nicht immer gut ausgehen. Wie früher in der Schule, wenn der Deutschkurs ins Kino durfte. *Tod in Venedig.* Der Film ist so schon langweilig genug. Hätten wir ihn während des Unterrichts sehen dürfen, hätte er uns vielleicht gefallen. Aber abends in unserer karg bemessenen Schülerfreizeit kollektiv ins Kino zur Zwangsvorstellung. Nö. Selbst *Emmanuelle, Teil 5* oder *Bilitis* oder *Zärtliche Cousinen* mit der weichgezeichneten Anja Schüte wären da durchgefallen. Mir haben sich zwei Galavorstellungen bleibend eingeprägt – einmal eine Weihnachtsfeier für die »Transportgemeinschaft Lieferbeton MainMörtel GmbH«: 60 Betonmischerfahrer mit Ehefrauen. Ich hatte noch versucht, das Ganze am Anfang etwas aufzulockern, sachbezogen gewissermaßen:

Das Jesuskind kommt heut ganz fix –
Wir bringen's mit dem Ready-Mix!

Danach haben wir uns alle ratlos durch die folgende Stunde gequält – das war's. Es gibt Tiefpunkte im Leben, da muss man ganz stark sein. Rex Gildo hat das irgendwie nicht verkraftet. Nach einem Vollplayback-Auftritt mit anschließender Autogrammstunde in einem südhessischen Möbelhaus sah er keinen Ausweg mehr, als sich aus seinem Toilettenfenster in die Tiefe zu stürzen. Ein finales: »Hossa!« Und aus war die Fiesta. Ein Schlagersänger wäre vielleicht auch bei dem zweiten Event, der Jahresgeschäftsführertagung der »Bernau AG«, angebrachter gewesen. Aber gut – der Zweite Hauptgeschäftsführer des Unternehmens hatte mich bei einem Auftritt in Stuttgart gesehen und gemeint: »Das ist genau das Richtige für uns!«

Ich hätte an die Betonmischer denken sollen. Nun muss man wissen, dass die Geschäftsführer bei der Jahreshauptversammlung der »Bernau AG« allesamt ehemalige selbständige Besitzer mittelständischer Elektrogeschäfte gewesen waren, bevor sie, aus welchen Gründen auch immer, in selbst- oder unverschuldete Finanznöte geraten waren, aus denen sie der innerdeutsche Heuschreck herausgekauft hatte, um sie als willfährige Marionetten, sprich: Geschäftsführer, zum Wohle der »Bernau AG«, weiterzubeschäftigen. Mein Auftrittsauftrag war klar umrissen: 20 Minuten nach der Suppe, dann zwei Stunden Pause, dann noch einmal 20 Minuten vor dem Dessert. Aus dem Amuse-Gueule wurde aber nichts. Ich stürmte nach der Suppe – wenn ich mich recht erinnere, war es Tomatenconsommé mit Fleischeinlage – die hilfspodestmäßig zusammengezimmerte Notbühne: »So, einen wunderschönen guten Abend ...«

Weiter kam ich nicht, denn schon vor meinem ersten Gag über die Rentenpolitik von Norbert Blüm (ein absoluter Bringer zu der Zeit, obwohl noch niemand ahnen konnte, wie es einige Jahre danach mit dem demographischen Faktor erst richtig den Bach runtergehen sollte), stürmte der Erste Geschäftsführer der »Bernau AG«, also der Chef in Person, der nicht nur Bernau hieß, sondern auch noch in Bernau bei Berlin residier-

te und nun auch noch auf Gut Bernau bei Garmisch-Parten-
kirchen seine Jahresgeschäftsführerhauptversammlung ein-
berufen hatte – ja, das ist gelebte Corporate Identity –, er, Herr
von und zu Bernau ohne Ribbeck und Havelland, stürmte zu
mir auf die Bühne, auf der ohnehin nur wir beide Platz hatten,
und herrschte mich an: »Kommen Sie mal mit!«

Herr Bernau zog mich hinter die Bühne und meinte: »Es
mag wohl sein, dass mit Ihnen vereinbart war, dass Sie nach
der Suppe sprechen – aber damit eins klar ist: Vor *mir* spricht
hier niemand!«, um dann persönlich das Hilfspodest zu er-
klimmen. Und schon donnerte der Vorberliner Heuschreck
los: »Ich will mal annehmen, dass die Suppe allen gemundet
hat, und wir sind ja auch alle froh, heute Abend hier zu sein,
um die Geschäftsentwicklung der ›Bernau AG‹ gebührend
zu begehen … wir alle wissen ja, wie es um das Unternehmen
bestellt ist, heute Morgen hatten wir ja die letzte Notierung
an der Börse – na, Herr Müller, stehen Sie doch mal auf … Sie
haben den Kurs doch sicher präsent, wie wir alle hier, nicht
wahr?«

Er hatte ihn natürlich nicht präsent, danach war die Stimmung völlig im Eimer, und ob Herr Müller seinen Job als Geschäftsführer seines ehemaligen Betriebs über den Tag hinaus
noch ausführen durfte, das wage ich zu bezweifeln, aber wir
sind ja alle nicht zum Spaß auf dieser Welt. Oder wie meine
Lieblingstante immer zu sagen pflegte: »Das Leben ist kein
Wünsch dir was!«

Die Musiker, mit denen ich mich während meiner Zwangspause hinter der Bühne unterhielt, empfanden ebenso. Ich
hatte sie erst gar nicht gesehen, nur gehört, weil sie hinter einem geschlossenen Vorhang spielen mussten, um von dem
Hauptevent des Abends, dem Chef, nicht abzulenken. Selbst-
redend, dass auch erst getanzt werden durfte, nachdem Herr
Bernau und seine Ich-AG sich ins Schlafgemach zurückgezo-

gen hatten. Ich würgte mich dann kurz vor dem Dessert – wie vertraglich vereinbart – noch einmal kurz auf das erhöhte Podest, murmelte etwas von: »Ich weiß nicht, ob Sie mich noch kennen, ich war vorhin schon mal ganz kurz da ...« Die Reaktion war verhalten. Vielleicht hätte ich nicht nachfragen sollen, ob irgendjemand dem armseligen Herrn Müller mittlerweile die neueste Börsennotierung mitgeteilt hatte. Am nächsten Morgen überreichte mir der Zweite Geschäftsführer dann kühlen Blickes den Scheck:

»War ja wohl nichts gestern Abend!«

Aha, dachte ich noch, His Master's Voice. Seitdem überlege ich mir jedes Mal, ob ich bei einem vermeintlich selbständigen kleinen Einzelhändler meinen USB-Stick kaufe oder besser gleich zu Media Markt stolpere.

Zurück zur Krönung einer geschlossenen Veranstaltung – einer Kreuzfahrt! Schon die Gespräche an Bord sind bezaubernd:

»So viel Besteck! Wie isst man denn da jetzt bei Kreuzfahrten? Ich kenne mich da ja nicht aus ... von innen nach außen, oder?«

»Das kommt ganz auf den Seegang an.«

»Wie meinen Sie das jetzt?«

»Kleiner Scherz ...«

Ein kleiner Small Talk nach der Kraftbrühe »Dolores«:

»Kraftbrühe? Des is doch kaa Kraftbrühe! Schmeckt irgendwie nach ... Kartoffelsuppe ... mit Spargelgeschmack. E Kraftbrühe is des net! Awwer salzig isse!«

»Woher soll so en jugoslawische Schankkellner ach wisse, was e Kraftbrühe is?«

»Nett sind se ja, vom Personal. So freundlich und so bemüht.«

»Na ja – die sind halt auch froh, wenn se aus ihrm Elend deheim emal rauskomme für e paar Woche ...«

»Apropos Elend ...«

»Nein, bitte, kein Wort jetzt zur Partei ...«

»Wisse Sie, de Oskar, mer kann ja üwwer ihn denke, was mer will – awwer des is halt doch noch aaner von uns!«

»Wir waren mal in Florida. Die ganze Zeit hatten wir uns auf das versprochene 5-Sterne-Hotel gefreut, und dann waren das nur vier! Ein lausiges 4-Sterne-Hotel! Wir haben dann aber geklagt, gegen den Veranstalter ...«

»Des Soziale und der kleine Mann, des liecht doch dem Oskar mehr am Herze als wie dem Schröder ...«

»Also, wenn ich dazu mal was anmerken darf: Der Service in 4-Sterne-Hotels ist ja oftmals besser als der in 5-Sterne-Hotels.«

»Ja – und auch persönlicher!«

»Persönlich hab ich geche den Schröder eigentlich nix ... es is mir halt nur ... vom Herze her, da is halt der Oskar ...«

»Nun hör doch mit dem Springbrunnen endlich mal auf!«

»Springbrunnen?«

»Lafontaine!«

»Ach so.«

»Wir waren ja schon oft auf Reisen, aber eines kann ich Ihnen sagen: Die besten Schälrippchen der Welt, die hat's auf Djerba.«

»Ach?«

»Ja. Auf Djerba.«

»Das würde man auch nicht auf Anhieb vermuten ...«

»Habt ihr eigentlich schon geübt mit eurer Schwimmweste?«

»Dat is doch erst morjen!«

»Ja, aber – es könnt doch sein, dass heut schon was passiert! Wir sind doch schon ausgelaufen, jetzt stell dir mal vor, es passiert was, und wir haben noch nicht geübt ...«

»Wenn der Lafontaine drankommt, passiert überhaupt nichts. Der ist schneller wieder weg, als wie er drangekommen ist. Der ist Saarländer und Jesuitenzögling – das ist eine gefährliche Kombination!«

»Der Geißler war ja auch bei den Jesuiten.«

»Ja, aber der ist kein Saarländer! Die wären damals doch viel lieber bei den Franzosen geblieben, von wegen ›Dolce Vita‹ und so ...«

»Grad beim Auslaufe, da passiert oft am meiste. Des is wie beim Fliegen. Wenn du erst mal in der Luft bist, dann ist gut. Aber bei Starts und Landungen, gerade da passiert's oft.«

»Wenn dat Fluchzeuch abstürzt, dann nutzt dir deine Schwimmweste aber auch nix mehr. Bruhaha!«

»Grad beim Schiff, da geht des oft auch ganz schnell, hab ich gelesen. Des geht ruck, zuck.«

»Ach was – so ein Schiff sinkt doch nicht in zehn Minuten.«

»Das stimmt nicht – da müssen Sie nur mal die Fährunglücke in den letzten Jahren nehmen. Allein die ›Estonia‹, die ist so schnell gesunken, das haben die nicht einmal gemerkt!«

»Da waren ja auch die Tore vorne offen, weil der Russe eine Bombe zwischen die Scharniere geklemmt hat. Unser Schiff hat ja keine Tore.«

»Und wat sollte der Russe für ein Interesse haben, uns in die Luft zu sprengen?! Bruhahaha!«

»Trotzdem. Es bleibt e bisje e komisches Gefühl ...«

»Herr Ober, ich hatte doch Limonade bestellt. Ja, Limonade – das hier ist aber Saft ... verstehen Sie mich überhaupt?«

»Unser Schwiegersohn, der ist ja beim Max-Planck-Institut beschäftigt, da macht der in Meeresbiologie und Forschung ...«

»Orange ist das, ja, Saft – aber doch keine Limonade!«

»Und der hat sich jetzt, des gefällt unserer Tochter auch so

gut, der hat sich jetzt ganz intensiv mit den Gesängen der Buckelwale beschäftigt ...«

»Besonders laute Geräusche machen die Buckelwale ja, wenn der Japaner in die Nähe kommt, mit seinen Harpunen. Da sind die am Quieken! Bruhaha!«

»Ich weiß, dass das beim Tischgetränk net dabei is, ich zahl's ja extra, die Limonade ...«

»So weit kommt's noch. Teuer genug, die Kreuzfahrt. Obwohl wir Frühbucherrabatt bekommen haben!«

»Das mit den Buckelwalen, ich hab mich dann da auch ein bisschen damit beschäftigt, die Gesänge, das ist, als würden die miteinander reden. Das ist so ganz subtil, hat unser Schwiegersohn gesagt ...«

»Da lasse Se den Orangensaft halt da, in Gottes Namen!«

»Der versteht doch sowieso nur Bahnhof!«

»Haben die eigentlich nur Fremde hier im Personal?«

»Und sehr intelligent, die Buckelwale.«

»Sollen Delphine ja auch sein.«

»Aber die verfangen sich immer so oft in den Thunfischnetzen, gell.«

»Ja, furchtbar.«

»Dann können sie so intelligent nicht sein. Sonst würden sie das ja wohl merken! Was mich aber viel mehr interessieren würde: Wie kommt der Thunfisch vom Netz in die Dose? Ist dat wie beim Strom und der Steckdose? Bruhaha!«

»Trink net so viel von dem Rotwein. Die anderen wollen auch noch was abhaben.«

»Da bestellen wir nach!«

»Und nachher kannst du wieder nicht schlafen.«

»Na – Hauptsache, wir kriegen nicht wieder so einen Seegang wie beim letzten Mal.«

»Auf der Donau ist es immer ganz ruhig ...«

»Die Donau, des is ja auch en Fluss ...«

»In erster Linie liegt es immer am Schiff. Als wir mit der ›Peter Pan‹ unterwegs waren – die lag auf See wie ein Brett. Wie ein Brett!«

»Da war aber auch extrem ruhige See, fast kein Unterschied zur Donau ...«

»Nur die Weinberje haben jefehlt rechts und links ... bru-haha!«

»Ich hatte oft schon mit der Seekrankheit zu kämpfen, da hatten wir noch gar nicht abgelegt! Wir sind ja mit dem Nachtzug gekommen, aus Frankfurt ... und ich bin da in des Stockbett, des war, ich hab gedacht, wie e Koje. Und dann hat sich auch schon alles gedreht ...«

»Oh je ...«

»Und bis ich naus uff de Gang komme bin ... dann stand auch noch e Tasche im Weg ... zum Glück war des meine ... da hab ich dann direkt ...«

»Das ist aber unangenehm. Da kannst du aber froh sein, dass es deine eigene Tasche war ...«

»Schon, aber unter mir, da ... hat doch noch e andere Frau ... und die hat das direkt mitgekriegt, wie ich da ...«

»Peinlich. Da bin ich aber froh, dass mir das nicht passiert ist ...«

»Das kann noch kommen!«

»Ich muss e bisje Wasser in mein Orangesaft ... ohne Kohlensäure, des vertrag ich net ... deshalb wollt ich ja auch die Limonade ...«

»Sagen Sie mal, Herr Ober – eines würde mich ja mal interessieren: Sie sind doch aus Bosnien. Müssen Sie da nicht an die Front jetzt? Oder gibt es bei Ihnen auch so etwas wie Kriegsdienstverweigerung? Ersatzdienst. Da haben wir Sozialdemokraten uns in Deutschland immer für eingesetzt. Wissen Sie, gerade ein Land mit solch einer Vergangenheit. Sie werden dort unten doch sicher gebraucht!«

»Hermann, jetzt lass doch …«

»Man wird doch noch mal fragen dürfen! Das muss einen doch interessieren! Wir schicken unsere Kameraden runter nach Somalia, rüber nach Kambodscha – und wenn das so weitergeht weltweit, dann ist das ja erst der Anfang! Wir fliegen Futter nach Sarajevo, da pfeifen denen die Kugeln um die Ohren, und der macht sich hier einen flotten Lenz! Verbrennt sich vielleicht mal am Konvektomat in der Küche, aber das war es dann. Da wird man doch mal fragen dürfen! Und nicht einmal Deutsch kann er …«

»Hermann, bitte, reg dich net uff, des is net gut für mei Kopfweh …«

»Gell, du hast scho wieder …«

»Es gibt da jetzt Kopfschmerztabletten mit Koffein – die sollen sehr wirksam sein!«

»Da kann ich's doch gleich mit Kaffee versuche. Ich mein, gesünder als Kaffee is so eine Medizin ja auch nicht …«

»Aber Kaffee weitet die Gefäße.«

»Das stimmt. Das sagt mein Hausarzt auch immer.«

»In Djerba, als wir das letzte Mal dort waren, da haben die uns einen Kaffee vorgesetzt, das war eine Frechheit.«

»Seitdem – nie wieder! Das reißen die Schälrippchen auch nicht mehr raus.«

»Das war eine Frechheit, der Kaffee, ja.«

»Dabei sollte man doch grad' von dem Afrikaner meine, dass der wüsst, wie mer en Kaffee macht, des wär doch des Gleiche, als wenn mir net wüsste, wie Bier geht.«

»Na ja … bei dem Afrikaner, des is ja auch mehr Mokka, womit der sich auskennt.«

»Und das Bier im Übrigen – viel zu warm!«

»Morgens, da schmeckt mir der Kaffee sowieso net so …«

»Obwohl man im Urlaub viel mehr Kaffee vertragen kann, wegen der Entspannung!«

»Ich nehme da lieber noch einen Klaren extra nach dem Essen, das entspannt mich mehr. Und – im Übrigen: Nicht nur im Urlaub. Bruhaha!«

»Ich vertrag zwar auch mehr Kaffee im Urlaub, aber – wenn er mir doch net schmeckt, was soll ich mache?«

»Was mir in Frankreich immer getrunke hawwe, des war gut – des war ja mehr so vier Fünftel Wasser mit einem Fünftel Pernod. Oder umgekehrt, des weiß ich gar net mehr so genau. Aber des hat geschmeckt!«

»Der Engländer weiß ja bis heute noch nicht, wie man einen anständigen Kaffee macht. Der kommt von seinem Tee nicht los ...«

»Der Pernod, des – der war sehr gut. Sonst nur Landwein. Den hat mein Mann immer gleich im 5-Liter-Kanister aus dem Supermarkt geholt ... Süppämaschee heiße der ja in Frankreich. Und haben sogar sonntags geöffnet, oft ...«

»In Köln, da hatte mir einen Ausflug auf dem Rhein gemacht – da hatte ich auch wieder so Kopfschmerzen. Bevor wir losgefahren sind schon.«

»Das ist vielleicht aber auch das Klima! Gerade in der Kölner Bucht, da drückt es ja meistens.«

»Das kann natürlich sein.«

»Ich sage immer: Trink dir dann ein paar Kölsch, danach ist das Einzige, was noch drückt, die Blase. Bruhaha!«

»Unser Schwiegersohn, der mit den Walen – die sind ja sehr engagiert. Neulich hatten sie eine Aktion, da war sogar der Dietmar Schönherr mit dabei. Des war fürs Fernsehen. Da war unser Schwiegersohn auch ganz kurz mit im Bild. Haben wir aufgenommen. Das haben wir jetzt auf Video.«

»Kölsch haben die hier wohl nicht an Bord, oder?«

»Ist der Dietmar Schönherr eigentlich immer noch in Nicaragua?«

»›Pivo‹ sagt der Jugoslawe zum Bier, oder? ›Pivo‹ ...«

»Das sind doch jetzt keine Jugoslawen mehr, deshalb hat's dort doch auch die Konflikte ...«

»Daran ist doch nur der Genscher schuld. Das vergessen die meisten! Wenn der nicht so übereilt die einen auf dem Balkan anerkannt hätte, dann wären die anderen doch gar nicht auf die Idee gekommen, auch so werden zu wollen. Das hat der Genscher doch alles nur gemacht, um zu punkten für die nächste Wahl. Und deshalb haben wir immer noch den Kohl am Hals.«

»Na ja, nächstes Jahr klappt's vielleicht. Zeit wär's ja, aber wen stellen wir bloß auf?«

»Komm mir nicht schon wieder mit deinem Lafontaine ...«

»Der spricht uns halt aus der Seele ...«

»Aber der ist alt geworden ... sehr alt ...«

»Na ja, so ein Attentat, das steckt man nicht so leicht weg ...«

»Ich mein doch den Dietmar Schönherr ... des war emal so en stattliche Mann ... aber der ist alt worn ...«

»Der Fischsalat ist lecker!«

»Na ja – mit Thunfisch? Politisch müssten wir den Salat eigentlich zurückgehen lassen!«

»Vielleicht ist ja noch ein bisschen Delphin dabei, der sich intelligenterweise in das Netz verschwommen hat, bevor er sich gleich mit hat eindosen lassen. Bruhaha!«

»Nein, jetzt mal im Ernst ...«

»Jaja, du hast da schon Recht. Aus politischen Gründen müssten wir das ablehnen.«

»Aber mach das mal dem Jugoslawen klar! Auf dem Balkan hauen die sich den Schädel ein, und wir sorgen uns um die artgerechte Aufzucht von Thunfischsalat.«

»Aber er schmeckt schon sehr gut, der Fischsalat.«

»Unser Schwiegersohn ... die haben sehr früh geheiratet ...«

»Für Kinder ist es auch besser, wenn sie junge Eltern haben ...«

»Du kannst den Thunfisch ja an den Rand hinlegen.«

»Ihre beruflichen Ziele hat sie halt zurückgestellt. Die ist jetzt ganz für die Kinder da ...«

»Sie können meinen Salat gerne noch haben – ich mag sowieso keinen Thunfisch ...«

»Gut, auch da kriselt's natürlich schon mal ... wie in jeder guten Ehe halt ...«

»Jaja ...«

»Schon als Kind hab ich keinen Thunfisch gemocht. Auch keine Sardinen. Nur Bratheringe, das war das Einzige.«

»Unser Sohn hat sich Anfang des Jahres getrennt von seiner Frau. Auseinandergelebt halt ...«

»Das sage ich meiner Frau auch immer – wenn wir alte Fotos von früher betrachten, und wenn wir uns dagegen heute so im Spiegel angucken ... da haben wir uns auch ganz schön ... auseinander ... entwickelt. Bruhaha! Und trotzdem sind wir noch zusammen.«

»Die Jugend heute gibt einfach zu schnell auf ...«

»Bratheringe nicht. Höchstens mit Bratkartoffeln. Nur mir Bratkartoffeln.«

»Die besten Bratkartoffeln gibt's bei der Bahn. Wenn die in der Pfanne ... durch das Rütteln der Gleise ... da werden sie so richtig gleichmäßig ...«

»Bei der Bahn machen sie doch heute alles in der Mikrowelle. Das ist doch alles eingeschweißt. Schon wegen der Hygienik.«

»Trotzdem.«

»Bei den ganze AIDA-Schiffe, die mit dem Kussmund ...«

»Ach, die sind doch nur was für die jungen Leute!«

»Lass mich doch emal ausrede!«

»Ich sag doch gar nix!«

»Bei den AIDA-Schiffe, des hat mir der Roman erzählt ...«

»Der ist für die Art von Schiffe doch auch schon zu alt ...«

»Jetzt lass mich doch emal ausreden!«

»Ich sag doch gar nix!«

»Der hat da auch mal so einen Kurztrip gemacht, sechs Tage, von Mallorca und wieder zurück – da wird des ganze Obst in Hamburg eingeschweißt und dann im Flugcontainer nach Palma geschafft.«

»Auch die Mango?«

»Auch die Mango.«

»Aber die könnte die doch direkt vor Ort kaufe.«

»Das hat der Roman auch gesagt. Aber jetzt stell dir vor, ein Passagier hat dann was während der Kreuzfahrt. Oder danach.«

»Du meinst, vom Essen her?«

»Genau. Dann könnte der ja klagen und sagen, es käme vom Essen.«

»Logisch.«

»Wenn aber alles vorher in Hamburg kontrolliert worden ist ...«

»Ach so.«

»Dann kann der klagen, so viel er will. Nutzt ihm nichts, weil es war ja verschweißt.«

»Ja, so eine Gesellschaft muss sich ja auch absichern. Gerade bei uns Deutschen. Da klagt ja jeder gleich. Kostet ihn ja nichts.«

»Hat ja Rechtsschutz.«

»Das ist ja das Dilemma. Jeder Depp kann doch heute klagen bei uns – auch wenn es um gar nichts geht.«

»Wo kommt eigentlich das Essen bei uns an Bord her?«

»Keine Ahnung.«

»Der Thunfisch war aus der Dose. Das steht mal in jedem Fall fest. So was schmeck ich sofort.«

»Was gibt's bei uns eigentlich zum Nachtisch?«

»Profiteroles oder so ... hat auf der Karte gestanden ... das ist so ein französisches Gebäck, glaube ich.«

»Was immer hilft, wenn es in der Ehe mal kriselt, meine Tochter hat das dann auch gemacht, sind ja Haustiere.«

»Wir haben seit letztem Jahr einen Birma-Kater zu Hause.«

»So?«

»Ja.«

»Entschuldigung – der Birma-Kater, das ist doch eine Mischung zwischen Siam und ... Perser – oder?«

»Nein, Karthäuser!«

»An Weinschaum sind die ganz lecker! Bruhaha! Weinschaum – da sagt der Italiener ja Zabaione für!«

»Das kann sein – ich kenn mich da nicht so aus. Meine Schwester, wie die noch gelebt hat, die hat nur ganz normale Hauskatzen gehabt.«

»Unsere Nachbarn, die haben eine Britisch Kurzhaar, die heißen so, obwohl sie eigentlich aus Frankreich sind. Lustig, gell?«

»Ich kann mit Katzen gar nichts anfangen ... Allergie ... nein, das geht gar nicht ...«

»Profiteroles ... hoffentlich ist da kein Glutamat drinne ... Glutamat sollte man unbedingt vermeiden, da kann man Nackenstarre von kriegen.«

»Ob das der Wirkstoff ist, aus dem sie auch Viagra machen? Bruhaha!«

»Na ja, insgesamt ist es ein ganz schöner Reiseauftakt. Und das Wetter scheint auch zu halten.«

»Und trotzdem: Irgendwie hat die Kraftbrühe nach Kartoffelsuppe geschmeckt ...«

Dann wird gelöffelt und gelöffelt ... um sich dann den weltpolitisch wirklich wichtigen Themen zuzuwenden:

»Auf Malta treffen wir uns doch mit dem Bürgermeister von Valletta, oder?«

»Das hat uns die Reiseleitung so gesagt, ja.«

»Den müssen wir unbedingt fragen, wie das auf Malta mit dem Schulsystem geregelt ist. Mich interessiert das immer kolossal, wie das in anderen Ländern mit dem Bildungssystem gehandhabt wird ...«

»Meine Frau war Lehrerin, müssen Sie wissen, die ist seit einem Jahr pensioniert ...«

»Bildung – dafür hat sich der Dietmar Schönherr auch immer eingesetzt. Gerade in Nicaragua!«

»Seine Frau, die Vivi Bach, die malt ja auch ...«

Und dann geht es an die Bar. Dort hängen sie alle zwangsläufig ab. Und es gibt kein Entrinnen. Natürlich darf auch der eine oder andere deftige Witz nicht fehlen: »Ah – Sie sind doch der Kabarettist! Da wissen Sie ja, nä, warum der Nikolaus so einen jroßen Sack hat, nä?«

Natürlich kennt man den Witz, aber man muss so tun, als hätte man ihn noch nie gehört, sonst ist die Stimmung im Eimer, und er kramt noch bescheuertere, noch bekanntere Witze aus irgendeiner seltsamen Hirnwindung, also tut man überrascht:

»Nein, keine Ahnung.«

»Er weiß nicht, warum der Nikolaus so einen großen Sack hat? Weil er nur einmal im Jahr kommt! Bruhahaha!«

Brüller. Ein echter Brüller.

So war es zumindest auf all meinen Kreuzfahrten.

Diesmal war alles ein wenig anders. 31. August 1997. Ein Schicksal erschütterte die Menschheit – das tragische Ende von Diana, Lady Di, der von Stund an als »Königin der Herzen« verehrten Behelfs-Queen aus England. Das stupide Blondchen mit dem unschuldigen Augenaufschlag, diesem waidwunden Dackelblick, das allzeit verletzte Rehkitz, wurde über Nacht in den Status einer Heiligen erhoben, nur weil sie plötzlich nicht mehr war. 245 SPD-Rentner strömten an ihrem Ablebetag auf die MS »Dalmacija« zu, die Hälfte von ihnen wusste noch gar nicht, was passiert war, die andere Hälfte hatte wohl etwas davon gehört, davon waren wiederum 50 Prozent teilnahmslos zur Tagesordnung übergegangen (die Ehemänner) oder einigermaßen paralysiert (die Ehefrauen). Getuschel, Gerüchte, Gewisper ... der Rest der Mitreisenden sollte es durch uns erfahren. Üblicherweise stellt sich die Crew vor dem Ablegen den Passagieren vor. Auch wir Bordkomiker. Zunächst aber natürlich der Kapitän, der seinen Standardspruch schallplattengleich bei jeder Abfahrt aus sich herausquellen ließ: »Winschen wir, dass Poseidon ist auf unsere Seite und immer eine Handbreit Wasser unter den Kiel.«

Komisch – jedes Mal musste ich bei dieser Ansprache an meinen alten Turnlehrer denken, der mich im Sportunterricht der allgemeinen Belustigung preisgegeben hatte –, zu meiner Zeit hieß Sport noch »Leibeserziehung«, doch bis heute habe ich nicht verstanden, was Bockspringen oder Felgaufschwung mit Leibeserziehung zu tun haben sollen, von Völkerball ganz zu schweigen – mein Sportlehrer hatte mir, ich muss zugeben: Leichtathletik habe ich immer gehasst, spätestens, nachdem mir beim Rumblödeln während des Kugelstoßens die Eisenkugel auf die Füße gedonnert und mir beim Hochsprung die Eisenstange ins Gemächt geknallt war ... über eine wohlwollende Vier im Zeugnis hatte ich es deshalb in Sport nie gebracht ... mein Sportlehrer, wie Kapitän Josip Radovan aus dem ehemaligen Jugoslawien, gab beim Hochsprung immer die Losung aus:

Kommst auf Latte, kriegst schon Fimf!

Ich war der springende Flop – ohne Fosbury. An meinen Sportlehrer musste ich also denken, als der Kapitän uns eine Handbreit Wasser »unter den Kiel« wünschte. Danach kam das Team vom Reiseservice der SPD, das über die Landausflüge (fakultativ!) informierte – das steht bei jeder Reise, bei allen Ausflügen immer in Klammern:

Fakultativ!

Es gibt Begriffe, die verstehe ich einfach nicht. Wenn ich in Hotels über die Nottreppe nach unten husche – ich nehme den Aufzug nur in Notfällen, man soll sich ja bewegen, gerade ich, um so das, was ich in meiner Kindheit während der Leibeserziehung versäumt habe, nachzuholen –, in diesen kargen Hoteltreppenhäusern, mit den zusammengerollten Schläuchen, falls es einmal brennen sollte, lese ich immer voller Erstaunen:

Steigleitung, trocken.

Ich habe bis heute nicht begriffen, was das heißen soll. Denn – wenn es einmal brennen sollte, dann darf ich doch wohl erwarten, dass aus dieser Steigleitung, die, nehme ich einmal an, als Löschvorrichtung gedacht ist, genügend kostbares Nass sprudelt, um eine größere Katastrophe rechtzeitig abzuwenden. Beim Tanken brauche ich auch immer sehr lange, bis ich meinen Tankvorgang beendet habe, weil neben dem Schlauch über der transparenten Kugel, diesem Schauglas, immer steht:

Blasenfrei zapfen.

Ich weiß nicht, was passieren könnte, sollten einmal ein paar Blasen in diesem Schauglas sichtbar werden, aber ich behalte es immer genauestens im Auge, um ja nichts verkehrt zu machen. Die fakultativen Landgangprogramme – das ist ja alles nicht so einfach: Die Reisepässe müssen für die Dauer der Kreuzfahrt am Informationsdeck abgegeben werden, damit aber ein Ausflug ins Landesinnere möglich wird, müssen die Reisepässe für die Dauer der Kreuzfahrt durch Landgangsmarken ersetzt werden, die als hafenbehördlich genehmigter Ersatz für den Ausweis einen fakultativen Landgang überhaupt erst ermöglichen. Um das zu erklären ... das dauert. Das macht man am besten direkt nach Ankunft der Passagiere, weil diese durch die Anreise noch so geschwächt sind, dass häufige Zwischenfragen erfahrungsgemäß unterbleiben.

»Liebe Gäste! Im Namen des SPD-Reiseservice heißen wir Sie an Bord herzlich willkommen. Liebe Genossinnen und Genossen – hier einige Informationen zu den von euch gebuchten Landgangsausflügen. Bitte bedenken Sie, dass, bevor wir mit der Ausbootung beginnen können, zunächst die Vorbereitungen zur Ausbootung abgeschlossen sein müssen. Für die Ausbootung empfehlen wir bequeme, flache Schuhe mit hohen Absätzen ... äh, hohe Schuhe mit bequemen, flachen Absätzen.

Teilnehmer am Landgangprogramm Malta (8) sind von der Ausbootung ausgenommen.

Teilnehmer am Landgangprogramm Malta (6) achten bitte bei Ihren Landgangsvorbereitungen darauf, am Landgangsmarkenbrett nur die Landgangsmarke mit der Ihnen zugewiesenen Langsga...Landgangsnummer mitzunehmen. Diese Landgangsnummer ist *nicht* mit der Kabinennummer identisch und ersetzt *nicht* den üblichen Landgangsgutschein für fakultative Landgangsfahrten.

Unabhängig davon verfügen die lokalen Hafenbehörden über eigene Landgangsmarken-Ausweisersatzkarten, die beim Landgang mitgeführt und am Ende des Landgangs ans Landgangsmarkenbrett eingebootet werden müssen.«

Danach herrschte erst einmal Ratlosigkeit im Publikum, was auch so beabsichtig zu sein schien, damit das üppige Bordprogramm rasch abgehandelt werden konnte: Die Morgengymnastik für Senioren, Bingo am Nachmittag, Kreatives Gemüseschnitzen mit Orlando, die vorbereitenden Diavorträge für die Landgangsausflüge (natürlich »fakultativ«!) und das kulturelle Begleitprogramm. Das war das Stichwort. Das kulturelle Begleitprogramm für die Reise waren mein Kollege Andreas Giebel und ich. Na ja, nicht nur. Sitte bei SPD-Kreuzfahrten ist es nämlich stets (»Reisen bildet!«), auch altgediente Promi-Genossen mitzunehmen, deren Hauptaufgabe es ist, die gute alte Sozialdemokratenzeit der 70er Jahre zu verklären und tränenreich den Salzgehalt der Meere zu mehren. Ich erinnere mich an gemütliche Gelage an Bord mit Horst Ehmke, der fabelhafte Anekdoten aus seiner Kanzleramtsministerzeit unter Willy Brandt zu erzählen wusste – der war diesmal leider nicht dabei. Dafür der ehemalige Kurzpressesprecher der Regierung Schmidt, als diese in den letzten Zügen lag: Klaus Bölling. Ein in der Wolle entfärbter Sozialdemokrat, dem eines Abends auf dem Lido-Deck unter sternenklarem Himmel der Satz entfuhr: »Wissen Sie – das Einzige, das meiner Familie im Namen immer gefehlt hat, das war das ›von‹.«

Andreas und ich mussten uns nun dem Publikum vorstellen, wer wir sind, was uns erwartet – und da war ja nun die Sache mit dem jähen Ende von Lady Di am 13. Pfeiler im Alma-Tunnel von Paris. Andreas hatte gleich die Lösung parat: »Du, Urban, geh – du machst doch immer das Aktuelle, woaßt, des is net so meins, des mit der Lady Di, des sagst scho du, oder?« Ich konnte wie immer nicht Nein! sagen – schon hatte ich die Arschkarte gezogen. Nachdem Andreas die Gäste charmant auf Karl-Moik-doublehafte Weise auf die Reise eingestimmt hatte, übergab er sich an mich mit den schmeichelhaften Worten: »Ja, und du, liebes Urberl, du hast den Leuten, glaub ich, jetzt noch a bisserl was Aktuelles zum Erzählen, oder?«

Ich ahnte nicht, welche Schwierigkeiten ich auf mich laden sollte. Ich dachte, die nehmen das locker, von wegen was haben wackere Sozialdemokraten mit einer verstaubten, klassenfeindlichen Monarchie am Hut? Andererseits – warum schiffen sich 245 SPD-Rentner ausgerechnet in Nizza ein, an der Côte d'Azur, ein seit jeher klassisches Urlaubsziel der Arbeiterbewegung? Hatte allein diese Tatsache das Standesdenken der »Royal Rose of England« so verletzt, dass sie es vorzog, im Landesinneren zu verunglücken? Ich war versucht, möglichst emotionslos an die Sache heranzugehen: »Guten Abend, meine Damen und Herren – ich sehe einige bekannte Gesichter hier, wir kennen uns ja noch von der Nordmeerkreuzfahrt ... wie ihr wisst, bin ich anscheinend als apokalyptischer Reiter für die Überbringung der schlechten Nachrichten zuständig. Beim ›Bunten Abend‹ auf der Rückfahrt nach Cuxhaven damals durfte ich als Eilmeldung das Ableben von Erich Honecker verkünden ...«

Aus der ersten Reihe vernahm ich ein genuscheltes: »Der Honecker, der war ja aus Wiebelskirchen. Das liegt im Saarland. Da ist der Oskar ja auch her! Ach, der Oskar.« Ich hab dann kurz eingeworfen: »Ja, und der wird dem Honecker im Alter von der Aussprache auch immer ähnlicher ...«

Es ist immer blöd, Zwischenrufe aus der ersten Reihe entgegenzunehmen, das lernt man im Laufe der Jahre, weil man gar nicht bedenkt, dass der Rest im Saal nicht so genau mitbekommt, was man mit der ersten Reihe gerade an Privatfehden auszufechten hat. Schon hob Gemurmel an ... »Was? Was? Was hat er gesagt?« Ich hab dann nur kurz gemeint, das wäre jetzt nicht weiter von Bedeutung, es ging nur um Oskar Lafontaine ... schon ging ein Seufzen durch das weite Rund.

»Ach ja, der Oskar ... schade, dass der nicht ...«

Ich blieb dann, dank der Kraft des Mikrofons, doch Herr der Lage, um zum eigentlichen Kernpunkt meines Anliegens zu kommen: »Wo waren wir? Richtig: Honecker! Heute bin ich wieder für eine ähnlich schlechte Nachricht zuständig.«

Ich versuchte, möglichst teilnahmslos zu wirken: »Täglich verunglücken 34 Menschen auf den Straßen Frankreichs tödlich. Heute Nacht kam ein Opfer aus dem Ausland: Lady Di ist tot. Und nun weiter im Programm ...«

Ich wollte mit der Norbert-Blüm-Nummer weitermachen, ob die Rente nun sicher sei oder nicht, das könne ihr jetzt ja zum Glück egal sein ... das war nicht mehr möglich. Ein Raunen ging durch den »Grand Salon«, die Vorstellung war gelaufen, ich wusste: Das kriegst du nicht mehr gebacken heute Abend ... überall tiefste Bestürzung, Taschentücher wurden herausgekramt:

»Nein! Was?«

»Ja, hast du das nicht gewusst? Wir hatten das schon am Flughafen erfahren!«

»Wir sind doch mit dem Nachtzug gekommen!«

»Die Diana! Nein! Tot?«

»Ja!«

»Das kann doch nicht wahr sein!«

»Doch!«

»Was machen wir denn jetzt?«

»Die arme Frau!«

»Die hat's von Anfang an nicht leicht gehabt!«

»Und ausgerechnet jetzt, wo sie mit dem Dodi da, ein bisschen Glück!«

»Die arme Frau!«

»Was lesen wir denn jetzt auf dem Klo?«

Danach musste die SPD-Reiseleitung schleunigst die neuesten Bulletins ans Info-Brett heften, das war's. Besonders betroffen von der Art der unbetroffenen Mitteilung war Exregierungssprecher Klaus Bölling, das heißt vor allem seine, wie in SPD-Führungskreisen wohl üblich, vierte Ehefrau. Sie musste die Vorstellung auf der Stelle verlassen, war nicht mehr ansprechbar, ob der Ungeheuerlichkeit meiner leidenschaftslosen Zurkenntnisnahme des Ablebens einer Person, die, wie Klaus Bölling dem Reiseleiter mitteilte, sich uneigennützig für

Aids-Kranke eingesetzt hätte, ein entsetzlicher Verlust für die Menschheit ... Böllings Frau wollte sofort in psychiatrische Behandlung, der Bordarzt, ein ehemaliger Landschuldoktor aus Priština, schien ihr nicht der Richtige zu sein, am nächsten Tag war zum Glück Landgang in Rom (fakultativ!), hektisch wurde die Reiseleitung beauftragt, geeignete Adressen herauszufinden. Ich stand mittendrin, wusste gar nicht, was los war, bot an, mit ihr darüber zu reden, das hat sie sofort abgelehnt und ließ mir mitteilen:

»Da bleibt mir das Herz stehen und die Stimme weg!«

In dieser Reihenfolge. Da hab ich mir nur gedacht: Wie logisch die vierte Ehefrau eines Exregierungssprechers doch denken kann!

Der nächste Tag begann sehr gedämpft. Beim Landausflug Rom (fakultativ!) wurden ein paar Unterschriftenlisten in den Bussen herumgereicht, mit der Aufforderung, einen Königinnen-der-Herzen-Mörder eventuell von der Kreuzfahrt auszuschließen, aber es gab auch heimliche Sympathiebekundungen:

»Pst – kommen Sie doch mal her!«

Verstohlen zog mich jemand in den uneinsehbaren Zwischenraum an Deck, zwischen Rettungsboot »Croatia I« und Rettungsboot »Croatia II«:

»Herr Priol, das mit gestern, also wie Sie das mit der Diana, also der Lady Di, dass Sie das so ganz nüchtern, einfach erzählt haben – danke! Sie können sich ja gar nicht vorstellen, was ich seit dem Unfall mit meiner Frau durchmache. Danke!«

Wilde Verschwörungstheorien schlossen sich an, die sich bis heute hartnäckig halten: Hat sie eine geheimnisvolle Butler-Aussage in einer noch geheimeren Mahagonischatulle aufbewahrt, während Charles nichtsahnend mit seinem Butler auf ökologisch-korrekter Fasanenjagd war? Seit ihrem Tod ist die Schatulle verschwunden, wusste die *Bunte* zu berichten – was mag wohl drin gewesen sein? Royales Resthirn vom Insel-Blondchen? Zwei Tage vor ihrer finalen Kreuzfahrt war Di von britischen Massenblättern noch mit so netten Attributen belegt worden wie: »Von der Intelligenz her liegt sie knapp über einem Blumenkohl.«

Lange hat die *Bunte* gebraucht, um sich von dem Diana-Schock zu lösen und wieder ein weibliches Zauberwesen zu finden, dem sie sich ähnlich unkritisch weltfremd an den Hals werfen konnte: nach der »Königin der Herzen« die »Kanzlerin der Herzen« – Angela Merkel ...

Lady Di – nach ein paar Tagen an Bord hatte sich die Stimmung zum Glück entspannt. Beim Captain's Dinner wurde der Rehrücken »Diana« vom Menue gestrichen und durch das Rumpsteak »lustiger Bosniak« ersetzt, dem auch das schlimmste Gemetzel auf dem Balkan nichts anhaben konnte.

Am Rummel um die Princess of Wales konnte man aber auch sehen: Wir haben als Land nichts Vergleichbares entgegenzusetzen! Heute wird ein Fass aufgemacht, wenn Angela Merkel in einem fliederfarbenen, sackförmigen Etwas, das sich als Kleid getarnt hat, den Grünen Hügel von Bayreuth hinaufwatschelt.

Nein, was internationalen Glamour anbelangt, sieht man – uns mangelt es an Lichtgestalten. Gut, eine Pseudo-Begum haben wir zu bieten, die Tochter der Henne von Thyssen, mittlerweile schon wieder in Scheidung, Chiara Ohoven darf ab und an ihre aufgespritzten Schlauchbootlippen in die Kamera wuchten, und als Highlight wird gefeiert, wenn Katja Riemann bei einem Charity-Event Allgemeinplätze in die Menge kullern lässt ... aber sonst? 1997 – Amerika hatte Hillary Clinton, wir hatten Birgit Breuel. Welcher Paparazzo hätte sich dafür interessieren sollen? Birgit Breuel, die deutsche »BB«, die für viel Geld die EXPO von Hannover zum Großflop werden lassen durfte, aber bitte, wir haben's doch. Die Meute der wilden Fotografen! Helmut Kohl hat einmal angeregt, die Pressegesetze zu verschärfen, gut, das Foto von ihm beim Badespaß in Australien ist noch in bester Erinnerung, er nur in Badehose, den Fluten entsteigend wie der Minus von Velo, da hat er gezürnt: »So etwas verletzt die Menschenwürde!«

Stimmt – vor allem die des Betrachters. Nein, das konnte der Kanzler nicht machen – die Macht der Bilder einschränken! Das deutsche Publikum verlangt nach heimlichen Küssen und Zehenlutschen. Wir brauchen diese ausländischen Operettenhäuser, wir haben doch nichts. Was waren wir froh, dass Caroline von Monaco sich erbarmt hat, unseren blaublütigen Flegelprinz Ernst-August zum Mann zu nehmen – so sind wir wenigstens durch die Hintertür ein bisschen in der Glamourwelt vertreten, der Lady Di so jäh entrissen wurde. ARD und ZDF berichteten zwölf Stunden live von der Beerdigung (Beerdigung und live, eine schöne Kombination), würden die Öffentlich-Rechtlichen heute auch nicht mehr machen – ein Blick in die Nasen bei Trauerveranstaltungen dieser Kategorie, und man weiß sofort: alle gedopt. Aber die Wut auf die Fotografen hielt an: Die *Bild-Zeitung* geißelte auf Seite zwei in einem beißenden Kommentar genau jene Paparazzi, denen sie das Exklusiv-Foto auf Seite eins zu verdanken hatte ... Lustig fand ich die Reaktion aus Peking: Die chinesische Staatsführung merkte an, mit ihrem System der Pressefreiheit wäre eine solche Verletzung der Menschenwürde unmöglich gewesen. Dank der Diskussion um den Fahrer wissen wir jetzt genau, wer Gewohnheitstrinker und wer Gelegenheitstrinker ist – die Experten aus den Häusern Dujardin und Jacobi 1880 hatten sich zusammengerauft: Wer bei 1,0 Promille nicht schwankt, ist Gewohnheitstrinker, also Alkoholiker – diese Erkenntnis hat sich auf dem Schiff etwas relativiert, da wurde auch schon bei 0,3 Promille geschwankt, je nach Seegang, also – alles Gelegenheitstrinker! Wem allerdings bei hohem Seegang nicht schlecht wurde, dessen Magen war bereits so ruiniert, das konnte nur ein Gewohnheitstrinker sein. Mit solchen Erkenntnissen stöpseln sich staatlich bestellte Psychologen regelmäßig ihre verkehrspsychologischen Gutachten zusammen. Der Rummel um Di – was war eigentlich passiert? Ein sturztrunkener Fahrer rast, um einem turtelnden Liebespaar auf dem Rücksitz zu imponieren, mit überhöhter Geschwindigkeit durch eine geschlossene Ortschaft: »Einmal Tour Eiffel!« Leider nicht mehr: »Retour Eiffel.«

Das passiert bei uns auf dem Land nach jedem zweiten Disco-Besuch, wenn es morgens um vier Eugen W. (19), Waldemar K. (23) und Igor Z. (22) mit drei noch nicht identifizierten Mitfahrerinnen um den Baum gewickelt hat. Nur werden anschließend keine Devotionalien gesammelt wie bei »England's Rose«: Ein Scheich hatte 1,8 Millionen für das Autowrack geboten, das letzte Kleid von Lady Di sollte eine halbe Million bringen, Splitter vom Blinkerglas, Lackreste – es hätte mich nicht überrascht, wäre eines Tages die Schrumpfleber des Chauffeurs bei Sotheby's versteigert worden ...

Auch auf der MS »Dalmacija« überboten sich die Genossen mit schrägen Verschwörungstheorien:

»Die vom Königshaus, die haben den Dodi ja nie gemocht, die arme Diana – die hätt's keinem recht machen können ...«

»Dat war ene Attentat, ganz klar! Da steckt die Queen dahinter! Dat war ene Attentat!«

Das Wort Attentat aus dem Mund eines Rheinländers nimmt dem Ganzen schlagartig viel von seiner vermeintlichen Wichtigkeit.

In der »Lido-Bar« im Hafen von Limassol wurde ich über die wahren Hintergründe aufgeklärt:

»Das waren die Leute vom 33. Grad!«
 »Ah, ja ...«
 »Da weiß man noch nicht mal in den Logen was davon!«
 »In den Logen ...«
 »Ja! Das ist heute alles viel verzweigter, als man denkt: Kennedy wurde auch vom CIA umgebracht – weil der den Fidel Castro aus dem Amt morden wollte.«
 »Ach so, klar.«
 »Denken Sie da mal gut drüber nach!«

Hab ich gemacht – bis heute habe ich allerdings keine Antwort auf die Frage, was Fidel Castro Jahrzehnte später dazu bewogen haben könnte, Uwe Barschel in einer Genfer Hotelbadewanne zu ertränken, obwohl die DDR damals noch existierte. Der Genosse in der »Lido-Bar« hatte darauf auch keine Antwort, beschwor mich aber nach dem achten Sliwowitz: »Denken Sie da mal gut drüber nach!«

Tiefe Bestürzung bei den verantwortlichen Chefredakteuren. Programmänderungen standen an, selbst Loriot musste aus Pietätsgründen weichen, die »Jodelschule« hätte angestanden: »Di-Dodi-Dai-der-Dodi-Di ...« Die deutsche Fußballnationalmannschaft legte anlässlich ihres WM-Qualifikationsspiels gegen Portugal eine 90-minütige Gedenkminute ein, und das englische Königshaus entschloss sich nach sechstägiger intensiver Beratung, doch zu trauern – die Prinzen waren tapfer, getreu dem Motto: »Windsors weinen nicht!«

Aber sie bleibt in unseren Herzen. Zum zehnjährigen Todesjubiläum schrieben einfache Frauen aus dem Volk ergriffen Leserbriefe. »Für uns 30- bis 40-Jährige war sie eine von uns. Wir beobachteten, wie sie sich aus den Zwängen der Royals und der Partnerschaft befreite, trotz ihrer Schüchternheit. Das war bewundernswert und für uns ein Vorbild!« Aha. Hallo, ihr 30- bis 40-Jährigen – gibt es so viele, die sich von den Zwängen der Royals befreien müssen? Und wenn der Sinn der Ehe darin besteht, euch aus ihr befreien zu müssen, warum heiratet ihr dann?

Es ist schön, dass sich Wissenschaftler bald einig wurden, wofür das Ende von Lady Di sinnbildlich steht: für den Beginn der Globalisierung. Diana stammte aus England. Ihr Freund aus Ägypten. Beide starben in einem Tunnel in Frankreich. In einem Wagen aus Deutschland mit einem Motor aus Holland. Und einem Fahrer aus Belgien. Der hatte Whisky aus Schottland im Blut. Paparazzi aus Italien verfolgten sie. Auf japanischen Motorrädern. Ärzte aus Amerika leisteten erste Hilfe. Mit Medikamenten aus Brasilien. Den Untersuchungsbericht schrieb ein Luxemburger auf einem chinesischen PC mit Chips aus Taiwan, Monitor aus Korea und einer Tastatur aus Vietnam. Arbeiter aus Bangladesch hatten den PC in Singapur zusammengesetzt. In der Fabrik eines Inders. Und die Trümmer des Unfallautos entsorgten algerische Müllmänner, um den Wagen bei »Auto-Osman« aus der Türkei zum Export in den Libanon fertig zu machen.

Wenn wir jetzt noch in Erfahrung bringen könnten, wie es Lady Di geschafft hat, als Fidel Castro verkleidet, Uwe Barschel in Genf in ein Hotelzimmer zu locken, wenn sich das noch aufklärt, dann kann man guten Herzens sagen: Ja – sie ist nicht umsonst gestorben ...

Mütter an sich

Es gibt Dinge, die sich nie ändern. Da kann die Technik fort-schreiten, wie sie will, da können uns Kanzlerinnenblogs und Merkel-Podcasts terrorisieren, dass es nur so kracht, eins wird bleiben, wie es ist und wie es immer war: Mütter.

Ich saß neulich bei mir im Büro und tüftelte an einem Text, da flashte es auf meinem Kommunikator, und ich wusste: aha, eine Nachricht! War meine Mutter – die von der Bank ha-ben sie zum Online-Banking gezwungen, weil das heute mit der Bank so ist – du darfst dir alles erlauben dort – aber wehe, du erscheinst live vor Ort und willst eine menschliche Aus-kunft, da wirst du angeblafft. Gerade für ältere Menschen ist das furchtbar. Meine Mutter hat sich arrangiert, damit sie ihre drei Überweisungen im Monat online wegmailen kann, um der Bank Geld zu sparen.

»Bub, du weißt, das müssen wir machen – bei der Bank, da hat's gute Menschen. Die haben dir damals zur Geburt fünf Mark geschenkt – so etwas vergisst man nicht. Das war damals viel Geld!«

Dann hat sie extra bei der VHS den Kurs belegt: »Flüssig bis ins hohe Alter!«

Und ihr macht das jetzt richtig Spaß. Die surft durch die Ge-gend – neulich hat sie mir eine Mail geschickt: »Kommst du in den nächsten Tagen mal vorbei? Habe Hackbraten gemacht.«

Das hört nie auf, oder? Wir können digital und vernetzt und als Avatare im »Second Life« verschollen sein, das hört nie auf, das wird sich niemals ändern: Mütter und Essen. Wie oft denkst du dir, ja, mal eben kurz vorbeischauen, mal reinschneien, ein kurzer Besuch, nur kurz natürlich, die Termine, der Druck, es liegt ja am Weg, aber ich muss gleich wieder weg ... »Bub! Ich hab doch extra was gekocht!«

Eine Zeit lang bin ich dann nur noch um Mitternacht hin.

»Oh je, so spät! Du hast doch bestimmt den ganzen Tag noch nichts gegessen. Du musst doch Hunger haben!«

Irgendwann meldest du dich dann gar nicht mehr an, kommst nur noch spontan vorbei: »Als hätt ich's geahnt, dass du heut kommst ... zufällig hab ich was gekocht!«

Und jetzt schickt sie mir immer ihren Wochenspeiseplan in mein Netz. Es lebe der Fortschritt ...

Gebührenterror

Als ich mir danach mein Handy ... gut ... Handy kann man das eigentlich nicht mehr nennen, es ist mehr so ein grober Klotz. Heute braucht man ja mindestens ein »Blackberry« oder ein »SmartPhone«, um halbwegs in zu sein, um nicht von der Gesellschaft völlig geächtet im Abseits zu stehen. Aber ich bin nun einmal so furchtbar altmodisch. Das war ich schon immer. Dafür kann ich gar nichts.

Wenn ich ein neues technisches Gerät erworben habe, freue ich mich erst einmal, aber dann behalte ich es so lange, wie es nur irgend geht. Meinen Kommunikator, den habe ich schon bestimmt neun Jahre. Ich werde damit in der Öffentlichkeit immer leicht mitleidig angekuckt, wenn ich ihn benutze, aber das ist mir eigentlich egal. Er geht ja. Bei meinem Notebook war ich auch so fürchterlich vorgestrig – die Entwicklung von der Diskette zum USB-Stick, dass es da zwischendrin eine Zeit lang die CD-Rom gab, diese Entwicklung hab ich total übersprungen. Ich blieb bei meinen Disketten, da gab es schon eine Zusatzeinrichtung, zum seitlichen Anklemmen, das hatte fast etwas von einem Artikel aus dem Sanitätshaus. Ich hab mich dann irgendwann schon auch geschämt, wenn Leute in der ersten Klasse im Zug so mitleidig auf mich deuteten und das Sammeln anfingen. Das fand ich nicht nett. Jetzt hab ich USB-Stick, das geht. Mit meinem Steinzeit-Kommunikator, dem Hundeknochen, bin ich im Frühjahr über die CeBit in Hannover gelatscht, da war aber nichts mit müde belächeln, da war ich der König. All die neuen Supergeräte, noch leichter und noch kleiner, mit integrierter Lupe, damit man die Tasten noch erkennen kann. Komisch: Immer wenn's um die neuesten Handys geht, dreht sich bei Männern alles um die Frage: Wer hat den kleinsten Apparat? Männer sind manchmal seltsame Wesen, von der Logik her. Mein mobiles Telefonhäuschen machte auf der CeBit mächtig Eindruck: Achtlos blieben neueste SuperSmoothSmartPhones in Scheckkartengröße und integrierter Mikrowelle, die sogar staubsaugen kann, am Wegesrand liegen: »Boh – was ist das denn? Können wir das haben? Das wäre was für unser technisches Museum!« Da wurde ich aber ungehalten: »Finger weg!«

Die haben mir einiges geboten – keine Chance. Ich behalte meinen vorsintflutlichen Hundeknochen. Es hat schließlich Jahre gedauert, bis ich kapiert habe, was ich mit diesem Multifunktionstool alles machen kann, da fange ich doch nicht schon wieder mit einem neuen Teil an und verbringe meinen Jahresurlaub damit, die zentnerschwere Bedienungsanleitung abzuarbeiten. Aber nicht einmal dafür hat man heute noch Zeit, im Hochgeschwindigkeitskommunikationszeitalter bist du ja nur noch damit beschäftigt, die neuesten Gebühren, die im Stundentakt über dich hereinprasseln, irgendwie auf die Reihe zu bekommen. Da ist eine Mafia am Werk! Eine Zeit lang ging das jeden Tag so: »Guten Tag, Herr Priol. Wir haben uns Ihre letzte Monatsabrechnung angesehen, dabei ist uns aufgefallen: Sie zahlen ja viel zu viel! Wir könnten Ihnen da unser ›All inclusive‹-Prepaid-Paket anbieten, das wäre für Ihr Telefonverhalten genau das Richtige – da fahren Sie wesentlich günstiger!«

Ich hab mich gefreut: »Oh, das ist aber nett von Ihnen, vielen Dank, gut, wenn das günstiger ist, dann machen wir das so.«

Das ist natürlich Blödsinn. Kein Mensch kommt auf die Idee, dich anzurufen, nur um dir einen Gefallen zu tun oder etwas günstiger zu machen. Man fällt so leicht auf etwas rein. Wundert sich etwa, warum man bei einem Preisausschreiben gewonnen hat, bei dem man gar nicht mitgemacht hatte. Vier Tage Malta! Verbunden mit einer Werbeverkaufsveranstaltung. Du siehst überhaupt nichts von Malta, weißt aber am Ende des Trips alles über Heizdecken, die sich bei einer Außentemperatur von 42 Grad glänzend verkaufen. Alles Mafia. Gerade bei den Gebühren! Ich hätte drauf wetten sollen – am nächsten Tag der nächste Anruf: »Ja, Herr Priol – wir sind gerade dabei, Ihre Tarife anzupassen, da ist uns aufgefallen, der Kollege hat da übersehen, dass in Ihrem Fall noch das X-Space-Paket mit dem Surround-Service fehlt, das sollten Sie unbedingt dazunehmen, dann ist das für Sie erste Sahne, das ist auf Jahre das Günstigste!« Ich hab nur gemeint: »Ja – wenn Sie meinen, Sie müssen das ja wissen, Sie sind ja vom Fach. Noch günstiger, gerne, machen wir das!«

So ging das Tag für Tag. Irgendwann hab ich mich entspannt zurückgelehnt und mir gedacht: So, jetzt schauen wir mal, was wir am Monatsende rausbekommen. Irgendeine Gutschrift, eine »FreeCall«-Card oder vielleicht eine gute Flasche Wein ... nichts! Je mehr von diesen günstigen Zusatzverträgen und Sonderoptionen ich mir habe aufschwatzen lassen, desto mehr zahle ich. Gut – auf der einen Seite verstehe ich das, die brauchen alle Geld. Die 100 Milliarden für die UMTS-Lizenzen – dafür bewundere ich die rot-grüne Regierung heute noch. Da sagen alle, Sozen und Grüne könnten mit Geld nicht umgehen, aber wie sie das geschafft hatten, damals: 100 Milliarden zu verlangen, für nichts. Nur für Luft! Eine Jahrtausendleistung! Aber irgendwo muss das Geld ja wieder rein, sind ja auch sonst Kosten genug im Umlauf. Vodafone muss immer noch die millionenschweren Abfindungen bei der Mannesmann-Übernahme gegenfinanzieren, gut, diese Zahlungen wurden als »Nützliche Aufwendungen«

deklariert, das senkt auf Jahre die Steuerlast, aber die Kosten sind nun einmal da. Und die Telekom – ganz finsteres Kapitel. Da bin ich einmal mit Guido Westerwelle aneinandergeraten ... was heißt aneinandergeraten, das geht eigentlich gar nicht, weil man unseren großen, charismatischen Oppositionsführer immer noch nicht so richtig ernst nehmen kann. Guido, der König ohne Land. Der Mann ist aber auch wirklich so was von Nichts. In frühen Shakespeare-Dramen hätte der immer den Strauch gespielt. Wäre ein paar Stunden herumgestanden ... ab und an hätte ein Hund drangepinkelt ... und dann wäre er wieder fort. Der Strauch. Amerika hat es immerhin bis zu einem Bush gebracht. Wir haben einen Strauch.

Nach einer Fernsehsendung standen der Strauch und ich bei einem Glas Prosecco in der Gegend rum, da hab ich mir gedacht, komm, wenn du schon einmal da bist, such das Gespräch. Ich wollte gar nicht genau wissen, was er eigentlich alles so vorhat, nachdem seine geplante Regierungsehe mit der Grande Dame aus der Uckermark uns doch auf so unglaublich glückliche Weise erspart geblieben ist, dabei war alles schon arrangiert: Horst Köhler stand als Trauzeuge Gewehr bei Fuß, die Wirtschaft hatte Brautstrauß um Brautstrauß arrangiert – und dann kommt das lästige Volk und wählt nicht so, wie es eigentlich, wie vorgesehen, hätte wählen sollen. Ich habe Guido nicht auf das angesprochen, was er immer ins weite Rund hineinbellt: »Neuwahlen!« Das ist sein politisches Kernprogramm. Mehr hat der Mann nicht: »Neuwahlen!« Unglaublich. Der springt morgens um halb drei aus dem Bett: »Neuwahlen!« Dann kommt sein Freund und meint: »Liebes – was möchtest du zum Frühstück?« – »Neuwahlen!«

Ich hab nur sein übliches Liberalgefasel aus Wahlkämpfen aufgegriffen, diese schlichten Botschaften: »Mehr Wachstum – mehr Arbeit!« Oder: »Niedrigere Steuern – mehr Wachstum!«

Da glaubt der dran. Der stellt sich hin und belfert in den

Saal: »Wenn wir mehr Wachstum und niedrigere Unterneh-
menssteuern haben – dann haben wir dauerhaft auch mehr
Arbeit, meine Damen und Herren!«

Genauso gut könnte er sagen: »Wenn meine Oma ein Bus
gewesen wäre, dann hätte sie hupen können, meine Damen
und Herren!«

Ich habe mich an ihn rangeschlichen und höflich gefragt:
»Äh, Herr Westerwelle, eines würde mich interessieren: Sie set-
zen immer so auf das endlose Wachstum. Jetzt mal konkret – die
Bevölkerung schrumpft, wir haben Wohnungsleerstand ohne
Ende. Mal konkret: Wo soll das Wachstum herkommen?«

Da hatte ich ihm ein Stichwort geliefert. Erst war er entrüs-
tet: »Ach, das ist auch wieder so eine altbackene Position, von
wegen: Früher war alles besser!«, hab ich nur gesagt: »Hab ich
doch gar nicht gesagt. Ich wollte nur eine Antwort auf meine
Frage: Wo soll Ihr Wachstum dauerhaft herkommen. Das Land
ist bestellt, wir haben keine Erdbeben, fast jeder Haushalt hat
mehrere Autos ...«

Da hob er an: »Der Mensch ist immer neugierig. Der Mensch
ist zum Konsumieren geboren. Der Konsument wird immer
für die nötige Nachfrage sorgen – nehmen Sie nur einmal die
Kommunikationsbranche!«

Das war ein blödes Beispiel, die Kommunikationsbranche
als Wachstumslokomotive hinzustellen. Am Tag zuvor hatte
die Telekom nämlich angekündigt, 32 000 Stellen abbauen zu
wollen. Damit konfrontiert meinte der geschmeidige Westerwelle nur: »Sehen Sie, das ärgert mich als Bonner natürlich besonders.«

Sprach's und wandte sich erfreulicheren Small-Talk-The-
men zu ... ab und zu hörte ich ihn aus dem Partygebrabbel he-
rausbellen:

»Neuwahlen!«

und:

»Unternehmerische Freiheit ...«

oder:

»Die Leistung stärker in den Mittelpunkt stellen ...«

Dann wortfetzte es langsam aus. Das mit den 32 000 ge-
strichenen Stellen zur Unternehmensverschlankung bei der
Telekom, das war ja nur der Anfang. Der neue Chef, Herr
Obermann, sieht aus wie ein Klon vom selbstgeschassten
Siemens-Chef Kleinfeld, all diese smarten Frühvierziger, bei
denen ich mich immer frage: »Warum sehen diese Gestalten
eigentlich immer genau so aus, wie man sie sich vorstellt?«,
René Obermann, der seinen Vorversager Ricke abgelöst hatte, gilt als Ziehsohn seines Vorvorversagers Ron Sommer, der
sich bei »Sabine Christiansen« über unternehmerische Frei-
heiten in Russlands Telefonmarkt ausmöhren durfte, ich hatte das zufällig gesehen, weil ich mal an einem Sonntagabend
früher zu Bett wollte, und das gelang mir hervorragend, nachdem ich zehn Minuten Platitüdengejuchze mit Frau Zum-
bimsen ertragen hatte, gewundert hat mich an diesem nur:
Warum sitzt einer wie Ron Sommer bei »Christiansen« und
nicht in U-Haft? Nicht, dass es mir um die Millionen Kleinak-
tionäre Leid getan hätte, die der großen T-Aktien-Show mit
Manfred Krug auf den Leim gegangen sind, nein, wer so etwas
macht, ist selbst schuld. Da muss man auch mal Prinzipien
haben und charakterstark bleiben: Von einem Unternehmen,
über das man sich, wenn man mit ihm zu tun hat, meistens
abgrundtief zu Tode ärgert oder in die Tischkante beißt, kauft
man keine Aktien! Aber dass der gelackte Österreicher Sommer ohne Handschellen bei »Christiansen« herumhockt, das
hat mich dann doch geärgert, weil er schließlich Volksver-
mögen vernichtet hat. Lange haben sie gefragt, wer den Nie-
dergang der Telekom so beschleunigt hat. Aber das hat Peter
Maffay schon vor Jahren gewusst: »Es war Sommer!«

Und die Telekom braucht eben auch Geld. Erst einmal der

Streik. Wobei man das gar nicht so gemerkt hat. Ein Streik bei der Telekom läuft unter dem Oberbegriff: Business as usual.

Du rufst dort an, fragst nach einem Monteur, wirst erst einmal zehn Minuten in der Warteschleife geparkt, um dir danach sagen zu lassen, ja, sie hätten wohl Monteure, aber im Augenblick, hm, schwierig, der Streik, im Laufe der nächsten Tage, da könnten sie wohl mal einen vorbeischicken, der sich um mein aufgehängtes Wireless-LAN kümmern könnte, aber wann, und ob, also garantieren könnten sie mir das nicht. Komisch das war schon zu der Zeit so, als es nur diese lustigen Telefone mit Wählscheiben oder Großdrucktasten gab und keine Warteschleifen und kein Wireless-LAN. Aber das wird besser jetzt, weil der neue Telekom-Chef Herr Obermann 50 000 Leute abbauen will, um so den Service zu optimieren. Dafür wird eine eigene Auffanggesellschaft gegründet, die »T-Service«, die das dann machen soll. Aber bitte ohne Personal. Wer hat je behauptet, dass die Telekom etwas mit Logik zu tun gehabt hätte. Da wendet sich sogar ein Westerwelle mit Grausen. Aber Geld braucht sie, und deshalb ködert sie die Kunden mit Angeboten, bei denen man früher ein Schild an die Tür getackert hätte: »Hausieren verboten!«

Aber das geht heute nicht mehr, die Telekom-Leute rufen ja an. Und mit solch einem Schild an der Tür, das geht überhaupt nicht. Da stehen eine Stunde später zwölf Menschenrechtsbeauftragte vor dir und bereiten eine Klage vor, wegen Verletzung der allgemeinen neuen Antidiskriminierungsbedingungen. Aber die Telekom braucht ja nicht nur Geld wegen der Streiks und den Abfindungen für die 50 000 auffanggesellschaftlich wegverwalteten Spitzenservicekräfte, sondern für die Altlasten durch das Engagement im sportlichen Sektor. Die Tour de France. Der Alptraum in Magenta. 1997, mit Jan Ullrich, dem schokoladefressenden, übergewichtigen Parade-Doper aus dem Osten, waren sie noch als »Team Telekom«

angetreten. Danach änderten sie jedes Jahr den Namen, vermutlich, um Spuren zu verwischen: »T-Mobile« ... »T-Com« ... »T-Home«. Früher hieß das alles mal »Post«. Und war gelb wie eine Urinprobe. Ich wäre damals nie auf die Idee gekommen, dass der auf der anderen Seite des Postschalters leistungssteigernde Substanzen zu sich genommen hätte. Jetzt sind sie raus aus dem Spritzensport. Ein letztes Mal dabei, 2007 bei der Tour de France, der größten Apothekenrundfahrt der Welt. Das war der Buchhaltung zu verdanken. Die hat gewusst:

Wir haben noch so viele Ampullen!

Irgendwo musste das Zeug hin, sonst wäre es bei der Innenrevision aufgefallen, bei der nächsten Inventur. Ein toller Zug war das übrigens von ARD und ZDF, aus der Tour de France auszusteigen. Wahrscheinlich mussten sie auch das Geld zusammenhalten, um ein paar Wochen später die Deutschlandrundfahrt übertragen zu können. Stopp, da geht es wieder um Logik, die ist hier völlig fehl am Platz. Und wenn das zum Credo wird, nur noch saubere Sportarten zu übertragen – was bleibt dann am Ende? 2008 sind Olympische Spiele in Peking. In Peking! Wenn die schwimmenden Medizinschränke auf den Startblock walzen. Was machen ARD und ZDF dann? Wird es bald nur noch Halma-Übertragungen geben? Fragen über Fragen. Dabei haben sich ein paar unbelastete Hobbyradfahrer vor Beginn der Tour in Werbespots noch so sympathisch mit Wasser vollgespritzt: »Für eine saubere Tour!« Und sich danach Trikots übergestreift, auf denen zu lesen stand: »Echte Kerle dopen nicht!« Da hätte ich mir aber schon ein bisschen mehr Ehrlichkeit gewünscht. Wenn schon Trikots, die den neuen offenen Geist und Umgang mit der Sache symbolisieren, dann hätte darauf stehen müssen: »Eilige Arzneimittel!«

Das wäre ein Anfang gewesen. Mich hat das sowieso überrascht, dass auf einmal alle so überrascht waren. Und warum so spät. Ich habe mich als Hobbyradfahrer immer schon gewundert – wie machen die das? Da wird gefrühstückt, danach noch ein kleines Weizenbier, und dann radeln die mal eben ganz locker mit 60 bis 70 Sachen über die Pyrenäen. Und alle mit Asthma! Wie sich hinterher immer herausstellt. Unglaublich! Auch diese Aufregung. Dabei fand ich das einen tollen, geschickten Schachzug vom Bund deutscher Radfahrer, als er Anfang 2005 ausgerechnet Rudolf Scharping zu seinem Präsidenten hat wählen lassen. Der ehemalige Verteidigungsminister, der so fröhlich unverkrampft mit seiner Gräfin plantschen ging und sich von einem PR-Berater mit Socken ausstatten ließ, Rudolf, der stets Dauerbeleidigte, der Tolpatsch von der Hardthöhe, der sich schon mal eine Beule holte, weil seine Dienstlimousine über eine hochgelassene Panzersperre gerumpelt ist, der Mann, der vom Rad stürzen konnte wie sonst kein anderer – wenn jemand prädestiniert für dieses Amt zu sein schien, dann der Tölpel aus Lahnstein. Der Bund deutscher Radfahrer hatte so natürlich gehofft, sauber aus der Sache rauszukommen, denn wenn es einen gibt, der bezüglich der Einnahme verbotener Substanzen gänzlich unverdächtig ist, dann Rudolf: »Ich habe in meinem ganzen Leben noch nie gedopt!«

Schade eigentlich: Vielleicht hätt's was genutzt. Dafür brauchen sie also auch noch Geld – aber das kann doch nicht alles ich mit meinen vermeintlich günstigen Gebühren finanzieren! Da hatte ich aber einen Hals, bin in den nächsten Telefonladen gestürmt, hab mir gedacht: »So, euch geb ich!«, aber keine Chance. Ich kam raus, hatten sie mir schon wieder etwas Neues auf die Backe geschwatzt. Jetzt kann ich über den »Business-by-wire-Sunshine-Weekend-Special-Flat-Free« unbegrenzt weltweit roamen. Man telefoniert heute ja nicht mehr mit dem Ausland, man roamt. Gut, man geht auch nicht mehr wandern – man trekkt. Mit dem kleinen Beutel auf dem Rücken, dem Trckk-Sack. Ich kann jetzt unbegrenzt und fast kostenlos weltweit roamen.

Muss das aber mindestens viermal in der Woche machen, weil sonst durch die nicht abgerufenen »Bonus-Roam-Points« mein Standardkonto negativ belastet wird und ich das Doppelte zahlen. Mindestens. Gut – jetzt telefoniere ich halt ein paar Mal in der Woche mit irgendwelchen Leuten in Venezuela. Ich kenne die nicht, die verstehen mich nicht, wir reden über irgendetwas, ich nehme an, es handelt sich ums Wetter, mach ich alles gerne, nur damit mein Bonuskonto nicht negativ aufläuft. Weltweit mache ich das. Europa hätte mir eigentlich völlig genügt. Da hätte ich dann aber über die »Relax-Holiday-Option« im »Business-by-wire-Moonshine-Weekend-Special-Flat-Free« abschließen müssen, und zwar »Base« oder »Simple«. Das hab ich natürlich auch gemacht, nur hab ich Simpel nicht bedacht, dass sich mein Handy beim Roamen im europäischen Partnernetz immer den stärksten Provider aussucht, aber nie den günstigsten. Dafür spielt es Musik. Ich hab meine Software upgedatet, jetzt kann ich mit dem Teil Radio hören und fernsehen. Ich wäre selbst gar nicht darauf gekommen, darauf hat mich mein GEZ-Kontrolleur gebracht. War ich wieder ganz überrascht, hab mich noch artig bedankt, von wegen das wäre aber mal nett – wollte der Geld! Bitte? Bis vor zehn Minuten hab ich doch gar nicht gewusst, dass ich all das mit dem Teil machen kann ...

»Ja!«, hat er gemeint. »So wollen sich immer alle rausreden. Unwissenheit schützt vor Strafe nicht! Theoretisch hätten Sie das all die Jahre ja schon machen können ...«

Da hab ich sofort auf dem Amt angerufen und vierfach Kindergeld beantragt. Blökt die Sachbearbeiterin mich an: »Aber Herr Priol, laut unseren Unterlagen haben Sie doch nur eine Tochter!«

»Ja!«, hab ich zurückgebellt. »Aber theoretisch könnte ich vier haben!«

Depperltest

Man sollte sich halt mit so einem Teil am Ohr nicht unbedingt dann erwischen lassen, wenn man im Auto sitzt. Und,
was nicht einmal so unüblich ist, in solch einer Situation auch
noch fährt. Selbst natürlich. Am Steuer. Ist verboten, aber keine Sau kümmert's. Da zeigt sich etwas, was man im deutschen
Wesen gar nicht vermutet, vergleicht man den Deutschen mit
dem Franzosen, das ist das Rebellische. Beim Handy merkt
man sofort: Doch – der Deutsche kann sich gegen die Obrigkeit
auflehnen, das Anarchische an sich, es schlummert in ihm ...
aber das war es dann auch. Das Handy allein war bei mir nicht
Grund, weshalb ich antanzen musste zur MPU, zur »Medizi-
nisch-Psychologischen-Untersuchung«, also zum Depperltest.
Das ist ja das Schicksal vieler Männer über 40: Girokonto leer,
Punktekonto voll. Nun musste ich dahin ... gut, vielleicht hätte
ich mich einige Zeit vorher nicht unbedingt mit dem Leiter der
Führerscheinstelle anlegen sollen, der mich beim Stand von
neun Punkten in Flensburg – Flensburg, diese wunderschöne
Stadt, mit der man zwei Dinge verbindet: den Punktekatalog
und Beate Uhse. Wie im Deutschen doch immer das Schöne
mit dem Hässlichen Hand in Hand geht. Genuss ohne Reue
ist in diesem Land nicht vorgesehen. Der Leiter der Führerscheinstelle hatte mich also angeschrieben, über meine neun
Punkte informiert und mich auf die Möglichkeit einer Nach-
schulung mit anschließendem Punkteabbau hingewiesen. Ich
hatte mich noch gewundert: Was ist passiert – das Landratsamt goes Dienstleistung? Da hatte ich aber schon den auf der

nächsten Seite mitgelieferten Überweisungsträger bemerkt. Irgendwas um die 35 Euro, ein Bußgeld für die angesammelten neun Punkte. Jetzt ging es mir ja nicht ums Geld, ich habe mich nur gefragt: Moment – wie kann ich für etwas verwarnt werden, wofür ich bereits verwarnt worden bin, genug Bußgelder abgedrückt und Punkte eingesammelt habe? Ich schrieb dem freundlichen Herrn von der Führerscheinstelle also, dass ich höflichst von der Zahlung Abstand zu nehmen denke, denn ich sehe nur zwei Möglichkeiten, warum ich dieses Schreiben überhaupt erhalten habe:

A) Ich soll eine Strafe zahlen, was fälschlicherweise als Informationsschreiben getarnt wurde, und ich zahle keine Strafe für etwas, wofür ich bereits verwarnt worden bin.

Oder:

B) Ihr Amt weist mich auf den Punktestand in Flensburg hin, was ich zwar sehr höflich finde, was ich aber auch durch einen Anruf oder eine Anfrage im Internet selbst hätte in Erfahrung bringen können. Und schon als Kind habe ich gelernt: Zahle nur für das, was du bestellt hast, und ich habe nichts bestellt.

Habe dann noch einen schönen Tag gewünscht, damit war der Fall für mich erledigt. Dachte ich. Natürlich lauert ein Behördenwesen dann nur auf die nächste passende Gelegenheit. Die kam kurze Zeit später, und nach weiterem Punkteaufbau sollte ich also behördlich-begutachtet den Nachweis erbringen, ob ich charakterlich geeignet wäre, ein Kraftfahrzeug zu führen. Es gibt Tage, da weiß ich auch ganz ohne behördliche Begutachtung, dass ich charakterlich dazu nicht in der Lage bin. Zum Beispiel wenn in den Kasseler Bergen auf der Autobahn einer vor mir nach dem Motto handelt:

Ich zahle Steuern, ich fahre links.

Wir könnten unsere Autobahnen achtspurig ausbauen, es würde sich am zähfließenden Verkehr nichts ändern, weil: Auch achtspurige Autobahnen haben eine linke Spur, und wer dort fährt, bleibt stur auf ihr, wenn er am Horizont einen LKW ausgemacht hat, der eventuell kurz vor Helsinki zum Überholen ausscheren könnte. Solche Gedanken sollte man bei einer Begutachtung natürlich für sich behalten. Hab ich auch. Mich hat das sowieso gewundert – ich hab gedacht, das mit der Gewissensprüfung, das war einmal. Als es darum ging: Bundeswehr ja oder nein. Falls du vorher bei der Musterung nicht untauglich warst. Aber ich war ja kein Leistungssportler, meine bei der Leibeserziehung zugezogenen Blessuren hielten sich in Grenzen, ich war also tauglich, wurde von all den untauglichen Pappnasen angegrinst, die im Herbst ihr Sportstudium aufnehmen wollten, nein, tauglich oder nicht, die Bundeswehr war nicht mein Ding, also: Gewissensprüfung. Diese netten älteren Herren, die dich mit so lebensechten Fragen konfrontierten wie: »Was machen Sie denn nun, wenn Sie abends mit Ihrer Freundin im Park spazieren gehen und es kommt Ihnen ein russischer Panzer entgegen?« Also etwas, was Anfang der 80er Jahre im Spessart Alltag war ... aber damit war das rum. Dachte ich. Und dann musst du Jahrzehnte später schon wieder vor Psychologen und Therapeuten ankriechen, wobei die heute nicht mehr so heißen. Heute nennen die sich: Personal Analyst Coach, also abgekürzt: PAC.

Und dieses Pack, früher hießen solche Leute Irrenärzte und benahmen sich auch entsprechend, heute befinden solche Gestalten darüber, ob wir vom Charakter her geeignet sein könnten, Auto zu fahren. Als mein PAC, es war eine Frau, auf mich zukam, da wussten wir beide sofort: Wir kommen nicht zusammen. Schon wie sie in den Raum hereinstob, ein Gehänge um den Hals, als wäre sie morgens im Kinderzimmer ins Mobile gelatscht. Ich wollte mich vorstellen, in aller Ruhe erzählen, was eigentlich Sache ist – keine Chance. Das PAC ist ja meist nicht interessiert daran, worum es eigentlich geht, sondern nur, was die Statistik zu deinem Fall sagt, damit es möglichst rasch sein Gutachten schreiben kann, um danach den Nächsten zu bearbeiten, denn Zeit ist Geld, und an solchen Gutachten wird gut verdient. Ich versuchte es zwar, bemühte mich nach Kräften:

»Darf ich vielleicht aus meiner Sicht kurz erläutern, wie es zu dem Vorfall kam ...«

»Das dürfen Sie schon, es macht aber nicht viel Sinn, weil, schauen Sie, statistisch ist es so ...«

»Ja, aber es geht hier doch nicht um irgendwelche Statistiken, es geht hier doch ganz konkret um mich und meine Punkte ...«

»Das mag schon sein, aber wenn wir hier jeden Einzelfall, das ist ja ausgeschlossen, deswegen haben wir die Statistik. Und die Statistik besagt für Ihr Verhaltensmuster ...«

In dem Moment wurde ich persönlich:

»Wissen Sie was?«, bellte ich, leicht unruhig, in ihr Mobile: »Statistisch besitzt jeder Privathaushalt in Deutschland ein Netto-Barvermögen von knapp 150 000 Euro. Bar! Netto! Sie auch? Ich nicht. So viel zu Ihren Statistiken.«

Oh Mann – in dem Moment hab ich mich gut gefühlt! Drei Tage später kam das Gutachten: »Renitent. Aufsässig. Unbelehrbar ... ist davon auszugehen ... charakterliche Eignung kann nicht bestätigt werden ... Nachprüfung in einem halben Jahr ...«

Und dann, als Krönung, der Schlusssatz im Gutachten, man will den Kunden ja nicht verlieren, geigenschwer triefte es aus dem Urteilsschreiben: »Sollten Sie Probleme mit Ihrer Begutachtung haben – bitte rufen Sie uns an!«

Die Probleme hatte ich ihr zwar schon persönlich mitgeteilt, aber egal, ich hab angerufen. Mehrfach. Jedesmal flötete es mir vom anderen Ende der Leitung entgegen: »Tut mir Leid, aber Frau Doktor ist auf Fortbildung ...«

Und wieder: »Tut mir Leid, Frau Doktor ist auf Fortbildung ...«

Und tags darauf: »Ich habe Ihnen bereits gestern gesagt, Frau Doktor ist auf Fortbildung ...«

Vielleicht hätte ich nicht sagen sollen: »Ich glaube, das ist auch nötig!«, aber ich hatte einen guten Anwalt, der hatte einen Formfehler ausfindig gemacht, so dass ich wiederholen durfte. Nach dem Motto vom Friedmans Michel: »Ich bitte um eine zweite Chance!«

Die hat der Ölige ja bekommen und die gerechte Lebenshöchststrafe dazu: Er musste Bärbel Schäfer heiraten, das ist für beide gerecht, das hätte einem Strafrichter nicht besser einfallen können. Ich bekam also auch noch einmal meine zweite Chance: Beim TÜV diesmal. Hab ich dann gemacht, hat auch geklappt – aber nur, weil ich vorher so einen Kurs besucht hatte. Bei meiner PAC war ich so blöd und naiv und habe einfach erzählt, was war. Das darfst du natürlich nicht, wenn du charakterlich geeignet und sauber dastehen willst. In so einem Kurs lernst du dann, wie das, was war, so klingt, als wäre es nie gewesen, aber mit sehr hohem Wahrheitsgehalt. Das ist ja mit ein Grund, warum es in diesem Land oft nicht so richtig vorangehen will – weil alle nur noch damit beschäftigt sind, für irgendwas Ausreden zu finden. Weil wir in Teilen den amerikanischen Servicegedanken ja schon verinnerlicht haben: Jeder muss alles können – ist aber für nichts verantwortlich. Und da braucht es Ausreden. Da habe ich den Dicken immer so bewundert. Sechzehn Jahre lang hat dem eine Ausrede für alles genügt: »D'ss ist die Erblast!«

Schlechtes Wetter, Dauerregen, Robbensterben? »D'ss ist die Erblast!«

Rekordverschuldung nach dem Mauerfall? »Erblast!«

Ein paar Superökonomen haben zwar dann zart am Dicken gezupft: »Aber Helmut – dafür kannst du jetzt nicht auch noch den Schmidt verantwortlich machen ...« – »Nein, aber d'n Honecker. Ahzo – Erblast.«

Wobei – für die Milliarden aus dem falsch kalkulierten Einigungsdesaster zeichnet ein anderer verantwortlich, dem die Sympathiewerte nur so zufliegen, der sich huldvoll durch Deutschland winkt und zu dem die Bürger aufschauen: der große Weltökonom Professor Dr. Horst Köhler, der Mann mit dem stets leicht wirren Blick, so als wollte er uns sagen: »Ich bin Präsident der Bundesrepublik Deutschland – es gibt Momente, da kann ich das immer noch nicht glauben.«

Horst, das ewige Notopfer. So ist er schon IWF-Präsident geworden, weil die Amis den vorgeschlagenen Kandidaten nicht haben wollten. Also wurde es der ewige Horst, der große Finanzfachmann, der Mann, der als Staatssekretär im Finanzministerium uns allen Anfang der 90er weismachen wollte, dass man so etwas Gigantisches wie die Deutsche Einheit aus der Portokasse vom Sozialfonds finanzieren könnte – da hatte sich sogar Theo Waigel wochenlang aus Scham in seiner Augenbrauenplantage versteckt ...

Bahnvision

Es gab Zeiten, in denen die schneeweißen Prachtzüge der Bahn noch Namen hatten. Da fragte ich mich oft: Wie bringen die manche Namen überhaupt auf das von der EU nach der neuesten Wagenstandsanzeigerlängenrichtlinienverordnung genormte Schild? Der ICE »Annette von Droste-Hülshoff«, ich war felsenfest davon überzeugt, nach dem »Hü« ist Schluss. Das war es bei uns in der Schule auch immer, wenn wir sie lesen mussten. Droste-Hülshoff! Was haben wir nach dem »Hü« immer die Augen verdreht – im Zug erfuhr man das Wesentliche über sie aus dem Faltblatt *Ihr Fahrplan.* Ich war aber nicht mit Droste-Hü unterwegs, ich saß im ICE »Roswitha von Gandersheim«. Muss eine sehr bedeutende Persönlichkeit gewesen sein, denn die Faltblätter *Ihr Fahrplan,* aus denen ich hätte erfahren können, wer sie war, waren alle vergriffen.

Es war ein heißer Tag, die Klimaanlage im Inneren der schneeweißen Roswitha funktionierte nur auf zwei Stufen: Entweder total ganz, so dass sich Eisblumen am Fenster bildeten, oder total gar nicht, so als hätte ein besorgter Zugchef zusätzlich zur ausgefallenen Klimaanlage noch die Heizung voll aufgedreht, damit sich Reisende, die im Zug zwischen Permafrost und Subtropen pendeln mussten, sich nicht eine temperaturschwankungsbedingte fiebrige Nasennebenhöhlenentzündung einfingen.

Kurz vor Braunschweig ging Roswitha von G. allmählich die Puste aus, sie wurde immer langsamer, bis sie plötzlich ganz stehen blieb. Um uns herum nur plattes Feld. Vor uns Braunschweig. Irgendwo hinter uns Magdeburg. Nicht unbedingt die Gegend, in der man alt werden möchte. Wir standen. Die Klimaanlage gab endgültig ihren Geist auf. Es wurde unerträglich heiß. Wahrscheinlich die Schuld der Reisenden, hätte Bahnchef Mehdorn erklärt, wäre er an Bord gewesen, diese Menschen bringen eine Eigenwärme mit, das ist unerträglich! 36 Grad – pro Person! In einem voll besetzten ICE, das macht ... das kann man doch gar nicht herunterkühlen! Bei Mehdorn sind die Fahrgäste ja auch schuld, wenn ein Zug Verspätung hat, weil die immer so viel an Müll liegen lassen, an Dreck, und bis das Reinigungspersonal das alles aufgesammelt hat und der Zug wieder startklar ist, das dauert! Für ihn bedeutet das: Wenn der Reisende nicht schmutzt, ist die Wahrscheinlichkeit einer pünktlichen Ankunft erhöht. Er hat sein Schicksal also selbst in der Hand. Sagt Herr Mehdorn. Im jüngsten Streit um die Gehälter der Lokführer, da hat er auch wieder geknarzt wie James Cagney in einem drittklassigen C-Movie und irgendetwas gefaselt, die sollten sich nicht so haben, von wegen Verantwortung, so ein Zug, der ist ja quasi ferngelenkt, wenn da der Lokführer nicht alle 30 Sekunden die »Ich-bin-noch-nicht-tot«-Taste drückt, um zu zeigen, dass er noch lebt und über Reaktionen verfügt, dann wird auf der Stelle die automatische Notbremsung eingeleitet.

Toll. Dann brauchen wir demnächst vielleicht überhaupt keine Lokführer mehr, und vor jeder Reise wird ein Passagier ausgeknobelt, der die Sache übernimmt. Er muss ja anscheinend nichts anderes machen, als am Leben zu bleiben und zweimal pro Minute eine Taste zu drücken, um zu zeigen, dass es ihn noch gibt. Alles andere regelt höhere Gewalt.

Ich habe es eigentlich gern, wenn ich weiß, dass Menschen,

denen ich mein Leben anvertraue, egal ob Lokführer, Pilot, Busfahrer oder Arzt, anständig bezahlt werden. Das entspannt mich kolossal. Wenn der Pilot vor dem Start die neuralgischen Punkte seiner Maschine checkt, dann soll er an die neuralgischen Punkte seiner Maschine denken und nicht daran, ob er den Kredit für sein hypothekenbelastetes Reihenendhaus vielleicht besser doch nicht aufgenommen hätte, bei den Raten und den gestiegenen Energiekosten und der Unterhalt für die geschiedene Frau, und jetzt ist auch noch ein Baby von der Geliebten unterwegs, nein, Zwillinge sollen es ja werden, auch das noch – und schon hat er übersehen, dass der Temperaturfühler vereist war, was böse enden kann. Vielleicht übertreibe ich. Mag sein. Das liegt aber in erster Linie daran, dass ich ungern fliege. Natürlich weiß ich auch, dass der Pilot von seinem Kopiloten gegengecheckt wird ... aber bei diesen Billig-Airlines – manchmal bin ich mir da gar nicht sicher, ob die überhaupt einen zweiten Piloten an Bord haben, ob die sich das leisten können, damit die Fluggäste mal eben für 9,99 € von einem Rumpelflughafen im Hunsrück zu einem Rumpelflughafen nach Bergamo verfrachtet werden können, um dann zu sehen, wie sie von dort weiterkommen. Und wenn ein Kopilot an Bord ist, der womöglich so schlecht bezahlt wird, dass er sich ausrechnet, was ihm seine Lebensversicherung im Todesfall auszahlen würde, so einer kontrolliert den Temperaturfühler doch gar nicht mehr nach, im Gegenteil, der weiß: Wenn jetzt etwas passiert – so einen finanziellen Schnitt mache ich nie mehr im Leben. Beim Arzt ist es mir auch lieber, dass er während meiner Blinddarmoperation die Sache im Kopf hat und nicht die neuesten Turbulenzen an der Terminwarenbörse von Peking, nur weil er leichtfertig in chinesisches Milchpulver investiert hatte, in der Hoffnung, sein karges Assistenzarztgehalt etwas aufzubessern, um wenigstens einmal in der Woche eine warme Mahlzeit zu bekommen. Da wäre es mir auch recht, wenn er meinen Blinddarm anständig entfernt und nicht zerstreut am Ende der Operation in die Runde fragt: »Hat jemand mein Handy gesehen?«

So klein, wie diese Dinger heute sind – wie schnell ist so ein Teil versehentlich eingenäht und taucht erst nach Jahren wieder auf, weil sich eine mittelschwere Bleivergiftung im Unterleib ankündigt. Auf solche Gedanken kommt man, wenn man viel mit der Bahn unterwegs ist. Die Züge stehen sehr oft, und man hat viel Zeit nachzudenken. Wie bei meinem Zwangsyoga vor Braunschweig. Es schien ein ganz normaler Stopp zu sein, nicht diese Art Abruptbremsung, für die es nur zwei Gründe gibt: Entweder der Lokführer hat vergessen, seiner Taste mitzuteilen, dass er noch lebt, weil er wahrscheinlich gerade damit beschäftigt war, sich auszurechnen, was er in den nächsten Jahren verdienen müsste, um seinen laufenden Verpflichtungen nachzukommen, was er aber nicht können wird, weil er es nicht verdienen kann. Oder es hat sich einer vor den Zug geworfen. Das merkt man an der Art der Bremsung, und man weiß sofort: Au, das wird jetzt dauern. Ersatzlok, Ersatzlokführer, Zwangsstopp im nächsten Bahnhof ... nur, weil so ein Depp ... nein, kein Selbstmörder, das würde die Bahn sich in ihren Durchsagen nie gestatten, so direkt ... im Bahndeutsch heißt das immer: »Wir haben einen Personenschaden am Gleis. Deshalb wird sich unsere Abfahrt auf unbestimmte Zeit verzögern.«

Bahndeutsch. Es hat ja auch lange genug gedauert, bis man bei der Bahn den Reisenden als Reisenden akzeptiert hat. Kunde ist er noch nicht, aber immerhin Reisender. Es ist noch nicht allzu lange her, da warst du für die Bahn ein »Beförderungsfall in einem rollenden Transportbehältnis«.

Behörden- und Verwaltungssprache – faszinierend. Ich bin der festen Überzeugung, es muss bei uns im Land unterirdische Geheimstollen geben, in denen Menschen arbeiten, die nichts anderes zu tun haben, als sich rund um die Uhr schwachsinnige Bezeichnungen und Begriffe einfallen zu lassen: »Steigleitung trocken« etwa. Oder: »Blasenfrei zapfen«. Oder: »Gesetz zur Förderung der Steuerehrlichkeit«, was nur bedeutet, dass jeder kleine Finanzbeamte nach Herzenslust auf deinen Konten herumsurfen darf, falls ein »begründeter Verdacht« besteht. Der besteht bei Finanzbeamten doch immer. Darin sind die geschult. Es gibt eine eigene Akademie, auf der die mindestens zwei Jahre lang Lehrgänge belegen müssen, in denen ihnen eingebläut wird: »Misstrauen lernen, Teil I«.

Das gibt es für Anfänger und Fortgeschrittene, Aufbauseminare und Spezialkurse, bis so ein Finanzkontaktbereichsbeamter gar nichts mehr anderes kann, als in jedem Bürger einen potenziellen Schwerstkriminellen zu sehen. Und da bei Schwerstkriminellen in der Regel immer ein begründeter Anfangsverdacht besteht ... jede Gruppe hat ihre Lehrgänge. Sozialdemokraten etwa müssen mindestens vier Semester Beleidigtsein studiert haben, sonst werden sie in der Partei nix. Es gibt allerdings auch Ausnahmen von der Regel: Rudolf Scharping. Der hat sein ganzes Leben lang nichts anderes gemacht, als beleidigt zu sein, eine große, leuchtende Karriere in der Partei aber ist ihm irgendwie versagt geblieben ...

»Dem hat's der Oskar auf dem Parteitag mal gezeigt, dass, ich meine, er ist die Seele von der Partei, und er hat e Herz, aber da hat er gezeigt, er kann auch ein brutaler Hund sein ...«

Das wird die Partei nie verwinden, den »kalten Abgang« des Lebemanns aus Saarbrücken ... im ICE vor Braunschweig, also »Inside Roswitha«, wurde es mittlerweile unerträglich, was die Temperaturen anging. Zum Glück gab es da schon die neue Direktive der Bahn, die Reisenden umgehend über den Grund eines außerplanmäßigen Aufenthaltes zu informieren. So quäkte nach etwa fünf Minuten eine dienstbeflissene Stimme aus dem Lautsprecher: »Aufgrund eines Stellwerkausfalls vor Braunschweig wird sich unsere Weiterfahrt um ...« Dann kam erst einmal nichts. »Um ...«

Sie musste sich vermutlich beraten. Jetzt bloß keine genauen Angaben machen, für die man hinterher haftbar gemacht werden könnte. Wahrscheinlich sind Juristen im Zug, die lauern doch nur auf so was! Klagen dann wieder wegen einer kleinen Unachtsamkeit, dann ist der Mehdorn wieder sauer, rastet aus, und die Lokführer kriegen noch weniger Gehalt. Bei Aussagen immer schön im Ungefähren bleiben, so wie unsere Kanzlerin. Die hätte das gesagt, was die freundliche Zugchefin uns dann auch aus dem Lautsprecher entgegenquellen ließ: »... wird sich unsere Weiterfahrt leider um ... unbestimmte Zeit ... verzögern!«

Damit kann man doch wenigstens etwas anfangen. Wahrscheinlich hatte sie lange geblättert, in ihrem »Vorschriftenhandbuch für juristisch schwer angreifbare standardisierte Pauschalausreden der Deutschen Bahn AG« oder etwas Ähnlichem, das schlaue Menschen in den schon erwähnten unterirdischen Vorschriftenstollen für sie vorformuliert hatten ... es ist aber auch wirklich – daran musste ich denken, bei unserem Zwangshalt vor Braunschweig, »Steuervergünstigungsabbaugesetz« – auf so was kommt man doch nicht an der frischen Luft! Diese Bezeichnungen – ich bin da mittlerweile wirklich ein Fan. Ich kam gedanklich deshalb darauf, weil ich am Vortag in Berlin war. Mit Übernachtung im »Adlon«. Ja, das musste einmal sein, es war so ein Schnupperwochenende. Ist ja schon ein toller Schuppen, das »Adlon«. Man hätte es von unseren Steuergeldern nicht unbedingt ganz so protzig wiederaufbauen müssen, aber egal, nun ist es halt einmal da, kann man auch schon mal drin übernachten. Ich hatte mich während des Wochenendes auch tadellos aufgeführt, es gab keinen Grund für Klagen, ich habe nicht wie Michael Jackson ein Kleinkind über die Brüstung gehalten – da ging ja ein entsetztes Raunen durch das Publikum. Ein jeder dachte: Wenn seine Hände genauso künstlich und wacklig sind wie seine Nase – das überlebt das Kind nie! Nein, so was habe ich nicht gemacht. Ich war nur etwas befremdet bei der Ankunft, ich mag das nicht, wenn sich Leute gleich so anwanzen und einschmeicheln wollen. Im »Adlon« ist das so. Entsetzlich. Du steigst aus dem Taxi, der Kofferraum ist noch gar nicht richtig geöffnet, schon grapscht so ein befrackter Pinguin nach deinem Gepäck. Mag ich nicht. Ich frage mich in solchen Momenten immer: Mache ich wirklich so einen gebrechlichen Eindruck? Ich habe das in dem Moment dann so gemacht, wie ich das in allen Hotels der etwas gehobenen Kategorie mache, wenn ich nicht will, dass mir irgendjemand, den ich nicht kenne, mein Gepäck aufs Zimmer nachträgt und dann mit diesem leicht debilen Blick im Türrahmen stehen bleibt, um sein Koffergeld zu kassieren. Ganz schlimm, wenn es Kofferträger mit Migrationshintergrund sind, dann kommt auch noch dieser leidende Gesichtsausdruck dazu: »Kann ich etwa etwas dafür, dass ich auf einem falschen Kontinent zur Welt gekommen bin, von Eltern, die ich nie kennen lernen durfte, weil sie beide schon vor meiner Geburt in einer unterkühlten Goldmine, in der sie für die wohlhabende Schicht der westlichen Hemisphäre Kohle zu Diamanten pressen mussten, weshalb ich heute hier so vor Ihnen stehe, vor Ihnen, die Sie Bewohner eines Landes sind, das ...«

Ja, ja, ich weiß – unsere Vergangenheit, und überhaupt, und dann gibt man noch zwei Euro extra, ganz peinlich ist es, wenn man entweder zu wenig oder gar kein Kleingeld für solche Notfälle am Mann hat, dann gibt man wilde Aufträge dazu, zum Beispiel: »Hier, bitte, ich hab's jetzt gerade nicht passend, nehmen sie den Fünfziger, also, 3 Euro 50 Trinkgeld hätte ich jetzt für angemessen gehalten, bringen Sie mir doch von dem

Rest aus der Bar, hat die jetzt noch auf, ja, ach ja, kleine Karte, gut, bringen Sie mir von dort irgendwas zu essen, ein Kaltgetränk und noch ein paar Socken aus der Hausboutique, aber bitte Baumwolle.«

Klar kucken die dann etwas seltsam, aber was soll man machen, irgendwie muss man sich aus diesen Zwängen befreien. Man könnte auch einfach gar nichts geben, aber die bleiben immer so hartnäckig im Türrahmen stehen mit ihrem Migrationshintergrund, die wirst du einfach so rasch nicht los. Blöd ist nur, wenn sie dir dann die Socken und das kleine Herrengedeck aus der nachmittags geöffneten Hotelbar bringen: »Kleine Karte, der Herr!«

Wenn sie dir das gebracht haben – es gibt ohnehin nicht viel Möglichkeiten in der Welt der Grand Hotels: Caesar's Salad, House-Burger oder Hilton-Baguette –, dann stehen sie schon wieder im Türrahmen, aber das Wechselgeld ist doch für die im Grunde von dir verachteten Dinge draufgegangen, weshalb du den armen Mensch ja auf Reisen geschickt hattest, damit er zu seinem Entgelt für die hochgeschleppten Koffer, was heißt hier schleppen, heutzutage ist das doch alles kein Problem mehr, jeder Depp lässt seine Koffer doch mittlerweile rollen ... dann steht er schon wieder da, du bist wieder in der Bringschuld, alles wegen unserer Vergangenheit ... ein paarmal war ich schon so weit, ich hab ihm einfach meine VISA-Karte in die Hand gedrückt, den Werbeslogan vor mich hin gesummt: »VISA – die Freiheit nehm' ich mir!« und dann nur gesagt: »Bitte, nehmen Sie – heben Sie sich was ab! Ist ja nicht Ihr Geld. Haha!«

Auf Dauer wurde mir das dann aber doch zu lästig. Seitdem mache ich es so, wie neulich vor dem »Adlon«. Entweder ich blicke mitleidig zu einem – hoffentlich zahlreich vorhandenen – Publikum und jaule etwas von: »Sehe ich etwa so aus, als könnte ich dieses kleine Stück Bagage nicht mehr selbst über

diese winzigen Stufen wuchten?«, oder ich blaffe den Gepäck-
grapscher gleich an: »Finger weg – das ist mein Koffer!«

Das klappt immer. Dafür hat jeder Verständnis. Das ist ja
auch das Dilemma mit unserer Dienstleistungsbranche. Immer wird gejammert, wir können das eben nicht, wir werden
nie die geborenen Dienstleister sein, an den Amerikanern sollten wir uns mal ein Beispiel nehmen, dort stehen in den Super-
märkten immer freundliche Menschen an den Kassen, die ver-
packen einem das gerade frisch Eingekaufte sogar. Also, zum
einen stehen sie dort in der Gegend rum, weil es ihr Viert- oder
Fünftjob ist, um in Amerika einigermaßen über die Runden
zu kommen, um ein kleines Auskommen zu haben, wenn man
schon kein vernünftiges Einkommen hat, und zum anderen:
Mach das mal bei uns. Allein die Vorstellung: Am Ende des Su-
permarktkassenlaufbands steht eine wildfremde Person, die
es wagen könnte, sich an den gerade von uns eingekauften Le-
bensmitteln, Ako-Pads oder einem neuen Kochbuch von Jamie
Tim Oliver Mälzer zu vergreifen, um alles in eine Tüte zu packen, wie es in einem Supermarkt in Kennebunkport vielleicht
üblich sein könnte, aber doch bitte nicht in einer Edeka-Filiale
in Herne-Crange: »Mutti, kumma – wat macht der Kerl da mit
unseren Sachen! Hee – Finger weg da! Komm – rufen wir ma
bessa die Polizei!«

So kann das nichts werden bei uns. Und deshalb umgehe ich
diese Gepäckschlepperdankeschöngeldschnorrer immer ganz
rasch mit meinem hingebellten: »Finger weg – das ist mein
Gepäck! Das gehört mir!«

An der Ampel in einer Großstadt mache ich das ähnlich,
wenn die von, ich vermute mal stark, rumänischen Drogen-
banden losgehetzten Minderjährigen mit Wassereimern und
Gummiblankziehern auf meine Windschutzscheibe loseiern,
nachdem ich kurz zuvor dem freundlichen indischen Straßen-
verkäufer der *Abendpost Nachtausgabe* zwischen Zebrastrei-

fen und »Straßenverkehrstauglichem Mehrwegbereichsgrün« (was für nichts anderes steht als: »begrünter Mittelstreifen«, ein Begriff, den sich wieder ein armer Verbalknecht im unterirdischen, behördlichen Wortknollenstollen hat einfallen lassen müssen), nachdem ich dem schon gesagt hatte: »Hör mal, das ist aber blöd jetzt, dass du mit deiner Zeitung hier rumstehst – ich hab gleich ein Date, da hab ich eine tolle Flamme am Start, deinen Bruder hätte ich jetzt brauchen können, den mit den Nelken. Oder Rosen. Egal. Auf alle Fälle Blumen. Wie kann man denn so dämlich sein und sich freitags abends mit einer Zeitung auf die Straße stellen! Hör mal – so ganz habt ihr das mit der freien Marktwirtschaft aber auch noch nicht kapiert, oder?«

Gut – die kucken dann schon ein bisschen irritiert, und du selbst hast einen Haufen Ärger, weil es mindestens zwei Rotphasen dauert, bis du ihm das verklickert hast – aber, ich muss ganz ehrlich und wertfrei sagen: Es macht richtig Spaß! Bei den Fensterputzerkids, da geht es bei mir ganz schnell. Ich hab immer zwei Euro springen lassen, mindestens, und danach noch mal zwei, weil die armen Gören sich so ungeschickt angestellt haben und die zwei Euro irgendwie wieder in mein Auto gefallen sind, wo ich sie aber seltsamerweise auch nach der intensivsten Reinigung nie wiedergefunden hatte. Seitdem mache ich das immer so: Wenn ich schon eimerbewehrte Kinder auf mich zukommen sehe: Wisch-Wasch-Anlage an, und so lange draufhalten, bis die Grünphase beginnt. Das hilft.

Aber ich war ja noch beim »Adlon«. Und bei den Begriffen. Und da hat mich der Barkeeper wirklich überrascht. Es war nicht mehr besonders viel los, ich kam nach der Vorstellung, also weit nach Mitternacht. Am Nachmittag ist das »Adlon« ganz unerträglich. Da geht gar nichts. Da treffen sich all die Leute in der Lobby, die das »Adlon« noch von früher her kennen. Und die sind auch alle in diesem Alter. Ein Nachmit-

tag im »Adlon«. Elegant. Wirklich, sehr elegant. Toller Springbrunnen. Erinnerungen an glorreiche Kolonialzeiten werden
da wach. Oben klimpert ein Faktotum am Flügel. Und unten,
am Nachmittag im »Adlon« – der Altersschnitt, der sich da
in die schweren Clubsessel fläzt – sehr heesteresk. Wenn man
dort sitzt und nur in Ruhe seinen Espresso genießen will, für
sündhaft teures Geld, gut, dafür kriegst du eine ganze Etagere
mit leckeren Pralinés dazugereicht, aber wenn ich Pralinés essen möchte, dann gehe ich in eine Confiserie und suche mir
dort die leckersten Pralinés aus. Wie würde ich wohl reagie-
ren, wenn mir die erste Chefverkäuferin edelster Kakaokrea-
tionen mitteilen würde: »Ich lasse Ihnen gleich etwas vorbei-
bringen, zum Goutieren, aber bis es so weit ist, nehmen Sie
doch einfach einen kleinen Espresso, den setzen wir Ihnen danach einfach mit auf die Rechnung, auch wenn Sie gar nichts
kaufen.«

Schon würde man einen Stab von Juristen bemühen, die mit
einer ganzen Armada von Fachgehilfen dagegen vorgehen würden ... nicht so im »Adlon«. Ich war schon froh, dass ich lebend
aus dem Nachmittagsmief herauskam. Wenn es da im Leder-
sessel, eigentlich müsste man sagen: »Fauteuil«, wenn es in diesem auf Kolonialstil getrimmten Fauteuil um einen herum so
seltsam knarzt, fragt man sich schon: Ist es wirklich das Leder,
oder sitzt dort einer mit »Morbus Crohn«. Damit ist der Tages-
zustand des Megasuperabsteighotels unserer innovativen, coo-
len, trendigen Zeitgeisthauptstadt einigermaßen adäquat um-
schrieben. Abends an der Bar durfte ich erfahren, was es heißt,
wenn man sein Hotel nicht mehr auf natürliche Weise verlässt:
Sollte einen im Hotel der Schlag oder Blitz treffen und man den
heimeligen Ort nur noch mit den Füßen voran verlassen, dann
heißt das im offiziellen Vermerk:

Kalte Abreise.

Wahrscheinlich kam ich auf diesen Gedanken, weil es im ICE »Roswitha von Gandersheim« vor den Toren Braunschweigs mittlerweile unerträglich heiß geworden war.

Durstlöscher? Fehlanzeige: »Getränke entnehmen Sie bitte dem Aushang!« Das muss das Vermächtnis der Reichsbahn aus DDR-Zeiten gewesen sein. Heute darf ich im »TrainRisto« über meinen Wein lesen, falls es nicht gerade der Standard-Dornfelder ist: »Riserva Merlot 1999. Die Trauben kommen aus einer rigorosen Selektion spezieller Familien-Weingärten. Klassische Merlot-Nase, kräuterwürzig, angenehm trinkbar, am Gaumen gut balanciert.«

Wenn du so etwas morgens in Amerika zu deiner Sekretärin sagst, hast du sofort eine Klage wegen sexueller Belästigung am Hals, wanderst für etliche Jahre ins Gefängnis oder siehst dich mit einer Schadensersatzklage in zweistelliger Millionenhöhe konfrontiert. »Am Gaumen gut balanciert.«

Was soll das? Muss ich bei jedem Wein, den ich trinken will, wirklich wissen, ob er am Gaumen gut ausbalanciert ist, nach Lederaromen duftet oder feinherbe Spuren von provenzalischem Birnenduft aufweist, obwohl die Rebsorte auf einem stinknormalen fränkischen Lehmboden winzergenossenschaftlich in die Höhe gezogen wurde? Einmal wurde ich wirklich ausfällig, als mir ein selbsternannter Behelfssommelier klarmachen wollte: »Eine gute Wahl! Exzellent ausbalanciert in den Tanninen und trotzdem sehr kastanienfruchtig und weichsteinig im Abgang!« Im Abgang. Weichsteinig. Ich konnte nur sagen: »Ich will keine Darmspülung damit machen – ich will den saufen!«

Es war wohl einen Tick zu laut für die gastronomische Edelschmiede, und ich habe seitdem dort Hausverbot, aber egal, was zu viel ist, ist zu viel. Mein am Gaumen gut ausbalancierter 99er Riserva mit der klassischen Merlot-Nase zeigte bei nun gefühlten 50 Grad im Zuginneren auch mehr und mehr Wirkung …

»Verehrte Fahrgäste, eine kurze Information: Wir haben leider noch keine neuen Nachrichten für Sie. Um Ihnen die Wartezeit angenehmer zu gestalten, halten wir im BordRestaurant, das sich in der Mitte unseres Zuges befindet und in dem Sie unser freundliches Mitropa-Team gerne erwartet, ein Freigetränk für Sie bereit. Bitte bringen Sie dafür Ihre Fahrscheine mit.«

Die freundliche Zugchefin merkte offensichtlich kurz darauf, dass sie einen großen Fehler begangen hatte, und schob verlegen hüstelnd nach: »Noch ein Hinweis: Wir halten für Sie natürlich ausschließlich alkoholfreie Freigetränke bereit.«

Aber da war es schon zu spät. Hunderte Reisende sahen sich offenbar schon mit kostenlosen, gut ausbalancierten Bahnweinen aus europäischen Spitzenlagen konfrontiert, verzweifelt war ich bemüht, den mir eigenen, gut am Gaumen hängenden Merlot vor den anstürmenden Horden zu verteidigen, und ein Sturmgeheul brach los, dem von 1789 kurz vor der Erstürmung der Bastille nicht unähnlich, Endzeitstimmung im BordTreff der auf freier Strecke ruinös vor sich hin dümpelnden »Roswitha von Gandersheim«, die, wie ich auf einer späteren Reise einem vorhandenen Faltblatt *Ihr Fahrplan* entnehmen durfte, eigentlich unmodernisiert »Hrotsvitha« hieß und als die erste deutsche Dichterin gilt, die nach der Antike Dramen schrieb. In leoninischen Hexametern auch noch! Das Drama in dem nach ihr benannten ICE nahm seinen Lauf. Schulkinder, die nur das Wort »Freigetränk!« aus dem Bordlautsprecher vernommen hatten, um danach mit glasigem Blick in die Mitte des Zuges zu hasten, zeigten sich sehr erbost über den ihnen verweigerten Schnaps und warfen nach kurzer Zeit Brandbeschleuniger in den angrenzenden Speisewagen. Der bis dahin so freundliche Herr Vashpaijee, zuständig für die Getränke- und Snackversorgung der rollenden Minibar, wirft seine Dienstkleidung zur Seite, verbarrikadiert mit seiner Minibar den Eingang zum

Speisewagen und schnallt sich die Ninja-Kleidung um, fest entschlossen, mit grimmigem Blick seinen Waggon und Arbeitsplatz zu verteidigen. Der freundliche Chinese aus Hongkong mit den verblassten Air-China-Aufklebern am Samsonite-Imitat-Hartschalenkoffer hustet unbemerkt seine letzten SARS-Viren ab, bevor er telefonisch Kontakt zu Bahnchef Mehdorn aufzunehmen versucht, um ihn auf eine feindliche Übernahmeaktion vorzubereiten. Nach über vier Stunden Wartezeit in der Steppe vor den Toren Braunschweigs ...

»Verehrte Fahrgäste, eine weitere Information: Leider hat unser Zug mittlerweile eine Verspätung von fast vier Stunden, so dass Ihre Anschlusszüge in Braunschweig nur in Ausnahmefällen erreicht werden. Beachten Sie hierzu bitte die Lautsprecherdurchsagen am Bahnsteig. Wir bitten um Ihr Verständnis.«

Nach über vier Stunden Wartezeit kommt es zu kleineren Aufständen vor überfüllten Bordtoiletten, deren Hochdruckabsaugvorrichtungen längst vor den überschwappenden Fäkalien kapituliert haben, die erste Klasse erwacht aus ihrem komatösen Dauergehacke in modernste Laptops und Notebooks: Bluthochdruckgestresste Insolvenzverwalter (ein Beruf mit Zukunft!) lockern schwitzend und ächzend ihre Krawattenknoten, tasten hektisch suchend nach ihrem Nitrospray und den Cholesterinsenkern. Mit der Krawattennadel kämpfen sie um das letzte noch funktionierende Satellitentelefon ... Waggon um Waggon erhebt sich, bahnt sich den Weg zur Spitze des Zuges, erobert den Triebkopf der »Roswitha von Gandersheim«, meuchelt den Zugführer hinweg und nimmt langsam Fahrt auf, einer glorreichen Zukunft entgegen ...

Die Stimme der Zugchefin, die verdächtig leidenschaftslos nach Angela Merkel klingt, reißt mich aus meinen am Gaumen gut ausbalancierten Riserva-Träumen: »... nimmt unser Zug langsam wieder Fahrt auf. Wir möchten uns auf diesem

Wege bei Ihnen entschuldigen und hoffen, Sie haben trotz der Unannehmlichkeiten noch einen angenehmen Tag, und wir verabschieden uns von Ihnen.«

Ich blicke mich einigermaßen verschlafen um und sehe: Es ist, wie es ist. Herr Vashpaijee hat keine Ninja-Uniform umgeschnallt, sondern bestückt in Seelenruhe seine rollende Minibar, Schulkinder nehmen dankbar ein Eis oder eine Capri-Sonne entgegen, und neben mir döst ein vom langen Flug ermatteter chinesischer Geschäftsmann aus Hongkong. Schade eigentlich. Irgendwie schade.

Hektik des Alltags

Wenn ich etwas nicht ausstehen kann, dann sind es Leute, die nicht klar ansagen, was sie eigentlich wollen. Früher, in der Schule, war das noch relativ einfach und übersichtlich. Man war auf ein Mädchen aus der Klasse scharf, das war schon blöd, weil die Mädchen aus der Klasse sich nie für die Jungs aus der Klasse interessiert haben, die waren ja im gleichen Alter, egal, man hat verstohlen unter der Bank Zettelchen weitergereicht, auf denen stand:

»Willst du mit mir gehen?«

Und dann gab es drei Möglichkeiten zum Ankreuzen:

– Ja
– Nein
– Vielleicht

Klare, übersichtliche Ansage. Gut, das mit dem Vielleicht hätte man sich eigentlich schenken können, da gab es dann Spielraum für Interpretationen und mögliche vertiefende Gespräche, Diskussionen und all das, was eigentlich kein Mensch braucht, der nur eine klare Antwort auf eine einfache Frage haben möchte. Und dann denkst du, mit der Schulzeit ist alles vorbei – pah! Danach geht alles erst richtig los. Mit den Frauen sowieso, aber vor allem das mit den unklaren Ansagen. Gut, dass es Menschen schwerfällt, laut und deutlich Nein! zu sagen, wenn sie etwas nicht wollen, aber im Übrigen, im Geschäftsleben zum Beispiel, da muss es doch möglich sein, sich klar zu artikulieren. Ich ärgere mich oft maßlos, wenn mir Geschäftspost von meiner Bank ins Haus flattert ... halt, Moment, da geht es ja schon los, was heißt das heute schon noch, wenn man sagt: »Meine Bank!«

Das hat heute doch keinen Stellenwert mehr, im stündlichen Auf und Ab von »Buy and Sell« und »Try and Go« und »Wash and Weg« – kaum hast du dich nach einer verbindlichen Nettokreditaufnahme an deine Hausbank gewöhnt, schon ist nicht nur dein persönlicher Kreditansprechpartner weg, der eigentlich da sein sollte, falls es einmal klemmt, weil man sich kennt, da lässt sich in einem persönlichen Gespräch oftmals vieles bereinigen, woran die Bank selbst natürlich überhaupt kein Interesse haben kann, weil ihr ein paar Prozente von den Überziehungsrahmenzinsen entgehen könnten, die dein persönlicher Kreditberater durch einen geschickten Trick eben noch so abgewendet hat, wofür du ihn nach Feierabend gerne auf eine obergärige Halbe im nächsten Biergarten einlädst. So viel Kontakt muss sein. Das wollen die Banken natürlich nicht. Und deshalb fusionieren sie wie wild. Nicht nur, um einen ohnehin kaum noch vorhandenen eigenständigen Börsenwert zu erhöhen, der sowieso dauernd zusammenbricht, wenn in Amerika ein mittelständischer Hypothekenverleiher mit einer Reihenhaussiedlung Schiffbruch am nach oben offenen Immobilienmarkt erleidet, was seltsamerweise die KfW, also die »Deutsche Kreditanstalt für Wiederaufbau«, also ein Staatsunternehmen, also etwas, das uns gehört, dazu bewegt, einer durch amerikanische Immobilienturbulenzen ins spekulative Abseits geratenen Privatbank Gelder zuzuschießen, die von uns erwirtschaftet worden sind. Nein, Banken wollen anonym sein. Deshalb fusionieren sie. Über Nacht war mein persönlich bekannter Kreditabteilungsbevollmächtigter nicht nur so weit aus meinem Blickfeld verschwunden, dass unser verschwörerisches Biergartengetränk ökonomischen Zwängen geopfert werden musste, nein, die ganze Kreditabteilung gab es nicht mehr. Meine Bank an sich war für mich nicht mehr existent.

Ich war über Nacht ausgelagert worden in ein »Finanzkompetenzzentrum« nach Mannheim. Mannheim! Das ist eine Stadt, die auf den ersten Blick eigentlich nichts Schreckliches hat. Man kann dieser Stadt eigentlich nur eines vorwerfen: Dass sie es sich gestattet hat, zwei Menschen dort zur Welt kommen zu lassen, bei denen einem, ist man halbwegs seiner Sinne mächtig, nur Brechreiz überfallen kann: Xavier Naidoo und Hugo Müller-Vogg. Erstgenannter ein grauenvoll reimender Schwulstdichter, der zu allem Übel auch noch meint, das von ihm Geschwulstete vertonen lassen zu müssen, letzterer ein dem spießigsten Biedermeier verhafteter Fleischklops, der zwar nicht singt, aber sein getextetes Flachnasenkraut regelmäßig in BILD veröffentlichen darf, und der sich als peinliche Schleimspur seit mehreren Jahren in zwei Wirtstieren eingenistet hat: Horst Köhler und Angela Merkel. Mannheim. Dort dürfen also nicht nur das Kanzlerinnenzäpfchen Hugo Müller-Vogg und der Seierhannes Xavier Naidoo ihr Unwesen treiben, sondern auch mein neuer Kompetenzberater meiner outgesourcten Kreditabteilung, mit der mich seitdem nichts Persönliches mehr verbindet außer der regelmäßig eingehenden Post, wenn ich es wieder einmal verabsäumt haben sollte, einen auslaufenden Kredit fristgemäß zu bedienen. Und dann öffnet man das Schreiben, und es quillt einem schalmeiend entgegen: »Sicher ist es Ihnen in der Hektik des Alltags entgangen ...«

Am Anfang habe ich immer noch darauf gewartet, dass André Rieu schmalztrunken aus dem Briefkasten steigt. »Sicher ist es Ihnen in der Hektik des Alltags entgangen ...« Hätte ich meinen outgesourcten Kompetenzberater greifen können, ich hätte ihm vermutlich entgegengeschleudert: »Nein, das ist mir überhaupt nicht entgangen, du Blödmann – deshalb schreibst du mir doch, oder?«

Es ist aber auch schlimm, wie alles immer unpersönlicher wird. Gerade bei den Banken. Wenn du dort heute, so als Mensch, versuchst, irgendetwas zu machen ... weil ich so furchtbar altmodisch bin, trage ich noch meine von Hand ausgefüllten Überweisungsträger dahin und drücke sie irgendjemandem in die Hand, mit dem gehe ich zwar danach kein Bier trinken, aber egal, ich habe das Gefühl: Ja, du hast mit einem menschlichen Wesen kommuniziert. Das kostet natürlich. Überweisungsträger, handausgefüllt, zur Bank zu bringen, das ist Luxus. Den genieße ich total. Der Nachteil ist, du machst dich dadurch schon wieder verdächtig, weil du nicht erfasst bist. Keine Spuren hinterlassen, einen kleinen Plausch mit menschlichen Wesen zwischendurch haben wollen, das geht eigentlich nicht, weil du ja etwas für dich behalten könntest, was andere virtuell von dir wissen wollen. Neulich, da stand ich mit meiner Kreditkarte vor dem Geldautomat, als ein ganz normaler Geschäftsvorfall. Wenn du via Automat mit deiner Bank zu tun hast, dann bist du ja nicht mehr ein Mensch aus Fleisch und Blut, du bist nicht einmal mehr eine Nummer, du bist nur noch ein Geschäftsvorfall. Und da hab ich mir gedacht – wäre das nicht der wahre Luxus? Du gibst alles dahin, was dir vermeintlich das Leben erleichtert? Deinen Online-Account. Deine elfstellige Steuernummer, deine über die VISA-Card abrufbaren persönlichen Vorlieben, deine Telekom-, Vodafone-, Transnet- und sonstigen Speicherungen, alles, alles weg. Und du hast nur noch das, was du bist. Dich selbst, dein Geld in Scheinen und einen persönlichen Ansprechpartner auf der Bank, der dich als letzten Kunden mit goldenem Handschlag begrüßt, weil es außer dir niemanden mehr gibt, der so blöd ist, Bargeld noch als Bargeld ... ach, lassen wir diese Überlegungen, das kann ohnehin nur zu weit führen. Aber wir kommen wieder dahin, wir kommen wieder dahin ...

Ausreden

Wovon man in den heutigen stürmischen Zeiten nie zu viel haben kann, sind Ausreden. Man braucht sie wie das tägliche Brot zum Sattwerden, das Wasser zum Trinken und die Luft zum Atmen. Eine Ausrede, die eigentlich fast immer zieht, lautet: »Wissen Sie – ich hatte eine schwere Kindheit!«

Da werden reihenweise Gutachter herangezogen, um zu ergründen, woran es denn nun gelegen haben könnte, dass man mit 3,3 Promille sechs hochschwangere Rentnerinnen im Südschwarzwald mit einer selbst gebastelten Bombe abends in der Dorfgaststätte ins geistige Nirwana befördert hatte, ohne selbst dabei draufzugehen ... es ist nicht immer so einfach ... aber Ausreden helfen. Im Alltag oder wo auch immer ... ich hatte vor Jahren das, was auf jeden Selbständigen einmal zukommt, wenn er regelmäßig mit dem Finanzamt zu tun hat: eine Betriebsprüfung, also, die Steuerprüfung. Weil, es ist nun einmal so – wenn du mit dem Finanzamt zu tun hast, dann kannst du machen, was du willst, du bist immer verdächtig. Das ist von denen gar nicht böse gemeint, das ist einfach so.

Wenn du deine Steuerschuld pünktlich überweist, bist du erst einmal verdächtig, denn wer macht so etwas? Seine Steuerschulden pünktlich überweisen? Welches Motiv hat so jemand? Da steckt doch irgendetwas dahinter! Wer überweist schon seine Steuerschuld pünktlich? Kein Wunder, dass das dem zuständigen Sachbearbeiter verdächtig vorkommen muss. Da muss er nachhaken. Genauso wie er nachhaken muss, wenn jemand nicht pünktlich überweist. Warum überweist jemand seine Steuerschulden nicht pünktlich? Hat er etwas zu verbergen? Will er die Frist der letzten Meter ausnutzen, um den selbstlosen Staat um ein paar ihm zuständige Notgroschen zu bringen? Wenn der Steuersäumige nicht pünktlich überweist, beweist das doch nur, dass er mit Hilfe windiger, winkeladvokatiger, im Steuerrecht sachkundiger Steuerberater womöglich auf die ihm zustehende Finte kommen könnte, Steuervorteile ausfindig zu machen, Schlupflöcher zu finden, die der Staat selbst geschaffen hat – allerdings nicht für den kleinen Steuerzahler, sondern für die Lobby der ihn unterstützenden Großindustrie ... nein, so nicht. Eine Zeit lang habe ich es dann so gemacht: Ich habe schon 14 Tage vor dem eigentlichen Termin meine Steuererklärung eingereicht, damit war ich dann erst recht verdächtig, andererseits aber auch wieder nicht, weil, das müssen die sich vom Amt wohl gedacht haben, wer so blöd ist und seine Steuererklärung einreicht, bevor sie fällig ist, der muss einen Vollschuss haben und dringend zur psychiatrischen Begutachtung. Aber davon später. Ich war ja noch bei den Ausreden.

Steuerprüfung

Mit Ausreden, die man sich zurechtlegt, muss man sehr aufpassen. Bei der Betriebsprüfung des Finanzamts hat's nicht gar so viel gebracht, dass ich gesagt habe: »Ich hatte eine schwere Kindheit!«

Da muss ich irgendwie in die falsche Ausredenspalte hineingerutscht sein. Für etwas anderes hätt's gepasst ... aber ich war halt so unsicher – weil ich so etwas ja noch nie hatte. Ich war wieder mal so unbedarft. Ich hab mir gedacht: Die wollen was von dir, also gehst du hin und unterhältst dich mit denen ... das war's dann. Oder so. Nein, so einfach ist das nicht. Auch wenn gar nichts da ist, die finden immer was. Egal wie viel, Hauptsache, sie finden etwas. Es gibt Steuerberater, die bauen in der Jahressteuererklärung von vornherein ein paar kleine Sachen ein, das Geld legt man dann zurück, das ist nur für das Finanzamt, damit die bei einer Prüfung etwas finden können, und dann sind die zufrieden. Das hat etwas von Ostereiersuchen. Irgendwie ist das alles ein Spiel. Wobei Ostern heute auch viel von seiner Romantik verloren hat. Durch die Technik. Die Kinder gehen doch ohne mobiles GPS mit den darin einprogrammierten Fundorten gar nicht mehr auf die Suche. Nicht einmal bei schönem Wetter. Das stellen sie auf dem Computer nach. Die Ostereiersuche als Spiel. Auch hübsch. Meine Ostereiersucher von der Steuerprüfung, die sahen leider irgendwie gar nicht nach Spielen aus. Hustet mich einer von diesen aktentaschenbewehrten Männchen gleich an: »Wir haben da was festgestellt ...«, kein: »Guten Morgen!« oder: »Na, wie geht's?«

Nichts. Gleich den Tag versauen mit: »Wir haben da was festgestellt ...«

Das ist einer meiner Lieblingssätze. Danach folgt immer eine mittlere Katastrophe: »Wir haben da was festgestellt ...«

Ob das ein Arzt zu einem sagt, die Autowerkstatt oder der nette uniformierte Herr am Alkomat – danach immer Katastrophe.

Bei mir war das eigentlich ganz harmlos, hab ich gedacht, weil die Herren Prüfer erst mal nur bemängelt hatten, ich hätte zu viele Quittungen eingereicht, wegen meiner Schuhe. Hab ich gesagt: »Das sind ja bei mir keine Schuhe im eigentlichen Sinn, das sind ›Betriebsbedingte Ausgaben‹ ... weil ich doch die Quittungen fürs Finanzamt irgendwo hintun muss – und dafür brauche ich die Kartons. Aber jetzt, wo Sie das schon einmal ansprechen, sehen Sie – gewundert hat mich das schon immer: Jedes Mal, wenn ich so einen Karton hole – immer sind Schuhe drin ...«

Das will ich jetzt wissen, damit gehe ich durch alle Instanzen, wenn es sein muss bis vor den Europäischen Finanzgerichtshof, das ist mir völlig egal ... ich hatte ohnehin schon einen dicken Hals, den habe ich eigentlich dauernd, weil so viele Sachen, über die ich mich täglich aufregen könnte, die gibt es eigentlich gar nicht. Aber egal, mein Hals war berechtigt, weil ich Lohnsteuer für mein Personal im Theater nachzahlen musste, nur weil die bei mir im Laden immer die Getränke umsonst hatten. Ich hatte mir dabei nie etwas gedacht. Wenn ich Lust habe, meinem Personal einen auszugeben, dann kann ich das doch wohl machen. Nicht in Deutschland. Da muss alles normiert sein. Einmal bin ich so was von schlagartig vor dem Arbeitsgericht gelandet, das habe selbst ich nicht für möglich gehalten. Da war eine Mitarbeiterin im Büro, mit der ging es wirklich nicht. Wir haben uns geeinigt, dass es nicht geht, und sie hat mich gebeten, ob ich ihr ein Arbeitszeugnis ausstellen könnte. Hab ich gesagt, klar, mach ich, kein Problem – und hab mir dann eben gedacht, halte es ein bisschen persönlich, ich hab dann genau beschrieben, was sie sehr gut machen konnte, gut, zugegeben, das war nicht sehr viel, aber die Position war nicht ganz leer, dann all das, was sie gut erledigt hat und dann eben die Dinge, wo es nicht funktioniert hat, weswegen wir uns ja auch trennen mussten. Ich wusste ja nicht, dass es bei Arbeitszeugnissen so eine Art Geheimcode gibt, den irgendeine Loge im Mittelalter einmal erfunden hat, und an den man sich auch heute penibelst halten muss in der Ausformulierung, sonst gibt es Ärger. Mich hat der Vorsitzende vom Arbeitsgericht nur schräg angeschaut, ob ich denn nicht wüsste, dass es Formulierungen gibt, die verschlüsselt sind. Wenn in einem Arbeitszeugnis steht: »Kam mit allen Kollegen rasch in Kontakt und zeigte stets eine ausgewiesen soziale Ader«, bedeutet das: »Redet ununterbrochen, hält andere von der Arbeit ab, neigt zum Mobbing, redet schlecht über Vorgesetzte und hat einen Hang zum Alkohol.«

Das weiß dann der Neuunternehmer sofort, der liest das aus der Geheimsprache heraus und wird den Teufel tun, diese Person einzustellen, aber der Zeugnisausstellende hat die Form gewahrt. Ich hab mich dann leicht aufgekoffert vor dem Richter, hab nur gemeint: »Wenn das doch sowieso bekannt ist und jeder nur übersetzen muss, was mit dem Zeugnis gemeint ist, dann kann man doch gleich schreiben, wie's ist!«

Nein, da läge dann ein Formfehler vor, und damit machte sich der Arbeitgeber angreifbar vor jedem Gericht. Diese Republik ist wirklich nicht zum Aushalten. Das heißt, wenn mir jemand aus Unachtsamkeit meinen Laden abfackelt, muss im Zeugnis stehen: »War stets Feuer und Flamme für den Betrieb!«

Der gleiche Quatsch mit den Freigetränken: Dadurch hat

der Arbeitnehmer einen »Geldwerten Vorteil«. So erzeugt man ein gesundes Rechtsempfinden bei uns. Manager, die ein Unternehmen aus Unfähigkeit heraus an die Wand fahren, und das in einem Land, in dem sich angeblich nichts mehr bewegt, werden für ihre Unfähigkeit mit steuerfreien Abfindungsmillionen belohnt, aber ein Arbeitnehmer muss ein schlechtes Gewissen haben, wenn ihm der Chef mal eine Halbe Bier und eine Leberkässemmel oder eine Pizza spendiert. Hab ich den Prüfern auch gesagt: Bitte, aus was für einer römischen Limes-Verordnung ist denn dieser Quatsch? Lohnsteuer für ein Hefeweizen! Führe ich aber seitdem regelmäßig ab, also nicht nur das Getränk, auch die dafür erforderliche Steuer. Mir ist aber bis zum heutigen Zeitpunkt noch kein Hefeweizen untergekommen, das für die von mir für es entrichtete Lohnsteuer irgendetwas getan hätte. Ich schaue es immer ganz scharf an, wie es da im Glas so vor sich hin perlt, und muntere es auf: »Na los, komm – jetzt zeig schon, was du kannst! Schaff endlich was.« Nichts. Nach einer gewissen Zeit ist es verdampft, das war's ... das hatte ich meinen Steuerprüfern auch erzählt, als sie bei mir zu Hause waren. Die hatten irgendwann Freigang, dann standen sie bei mir vor der Tür. So viel zur grundgesetzlich garantierten »Unverletzlichkeit der Wohnung«. Hatte ich mir noch gedacht, was machst du da jetzt? Was musst du vorher besorgen, wenn die kommen? Champagner? Kaviar? Fünf, sechs ukrainische Hostessen vom Escort-Service? Die Gedanken hätte ich mir schenken können. Die haben nur an ihr Amt gedacht. Irgendwas finden – wahrscheinlich gibt es dann Sammelpunkte wie an den Tankstellen, bei jeder dritten Unregelmäßigkeit winkt zur Belohnung ein biologisch vollabwaschbarer Teddybär oder eine Kühl- und Frischhaltebox mit Zigarettenanzünder fürs Auto, falls das dann nicht allzu sehr in die Nähe eines »Geldwerten Vorteils« gerät. Ich hab das nicht geglaubt: Rutscht der Sachgebietsleiter auf dem Boden rum und misst meinen Teppich nach, ob der von den Maßen her mit dem auf der Quittung übereinstimmt. Nicht nur, dass es ein völlig wertloses Sisalteppichimitat von IKEA war, das einem vom bloßen Anblick her schon die Peinlichkeit ins Auge treiben musste, das wurde durch die andere Peinlichkeit noch getoppt, die des Sachgebietsleiters: Ein Mann im fast schon pensionsfähigen Alter kniet vor mir auf meinem Büroboden! So dass seine Sockenhalter sichtbar wurden. Beamtenstrapse! Ich hab ihn vor mir knien sehen und mir nur gedacht: »Du bist eigentlich eine arme Sau!«

Dann hab ich noch ein paar Sachen extra angegeben, damit er nach seinem Sisalteppichdesaster wenigstens ein kleines Erfolgserlebnis gehabt hat. Ich hatte ja keine Ahnung, dass man sich dadurch sofort wieder verdächtig macht: Aha, erst nachträglich angegeben, soso, mithin also Unregelmäßigkeiten, damit fällt so jemand unter den Vorbehalt einer später stattfindenden Steueranschlussprüfung. Ich wollte dem armen Menschen einfach einen Gefallen tun, ich hab fröhlich weitergeplappert: »Ach, und übrigens, das Rennrad, das ich mir kürzlich angeschafft habe, das läuft zwar über die Bücher, aber das ist natürlich Blödsinn, das hab ich nur zum Spaß, eigentlich soll das ja nur davon ablenken, dass der eine Oldtimer, Sie wissen schon, der mit dem Nubukleder aus handgenähten Kühen von den Äußeren Hebriden, nur dort wird das Leder durch die extremen Temperaturschwankungen so geschmeidig, dass es sich anfühlt wie zarte, zerlaufene irische Schmelzbutter, wenn man in den Polstern versinkt, die Hand zwischen den Schenkeln eines 18-jährigen Topmodels aus Südfrankreich, das vor Lust kaum an sich halten kann, weil ich es mit dem ›Geldwerten Vorteil‹ einer ausgegebenen Leberkässemmel zuvor so gefügig gemacht hatte, dass sie seitdem alles, aber auch wirklich alles für mich macht, in meine dunkelsten Obsessionen mit mir eintaucht, am liebsten natürlich auf den handgenähten Edelrindfauteuils im Fond meines Geschäftswagens, der nur deshalb von Ihrer Behörde als Geschäftswagen anerkannt wird, weil ich zur privaten Fortbewegung dieses Rennrad benutze, das aber trotzdem über die Bücher läuft. Ja – ich bekenne mich schuldig!«

Den Blick des in diesem Moment von dem Sisalteppichimitat aufblickenden Sachgebietsleiters mit den Sockenhaltern werde ich nie vergessen. Das war es wert. Auch um der Strafpunkte willen, die mir Jahre danach die Anschlussprüfung bescheren würde. Da war ich großzügig. Nur bei meinem Fernseher, da blieb ich eisern. Er nahm Drohhaltung ein, in meinem Büro. Damals war es noch ein Büro, mittlerweile ist es eine Produktionsstätte, weil als Büro wäre es steuerlich nicht mehr anerkannt, als Produktionsstätte schon, das hat zudem noch den unschätzbaren Vorteil, dass ich überall auf der Welt jetzt eine kleine Wohnung oder ein beliebiges Appartement als voll steuerabzugsfähige Zweigniederlassung geltend machen kann, aber als Büro wollten sie es nicht anerkennen, also bitte – in einem Land, das einst als das der Dichter und Denker galt, um heute als Weltmarktführer in Sachen Steuerfachliteratur zu enden, da muss man sich kundig machen und sagt sich am Ende: Jeder kriegt eben das, was er verdient.

Er drohgebärdete also etwas, sah den Fernseher und mich scharf an und meinte: »Was ist das?«

Ich habe lange überlegt ... »Ja, das is, puh ... da überfallen Sie mich jetzt ... hmmmm ... von der Seite sieht es ein bisschen aus wie ... das, ich bin mir nicht ganz sicher ... ja – wenn ich meinen Telefonjoker noch hätte ... aber so ... ... nehmen Sie es mir nicht übel, aber ich meine fast, das ist ein Fernseher!«

Ich bemerkte das behördliche Flackern in seinen Augen: »Ja – damit verliert ein Büro seinen Charakter!« Hab ich gesagt: »Das kommt auf den Film an!«

Er hat weitergeflackert, den Zahn wollte ich ihm dann schon noch ziehen: »Sie, ich brauch des Ding doch beruflich!«

Da wurde er leicht pampig. Da kam in ihm das hoch, wodurch wir Deutschen uns einen Namen gemacht haben in der Welt: der Neid. Wissenschaftler haben herausgefunden, dass der Mensch statistisch zu 87 Prozent aus Wasser besteht und zu 13 Prozent aus Neid. Bei uns Deutschen scheint das Verhältnis umgekehrt zu sein. Da hob er an, den fruchtlosen Nachvermessungsversuch eines wertlosen Sisalteppichimitats als Misserfolg im Hirn gespeichert: »Ja, glauben Sie, ich würde nicht auch gerne Fernseher und Video von der Steuer absetzen? Ich kann das nicht!«

Ich habe nur gemeint: »Vielleicht mal mit einem anderen Beruf probieren? Den Job wechseln?« Hat er immer noch gequengelt, ich hab nur gedacht, der muss das doch begreifen, aber für meinen berüchtigt-pathologischen Optimismus war ich schon immer berühmt: »Hören Sie ...«, ich versuchte es noch einmal in aller Güte, »hören Sie, ich habe doch den gleichen Apparat einen Stock tiefer in Privat, vergessen Sie jetzt mal für einen Moment das mit dem Rennrad und dem auf dem Nubukleder zehenlutschenden Provence-Model – dieser Fernseher hier oben ist rein beruflich! Ich kann doch meiner Familie nicht das zumuten, was ich hier oben immer kucken muss – ›Kerner‹ ... ›Christiansen‹, die alte Saftschubse ... ›Beckmann‹ – brauchen Sie noch mehr Brechmittel? Normalerweise müsste ich dafür noch Schadenersatz und Schmerzensgeld geltend machen können – Geld, das am Ende dem Steuerzahler und damit Ihrer Behörde fehlt! Denken Sie mal darüber nach!«

Hat den alles nicht interessiert. Mein Zahnarzt ist wegen so was fort. Auf und davon. Dem haben sie einen teuren Laserbohrer bei der Prüfung nicht anerkannt, weil sie sich gesagt haben, na ja, der ist jetzt auch in einem Alter, da könnte er den öfter mal auch bei sich selbst einsetzen ... hmmm ... und nach Steuerrechtslage wäre das dann ja auch ein »Geldwerter Vorteil«. Da ist der weg. In der Nacht noch die Sachen gepackt und ab. Lebt jetzt in seiner Jugendstilvilla am Comer See und lässt sich's gut gehen. Weil die Jugendstilvilla, die hat das Finanzamt natürlich übersehen ...

Partner Hund

Man muss immer aufpassen, wem man was unterschreibt. Ich war einmal mit meiner Tochter in einem Vergnügungspark. Dort wollte sie mit so einem »Power-Achtfach-Dauerüberschlag-Irgendwas« fahren, nö, hab ich mir gedacht, fahr du mal schön alleine mit diesem Power-Dings, ich warte dort schräg gegenüber – an einem Weinprobierstand. Und da hab ich mal gemerkt, was es bedeutet, wenn man freiwillig zu viel an Informationen weitergibt. Niemals die Handynummer rausgeben, zum Beispiel, und, wenn man irgendjemanden anruft, immer die Rufunterdrückung, ganz wichtig. Ich hatte so einen Rosé probiert, kann man ja mal machen, der war eigentlich nichts Besonderes, ein mittelprächtiger Rosé, ohne jede besondere Nase, kaum ausbalanciert am Gaumen und völlig neutral im Abgang. Ein leichter Tischwein, mehr nicht. Aber gut, der Mann am Stand hatte mich probieren lassen, ich hab mir so gedacht, komm, das ist irgendeine arme Ein-Euro-Socke, jetzt hat er dir schon den Schluck geschenkt, dann bestell halt auch was bei ihm. Ich konnte ja nicht wissen, dass es kein armer Gelegenheitsjobber war, sondern der Chef. Ich hab dann aus Dankbarkeit für das Probieren und die entgangene Überschlags-Power-Blamage zwei Kartons bestellt. Das können auch nur wir Deutsche. Das beherrschen wir meisterhaft. Diese vorauseilende Dankbarkeit. Ich weiß nicht, ob wir dafür noch unser Schuldgefühl für die Vergangenheit verantwortlich machen können, aber hierin sind wir Großmeister. Deshalb funktioniert bei uns auch das Phänomen der Kaffeefahrten. Das klapp nur bei uns. Dass sich Menschen aus Dankbarkeit darüber, dass die Bremsen im Bus doch nicht versagt haben, bei der anschließenden Werbeverkaufsveranstaltung in einem zugigen Plattenbau zwei Lamafelldecken für 799 Euro das Stück aufschwatzen lassen, die zuvor von rumänischen Kinderhänden für ein paar Dollar zusammengesteppt worden sind. Der Deutsche sieht die Lamafelldecken, weiß, dass er brutal übers Ohr gehauen wird, aber er sagt sich: »Komm, Babba, da müssen wir jetzt aber schon, der Mann hat sich so eine Mühe gegeben, und er hat auch gesagt, wir müssen ja keine drei davon nehmen, zwei davon täten langen. Das ist doch fair.«

Das geht nur bei uns. Versuche mal, einem Skandinavier eine Kaffeefahrt nach unserem Muster anzudrehen. Der gemeine Skandinavier, alkoholisch reglementiert und unterversorgt, versteht unter Kaffeefahrt nur eines: Rauf auf den Kutter, raus aus den Hoheitsgewässern, und dann gib ihm: Lunklunklunklunklunk!

Der braucht keine Lamafelldecken – der spuckt auch so. Ich war an diesem Rosé-Stand so blöd, da hat mich die schuldbezogene vorauseilende Dankbarkeit in den Würgegriff genommen, und ich habe zwei Kartons bestellt. Da sagt der schon: »Und wenn es Schwierigkeiten mit der Lieferung gibt, sind Sie immer erreichbar?«

Na ja, hab ich mir gesagt, gib ihm mal deine Handynummer ... ich bin so blöd! Wie kann man so etwas machen, sich freiwillig der kundenbezogenen Vorratsdatenspeicherung ausliefern! Seitdem, im 14-Tage-Rhythmus, pünktlich wie ein Schweizer Uhrwerk: »Hier ist Weingut Pallhuber. Unser Kellermeister ist nächste Woche in Ihrer Nähe und hätte ein Probierglaspräsent für Sie – dürften wir mal vorbeikommen?«

Diese Weindirektmarketingramschversandpiraten – Jahre hat das gedauert, bis ich sie wieder los war. Ich habe gesagt: »Hören Sie, ich wohne dort schon längst nicht mehr, ich bin umgezogen, mittlerweile unverschuldet in Not geraten und verarmt, mein Arzt hat mir wegen eines erhöhten Zuckerspiegeleckkarzinoms am unteren Labiallappen der Vorsteherdrüse Weingenuss verboten ...« »Wir haben auch ganz vorzügliche Diabetikerweine im Angebot ...«

Irgendwann habe ich mit der Erschießung des Kellermeisters gedroht und damit, eine Abordnung der Al-Qaida auf ihren Direktmarketingversandhof zu schicken, seitdem ist Ruhe im Karton. Was ich mir schon alles habe aufschwätzen lassen. Am schlimmsten ist es, wenn sich ein Versicherungsvertreter zum unverbindlichen Besuch mit anschließendem Gespräch ankündigt. Das klingt jetzt wie ein Klischee, ist aber so. Kaum steht so einer im Hausflur, lässt er seinen Blick schweifen, und dann stößt es aus ihm heraus: »Mein Gott, Sie sind ja hoffnungslos unterversichert!«

Und dann malt er dir aus, in den grellsten Farben, was alles passieren könnte, und du denkst dir nur: Oh, mein Gott – wie habe ich all die Jahre nur überleben können?! Diese geschulten Vertreter, die wickeln dich so was von ein ... ich habe alles abgeschlossen, Vertrag um Vertrag: irgendwas gegen Erdbeben, man kann ja nie wissen ... Flugzeugabstürze ... mit dem Hochwasser, das hätte ich bleiben lassen können, weil ich am Hang wohne, aber egal. Sicher ist sicher. Aber gegen die kleinen alltäglichen Katastrophen, Dinge, die aus dem Nichts entstehen, dagegen versichert dich niemand.

Eine spezielle Versicherung, die hätte ich gut brauchen können. Die Sommerferien standen an. Urlaubszeit, da musst du dich immer absichern, egal wogegen, es kann nie schaden. Es war so ... ich hätte einfach nur Nein! sagen müssen, aber das kann ich halt ebenso schwer. Eine spezielle Versicherung war leider nicht da, nachdem mein Onkel Werner mich gebeten hatte, während der Ferien seinen Hund, die Katzen und die

Pflanzen zu versorgen. »Du bist doch sowieso da, oder? Ihr habt gebaut, da kann man nicht in Urlaub fahren – für irgendwas muss man sich entscheiden!«

Klar, ich hab ihm den Gefallen getan, hab ihm gesagt, ich mach das für dich, weil mein Onkel Werner einen vom Baumarkt kennt, der öfters mal günstig Restposten besorgen kann, und außerdem kennt er einen bei der Bauaufsicht, das ist ganz wichtig, so jemanden braucht man immer, wenn es zur Sache geht, okay, dafür kann man schon mal die Blumen gießen in den Ferien. Und den tierischen Rest irgendwie halt auch noch wegerledigen. Zu Beginn der Urlaubszeit fallen viele Menschen in eine tiefe Sinnkrise. Schon Wochen vorher die verzweifelten Fragen: »Und was machen wir mit dem Hund?«

Eigentlich ganz einfach: Am Autobahnrastplatz an die Parkbank knoten, dann ist Opa nicht so allein ... mein Onkel Werner hatte nur gemeint: »Auf dem Tisch liegt alles, was du brauchst!«

Tisch ... na ja ... Tisch kann man dazu eigentlich nicht sagen, das ist mehr so eine runde Glasplatte, die von unten mit den Vorderläufen einer übergewichtigen Messing-Dogge gestützt wird ... mein Onkel ist Gynäkologe, hat sich in all den Jahren über die Landkreisgrenzen hinaus einen exzellenten Ruf erworben als Experte in seinem Fachgebiet: »Sanfte Unterwassergeburt« – da braucht man zu Hause eben einen Ausgleich. Ich habe auch nie verstanden, aus welchen Gründen Manager von Weltunternehmen, die den ganzen Tag nichts anderes im Sinn haben, als ihre Mitarbeiter zu mobben und schlecht zu behandeln, warum solche Menschen dann in der Mittagspause verstohlen in düstere Domina-Studios hasten, um sich dort von Zofen auspeitschen zu lassen, wenn sie den Boden nicht anständig feucht durchgewischt haben. Aber gut, dann sind sie wieder motiviert, um am Nachmittag die Sekretärin blutrünstig zusammenzuscheißen, falls die Crema beim Espresso doppio in die falsche Himmelsrichtung schwappt. Jeder Mensch braucht seinen Ausgleich ... mein Onkel anscheinend auch. Auf dem Messingdoggenglasrondell lagen die akribisch aufgeführten Fütterungshinweise und daneben ein Stapel Tierzeitschriften – toll! Der gemeine Haushund kann mittlerweile, wenn es ihm einmal langweilig werden sollte, aus zig verschiedenen, hochglanzprospektigen Fachmagazinen wählen, um Wissenswertes über sich zu erfahren: *Hunderevue, Hundewelt, Hundeanzeiger, Dog's Delight, Partner Hund* ... – *Partner Hund* ist mein eindeutiger Favorit. Daraus hab ich letzthin meinem Nachbarrüden vorgelesen, einem lebensfrohen American Water Spaniel, er war sehr traurig, weil er auf Seite fünf der »Wau Schau« lesen musste, dass Österreichs berühmte Dobermann-Hündin Fricka. verstorben war. (Sie kann nicht allzu berühmt gewesen sein, sonst hätte sie noch einen wohlklingenden Beinamen vorzuweisen gehabt, wie man ihn gemeinhin auf Hundeschauen findet: »von der Donnersberger Edelheckenbiege« – oder so.) Der Text war anrührend: »Der Tod kam unerwartet. Frauchen Inge E. trauert: Wir vergessen Dich nie, Du warst DER Dobi für's Leben!«

Der »Dobi«, diese Verniedlichungen, die finde ich supi! Da sind wir Deutschen aber auch wieder führend, wir mit unserem »Kategorischen Diminutiv«. Der »Trabbi«, »Gorbi« – komisch, niemand käme auf die Idee, einen Professor als »Profi« bezeichnen zu wollen, aber sonst – im klein machen sind wir groß! Am schlimmsten finde ich persönlich »Brummi«. Wie kann man auf die Idee kommen, stinkende, lärmende 40-Tonner, die geschmacksresistente Gurken von Rotterdam zum Schälen nach Perugia fahren, weil es sich dank nicht umgelegter Umweltkosten so immer noch rechnet, wie kann man auf die Idee kommen, diese Monster als »Brummi« zu bezeichnen: »Du – da hat ein Brummi im Nebel am Stauende wieder 20 Autos ineinandergeschoben!« »Ein Brummi, so so. Gab's Leichi?«

In der *Partner Hund* genauso ... einen ausgewachsenen Dobermann, dem ich nicht im Dunkeln begegnen möchte, verniedlichend als »Dobi« umherstolpern zu lassen ... »Hat der Dobi wieder Kindi Handi abbeißt? Happa, Happa macht? Keine Angst, normalerweise will er nur spielen ...«

Auf der Serviceseite der »Wau Schau« sucht Gabriele Weden aus Lentföhrden Rat: Ihre Golden-Retriever-Hündin ist zu sexy. Tipps erbittet sie an die Redaktion, Kennwort:

Zu sexy.

Es sollen sich schon Priester gemeldet haben. Das ewige Wehklagen kennt man doch: »Der Zölibat lässt die Priester vor die Hunde gehen!«

Und man erfährt so vieles über die Psyche der süßen Vierbeiner. Bislang hatte ich nicht gewusst, dass sich Yorkshireterrier und Pudel in Restaurants am besten benehmen. Außer in China, da jaulen sie noch kurz nervös auf, bevor man sie eintopft ... das machen die gerne dort. Der Chinese an sich, der hat seine Pudel zum Fressen gern! Das ist völlig »en Wok« ... deshalb käme dort auch niemand auf die Idee, nach dem Essen den Kellner zu fragen: »Könnten Sie's bitte einpacken – für den Hund!«

Beim Blättern hat mich schon gewundert, was es alles gibt für die armen Vierbeiner, in einem Land, dem es angeblich von Stunde zu Stunde schlechter geht. In dem Katzen aber so verwöhnt zu sein scheinen, dass sie ihr Essen nur dann anrühren, wenn es mit Petersilie oder Edelrosmarin aus der Camargue ansprechend dekoriert ist. Sonst rühren sie ihre Geflügelstopfleber doch gar nicht erst an, die süßen Racker. »Antibellhalsband Kläff-Ex« für den störrischen Hund ... dass mein Onkel so etwas überhaupt liest ... na ja, der Ausgleich zum Gynäkologendasein. Mein Feriengefallen – ich hab mir nur gedacht, so wild wird das schon nicht werden: Blumen, Hunde, Katzen, eigentlich ganz einfach: Kriegen Wasser, ab und zu einen schönen Knochen und das Sonderangebot aus der »Food«-Abteilung vom Praktiker: »20 Prozent auf alles – außer Tiernahrung!«

Eigentlich logisch. Ich gehe ja nicht in einen Baumarkt, um Whiskas zu kaufen. Dann könnte ich ja auch in eine Tierhandlung marschieren und fragen, wo die Zuschnittabteilung für Laminatpaneele ist ... aber von wegen einfach mal was zum Essen machen – der hatte einen Ernährungsaltar auf seinem Messingdoggentisch aufgebaut – ich hab gemeint, ich bin in einem Feinkostladen! Und dann die Fütterungshinweise: »Lieber Urban, bitte beachten!«

Da lag ein Ordner, 15 Seiten dick – ein Dossier! Nachdem ich das gelesen hatte, wusste ich schon gar nicht mehr so genau, wie war das jetzt noch mal? Die Katzen zweimal am Tag ausführen, den Hund auf keinen Fall, oder umgekehrt? Als Werner aus dem Urlaub kam, wusste ich dann, wie es gemeint war. Er war wie immer in der Toskana, er hat dort ein kleines Weingut ... da fühlt er sich immer wohl, ein paar Studienräte hat's in der Nachbarschaft, er schwärmt auch gerne von der Zeit, als Konstantin Wecker ab und an vorbeigeschaut hat ... da haben sie die Fenster immer extra weit geöffnet, damit seine sanften Weisen herüberwehen konnten, wenn sie dasaßen, welt- und realitätsversunken bei Biowein und handgeschöpftem Brot, die Schullehrer, mein Onkel und sein Gynäkologenzirkel, die dann fachsimpelten über die neuesten, wissenschaftlich noch nicht ganz belegten Methoden der sanften Geburt – bei Vollmond oder bei Sichelmond ... einem aus seinem Zirkel hatten sie kurz zuvor die Approbation entzogen, weil ihm bei der sanften Unterwassergeburt die Hebamme ertrunken war.

Ich hatte natürlich alles falsch gemacht. Ich war mit Hund und Katzen gemeinsam Gassl gegangen, soweit man bei Katzen von Gassi gehen sprechen kann – die Pflanzen hatte ich zum Glück zu Hause gelassen ... die Katzen sind bis heute nicht wieder da ... und seine Pflanzen ... das ist aber auch – wie soll man sich da zurechtfinden, in all dem Überfluss? Gut, die Anweisung war präzise, aber trotzdem, oder vielleicht gerade deshalb – das war zum Scheitern verurteilt wie das Unternehmen »Grand Slam« im berühmten 007-Kracher *Goldfinger.* Dieses Tiermenü ... zum Frühstück »Sheba Katzenschmaus« – kalorienarmes Müsli mit Forellenrogen, Datteln und Feigen. Wahrscheinlich nur für Perserkatzen. Dazu Krabbenjelly, Vitaminpillen und »Die kleinen Feinen« von Whiskas. Die aber, wie schon erwähnt, unbedingt mit frischer Petersilie garnieren, sonst fressen sie's nicht – kucken ja auch Werbung, die kleinen Biester! Um 11 Uhr bitte die 3-Minuten-Vollkost für den Hund, aber nur von Chappi. Chappi für Hotschi. Der heißt eigentlich Ho-Tschi-Minh, aber alle sagen nur Hotschi zu ihm, danach das Schneckenkorn ... nein, halt, nicht für Hotschi, für den Balkon, wegen der koreanischen Zwergranke ... und der unbedingt zweimal am Tag, aber nicht vor 10 und nicht nach 16 Uhr, den speziellen Blühpflanzendünger beimengen – und den Blattglanz für die Gartenyucca nicht vergessen – dabei immer Markise runterlassen, Hydrokultur! Praktisch, hab ich gedacht, diese Selbstbenetzer brauchst du nicht so oft zu gießen – von wegen! Sein Wintergarten, der sah nach den vier Wochen aus wie ein reifes andalusisches Kartoffelfeld! Einmal alle zwei Tage »Sensitive Dog« – die kleine ausgewogene Zwischenmahlzeit für den übergewichtigen Hund ... das war so viel – da hätte ich seine Messingdogge gleich mitfüttern können ... irgendwann habe ich aufgegeben, es ging nicht anders. Es war vorbei, mein Wille war gebrochen, nachdem ich die zarten Nachtisch-Pralinés von César für Hotschi mit den biologisch zwar voll abbaubaren, dennoch nicht minder hochgiftigen Düngestäbchen für den taiwanesischen Sumpfoleander verwechselt hatte. Ganz zu schweigen davon, dass ich versehentlich die herzhaften Knabber-Fleisch-Streifen »Goodo« von Frolic in die Gartenyucca gesteckt hatte, worauf sie am Schimmel erstickte. Inmitten der Katastrophe wollte ich auf den Schreck was trinken, hab ich auch noch das Mineralwasser erwischt, das »Mineralwasser mit Sardinengeschmack für die ernährungsbewusste Katze« – wenn Sie das jetzt lesen, schütteln Sie bitte nicht ungläubig den Kopf, von wegen: »Das gibt's doch gar nicht!«, das gibt's, das ist ja das Schlimme! Ich wollte diesen Geschmack aus lauter Abscheu mit einem schönen Grappa aus Werners Designerflasche runterspülen, das war aber die hochkonzentrierte Essigessenz aus Modena, weshalb ich monatelang an den Folgen einer mittelschweren Speiseröhrenverätzung leiden musste und Onkel Werner gegenüber nicht den leisesten Hauch eines Anflugs von einem wie auch immer gearteten Schuldgefühl spüren durfte. Etwas, das bei mir nicht allzu oft vorkommt ...

Letzte Verkünder

Man wird heute so rasch verklärt, wird so schnell zum Idol, das ist unglaublich. Ich bin neulich wieder einmal in den Baumarkt gegangen, da saß einer vor der »Döneria«, die seit Jahren mit dem für mich dümmsten Slogan aller Zeiten wirbt: »Vielleicht der beste Döner in der Stadt!«

Immerhin – es waren keine Rechtschreibfehler in der Bandenwerbung, und der Satz war vollständig. Von beidem kann man heutzutage nicht zwingend ausgehen. Und diese Sprache! Ich hätte mir etwas erwartet wie: »Vielleicht bester Döner in Stadt, ey!«

Das hätte ich verstanden. Aber was ist das denn bitte für eine Aussage: »VIELLEICHT der beste Döner in der Stadt!«

Wurden da im Vorfeld wieder Horden von Rechtsabteilungen aktiv, die den Döneria-Besitzer auf mögliche Komplikationen hinweisen wollten? Wie soll man das Vielleicht für sich herausfinden? Ein Testessen bei allen Dönerständen der Stadt veranstalten, und wer zuerst Durchfall bekommt, hat verloren, weil er nicht den vielleicht besten Döner in der Stadt verschlungen hat, sondern den wahrscheinlich vielleicht schlechtesten? Dönerwetter aber auch, was ist die Welt kompliziert geworden. Da sucht man nach einfachen Lösungen.

Und da saß er wieder, am Baumarkt, neben der »Döneria«, wie immer. Ein Bild des Jammers. Völlig abgerutscht, seit ihn seine Frau verlassen hat. Seitdem sitzt er da und sucht nach dem Sinn des Lebens. Man sieht immer mehr solche gebrochenen Gestalten. So wie ihn, direkt am Eingang, zwischen Regenwasserauffangbecken und Dönerdrehspieß. Großes Schild um den Hals, auf dem stand: »Ich bin ein Suchender! Du auch?« Ich habe nur gesagt: »Ja, ich suche Weitspreizdübel und ein paar 16er Kontermuttern und Spezialschrauben für Waschbeckenbefestigungssätze ...«

Ich wurde den nicht mehr los. Stundenlang ist er mir hinterhermarschiert, gerade so, als wäre ich der neue Messias ...

Haarree gutt!

Minderheiten! Wie schützen wir die Minderheiten? Und, vor allem – woher wissen wir zuverlässig, dass eine Minderheit auch wirklich eine Minderheit ist und nicht schon längst klammheimlich die Rolle einer Mehrheit eingenommen hat, wovon wir aber gar nichts merken, weil wir sie immer noch als eine Minderheit behandeln. Nehmen wir nur einmal die Spätaussiedler. Jahrzehntelang als williges Wahlvolk für die Union hofiert und zur Stimmabgabe ins Land gelockt, lässt der Zustrom allmählich nach, weil auch die Union merkt: Oh, oh – das mit dem Integrieren haben wie irgendwie versäumt. Gut, eine Zeit lang wurde viel getan, das habe ich am eigenen Leib erfahren. Ich hatte mich für ein Projekt zur Verfügung gestellt, dort arbeitete ein Freundin von mir, wir hatten zusammen studiert, und sie hat mich bei einer Hausarbeit dankenswerterweise abschreiben lassen, so dass ich den Schein bekam. Hätten wir damals schon Internet gehabt – kein Problem. Du klickst »Diplomarbeit« an, dann gibst du an, für welches Fach, dann wird die Summe genannt, dann einfach Kreditkartennummer angeben, und alles nimmt seinen Lauf, Sonderpositionen verhandelbar. Zu meiner Zeit war das noch nicht so. Und deshalb hatte Susanne für die Hausarbeit noch einen gut bei mir. Sie war mittlerweile im Lehramt, noch nicht direkt, eher in einer Art Warteschleife ... also mehr im berufsüberbildenden Zweig als im gymnasialen. Ich werde ja oft auf meine Frisur angesprochen, am liebsten ist mir die Frage: »Na? Zu heftig in die Steckdose gelangt, oder was? Hehehe!«

Nein, der Ausgangspunkt war wohl eher ... ich konnte mal wieder nicht Nein sagen. Im Grunde habe ich meine Frisur der BÜE zu verdanken, der »Betriebsausbildung in überbetrieblichen Einrichtungen«. Das war ein Sozialprojekt, in dem meine ehemalige Mitstudentin untergekommen war ... ein Sozialprojekt für lernunwillige Jugendliche und sozial auffällig gewordene Spätaussiedlerinnentöchter in siebter Generation aus Kasachstan. So genau hat sie mir das allerdings erst einige Zeit später erzählt. Am Anfang war da nur etwas von Modell stehen für einen innerschulischen Projektwettbewerb. Na gut, dachte ich. Jetzt musste ich dahin, das war – die hatten einen Frisiersalon bekommen ... na ja ... Salon ist schon wieder leicht übertrieben, so etwas Ähnliches halt. Mit viel Phantasie ließ es sich gerade noch von einem Ausstellungsraum für unverkäufliche Badezimmerfliesen unterscheiden. Da musste ich hin, um das Projekt vorzustellen. Als Testperson. Meine Versuchsfriseurin hieß Ilonka. Gut, der Weg vieler junger russischer Frauen endet tragisch. Sind ja neben Gas der letzte Exportschlager, der diesem Land noch geblieben ist. Werden mit schönen Versprechungen in den Westen gelockt, aber das Märchen heißt: »Sieben auf einen Strich!«

Natürlich sind das Schicksale – aber sie hätten auch bei Mitropa landen können ... oder im Frisiersalon. Sie war bei der BÜE gelandet. Ilonka ... die hatte Hände! Hände wie ... das war alles andere als ein Wohlfühlsalon. Mehr eine Art Erlebniswäsche. Da hätte ich besser das Waschprogramm drei bei der ARAL genommen. Als diese kasachischen Spätaussiedlerhändchen anfingen, auf meiner Kopfhaut herumzuwalken, hab ich gedacht: Will die mich skalpieren? Und alle zwei Sekunden bellte sie: »Gutt? Haarree gutt?«

Bei diesem Sozialprojekt lernen die als Erstes den Leitsatz der Friseurinnung, der leider etwas missverständlich ist: »Der Hals muss mit dem Becken abschließen!«

Deshalb hat die erst mal versucht, weil sie das wörtlich genommen hatte, mich auf knappe 1 Meter 20 zusammenzustauchen, so wie die Ausbilderin ihr das wohl mal erklärt hat. Beim Waschen ist mein Kopf ohnehin sehr eigen. Der reagiert auch in normalen Waschsalons sehr sensibel. Schon Samson hatte gewusst: »Macht liegt in den Haaren!«

Beim Friseur kommt immer zuerst, wer kennt das nicht, die scheinheilige Frage: »Wird's gewaschen?«

Dann kann man nicht schnell genug Nein! sagen, schon ist man das Opfer, wird in den Sessel gedrückt, mit dem Kittel, der immer an eine Zwangsjacke erinnert, und dann pumpen die den Stuhl hoch, knallen den Schädel in diese Porzellanmulde und treffen irgendeinen Wirbel, der genau den Nerv quetscht, der das Sprachzentrum lähmt. Und das Wasser ist immer zu heiß. Immer. Aber man kann ja nichts sagen, solange man in dieser Mulde festhängt. Bei Ilonka aus Kasachstan konnte ich das sowieso nicht, die hat geknetet: »Haarree gutt? Wasser gutt?«

Diese Hände – also, ich vermute mal, die haben früher auf ihren Kolchosen keinen Pflug gebraucht. Als sie mir dann noch die Fingernägel maniküren wollte, bin ich raus. Ich hab nur noch gesagt: »Nägel gutt!« Weg war ich. Vielleicht lernt sie's ja noch ... man soll die Hoffnung nie aufgeben. Integration muss schließlich sein ...

Krötentunnel

Wenn man niemanden mehr hat, auf den man irgendwas schieben kann, dann bleibt einem immer noch die EU. Achselzuckend kann sich Parlament um Parlament hinter Brüssel verschanzen: »Wir hätten das ja nicht nur gerne schon sehr viel früher auf den Weg gebracht, sondern vor allem generell. Aber da hat Brüssel wieder – leider, leider –, da sind uns, fürchte ich, die Hände gebunden.«

Neulich gab es schwere Verstimmungen bei uns im Stadtrat. Brüssel haben wir es nämlich zu verdanken, dass an der Umgehungsstraße keine Lärmschutzwand gebaut werden darf, weil dort ein Krötentunnel hin muss. Das Tempolimit wurde auch aufgehoben, weil die Umgehungsstraße eine Landesstraße ist und das Land überhaupt keinen Grund für ein lärmschutzbedingtes Tempolimit sieht. Ein Tempolimit kommt erst dann in Frage, wenn sich innerhalb eines Jahres im Streckenabschnitt mindestens drei schwere Verkehrsunfälle mit tödlichem Ausgang ereignen. Seitdem beten die Anwohner in Hanglage für die armen Seelen, die doch bitte möglichst bald dort ihr Leben aushauchen mögen, und wenn, dann bitte nur in diesem Streckenabschnitt, damit die Hangbewohner künftig ruhiger schlafen können, da die Landesregierung einen Grund für einen auf behördlich erwirkbaren ruhigen Schlaf ja anscheinend nicht sieht ... und die Lärmschutzwand verhindert Brüssel, weil ein Krötentunnel da hin muss. Möglichst noch mit parallel geschachteter Fluchtmöglichkeit, falls es dort drinnen einmal brennt. Am Ende kommt noch der ADAC vorbei, um ihn zu testen ... da hab ich mich schon oft gefragt – was soll das? In Frankreich hauen sie die Frösche in die Pfanne, das schmeckt denen ... da regt sich kein Aas darüber auf – wir tragen sie einzeln über die Straße ... und was soll das alles im Zuge des vereinten Europa? Wir retten Frosch um Frosch, und? Irgendwann kommt aus Brüssel dann eine EU-Krötentunnel-Harmonisierungsrichtlinie. Und wenn die Franzosen sich durchsetzen, muss am Ende eines jeden Tunnels eine Fritteuse stehen ...

Kommunales for Beginners

Das Wesen der Politik erklärt sich oft am besten von ganz unten. Ich musste ein paarmal, weil es ja auch um mein eigenes Interesse ging, an einer Stadtratssitzung teilnehmen, die, warum auch immer, nur an Donnerstagen stattzufinden pflegt. Und bei diesen Sitzungen, egal worum es in verschiedenen Tagesordnungspunkten geht oder gehen soll – in der Regel regiert das blanke Chaos, das auch das Tagesgeschehen, neudeutsch »Die Agenda«, diktiert. Kommunalpolitik lässt sich am besten mit der Entropie erklären. In der Entropie besagt der zweite Hauptsatz der Thermodynamik, dass in einem geschlossenen System die Ordnung der Materie zugunsten der Unordnung immer weiter abnimmt. Diese Erfahrung macht man in der Kommunalpolitik, wie auch in ihrer nahen Verwandten, der Bundespolitik, wöchentlich. Ich vermute, irgendwann ist in der Entstehung der Menschheit irgendwas völlig aus dem Ruder gelaufen. Versuchen wir uns kurz das alles zu vergegenwärtigen: Am Anfang war das Chaos. Dann entstand aus dem Chaos die Ordnung. Ein paradiesischer Moment innerer Einkehr. Dann kam der öffentliche Dienst. Dann die ersten Schlichtergespräche, Tarifverhandlungen und Bürgersprechstunden – und kurz darauf hat Gott die Evolution für gescheitert erklärt ...

Danach begann auch die zunehmende Entfremdung zwischen Bürger und Politik. Das ist ja von oben auch so gewollt. Man muss den Bürger beschäftigen, mit irgendwas, egal mit was, Hauptsache, er ist beschäftigt, damit er zum Nachdenken nicht so viel Zeit hat, das ist nicht erwünscht. Deshalb: den

Bürger beschäftigen. Nicht unbedingt mit moralisch vertretbar entlohnter Arbeit, das kommt die Unternehmen zu teuer, nein, mit anderen Dingen: den günstigsten Arzt finden, die persönlichsten Handygebühren herausgoogeln, den besten Stromtarif abfragen, eine Zusatzbeschäftigung, die wir der Liberalisierung des Strommarktes zu verdanken haben: den supergünstigen Superspartarif herausfinden, der von einem Unternehmen angeboten wird, das selbstverständlich Tochter genau jenes Unternehmens ist, das uns mit seinen überteuerten Preisen in den knallharten Vergleichswettbewerb gezwungen hat. Jetzt kommen auch noch Milch, Butter, Käse, Brot und Bier dazu, wir sind beschäftigt, und der Staat hat vor uns Ruhe. Und wenn wir doch zu interessiert werden sollten, dürfte die Dauerbeschäftigung zwischen immer längeren Anreisezeiten zum Arbeitsplatz – der Mensch muss flexibel sein, auch wenn er dadurch ein paar Stunden pro Tag im nicht einmal mehr zähfließenden Stau steht – zu einer Zerrüttung der ohnehin schon schwierigen familiären Situation führen (zwei Kinder, Haus auf dem Land, Frau nicht ausgelastet mit der Selbstfindung, Mann kommt durch längere Arbeitszeiten und längere Staus immer später nach Hause), was natürlich staatlich wohlwollend akzeptiert wird.

Und wenn gar nichts mehr hilft, dann können Angst- und Terrorkeulen ausgepackt werden, das hilft immer. Hauptsache, Bürger und Staat kommen nicht in Versuchung, miteinander vernünftig zu kommunizieren. Das hat der Dicke in seinen 16 Jahren schon gut vorbereitet, die kühle Entfremdung, die seine Entdeckung, unsere Templiner Kaltmamsell, nun zu höchster Vollendung führen darf. Ihr hat der Dicke den Teppich ausgerollt, mit seinem Gefasel: »Das versteht der Bürger draußen im Lande nicht.« Wie das schon immer klang: »Draußen im Lande!« Ja, wo denn genau? Ach so, ja, dort, genau, dort hinten, in der Lüneburger Taiga, hinter den sieben Zwergen, da, ganz weit draußen im Lande, da kauert der Bürger. Kauert einsam vor sich hin und schimpft auf die Politiker: »Die da oben!« Als ob irgendwo im Universum ein Ufo kreist, das ab und an huldvoll Informationen abwirft, die wir eigentlich gar nicht bräuchten, weil wir im Grunde ja alles wissen könnten, wenn wir nur wollten, wir leben ja im Infotainment. Wir wissen alles, nur leider immer weniger damit anzufangen. Diese Informationsflut ... das hat schon wieder Methode. Rateshows. Quizsendungen. Sudoku. Ständig müssen wir beschäftigt sein, immer mehr wissen, immer öfter, immer schneller, immer früher. Das verunsichert die Menschen total. In der Schule mussten wir mal die beiden großen Zukunftsromane vergleichen, also *1984* von George Orwell – meine Güte, war das eine Hysterie in der Zeit davor ... vor 1984 ... verzweifelte alternative Großfamilien auf Campingplätzen, mit Aufklebern auf ihren VW-Bussen: »Nicht einmal mehr 1000 Tage bis 1984!«

Wir sind an deren Bussen vorbeigelatscht und haben uns nur gedacht – ein Glück! 1000 Tage überleben eure mit Unterbodenschutz zusammengespachtelten Prestolith-Bomber sowieso nicht mehr im Komplettzustand ... mir war Orwell immer eine Spur zu düster. Literarisch hatte ich mich da eher auf die Seite von Aldous Huxley geschlagen, der in seiner *Schönen neuen Welt* ganz richtig geschrieben hatte – all das, was wir mitmachen, das machen wir freiwillig; Huxley, dem wir den legendären Satz zu verdanken haben: »Vielleicht ist diese Welt ja nur die Hölle eines anderen Planeten.«

Und immer öfter denke ich mir: Der Mann hat Recht. Um mich herum treffe ich andauernd auf Menschen, die so verzweifelt fragen, warum es keine neuen Philosophen gibt, die uns mit einfachen Worten, ganz banal, erklären, was »da draußen« ist. Warum? Da draußen, da ist nichts! Da draußen gibt's auch nix. Und wenn, dann nur im Kännchen ...

Visionen

Immer diese Zukunftskonferenzen, immer dieses Gejammer unterschiedlichster Gruppen: »Wir brauchen Visionen!« So ein Quatsch! Fragen Sie heute mal einen gestandenen Gewerkschafter, was der von Visionen hält: »Visionen? Jawoll! Aber nur rückwirkend bei vollem Lohnausgleich und 3,5-prozentiger Verlängerung des Kommunionskinderanzugs-Zuschusses für unsere Buben und Mädel, und zwar rückwirkend zu Pfingsten! Sonst werden wir dieses Land mit einem Generalstreik in seine Grundfesten zurückbomben, der sich gewaschen hat, Kollegen, Kollegen.«

Ich mag die Jungs ja. Heute, in dieser immer schnelllebigeren Zeit, sind das so Rudimente aus dem Urschlamm. Gewerkschaft, das hat ein bisschen was von Elternabend oder Lehrersprechstunde. Das ist etwas, das es halt noch gibt, auch wenn keiner so genau weiß, wofür eigentlich. Diese Rituale der Tarifverhandlungen zum Beispiel, ich habe mich schon oft gefragt: Warum legen sie diese Verhandlungen eigentlich immer mitten in die Nacht? Worum geht es da wirklich? Während sich der normale Arbeitnehmer sagt: »Tiefschlafphase. Ausnutzen. Gesunder Schlaf für einen effektiven Arbeitseinsatz am nächsten Tag«, schleichen sich die Tarifpartner durch den Hintereingang in irgendein 5-Sterne-Hotel, sind dann erst einmal tagelang verschollen, irgendwann im Morgengrauen tauchen sie wieder auf, völlig übernächtigte Arbeitgeber- und Arbeitnehmervertreter:

»E-hes waren schwie-hierige Verhandlungen ...«

»A-haber steh-ets fa-hair in der Sa-hache!«

»U-hund wi-hir ha-haben u-huns i-hin der Mi-hitte geei-nigt!«

Klar – weil beide Seiten ihre Mitte irgendwann doppelt ge-sehen haben ...

Nein, Gewerkschaften, Arbeitgeberverbände, das ist schon okay. Das muss sein, irgendwie. Sagen ja viele:

»Das sind die Säulen unserer Gesellschaft!«

Aber – hat man je etwas Unbeweglicheres gesehen als Säu-len? Nein, aber ich mag sie, weil sie so etwas sind, was uns bleibt. An ihnen können wir uns noch ein bisschen orientie-ren in dieser immer schneller sich globalisierenden Welt. Vie-le Fixpunkte haben wir ja nicht mehr: nur noch Gewerkschaf-ten, Todesanzeigen, Fastnacht. Alles andere rauscht doch halb-stündlich in den Wertegully, weltweit. Man kann doch nichts mehr ernst nehmen.

Früher war das noch anders, früher hatte man Respekt, bis-weilen sogar Furcht. Was da immer alles kam, was alles hätte passieren können, die Angst vor dem Russen: »Die Soffjets ste-hen in 24 Stunden am Rhein!«

Heute wissen wir: was für ein Blödsinn! Selbst wenn der klei-ne lupenreine Drahtige, der Tschetschenenfresser, wenn der jetzt wirklich seine Außenpolitik ändert, also, selbst wenn's die Panzer bis zu uns schaffen sollten – spätestens im Stau auf der A3 vor Aschaffenburg – da ist Feierabend! Der einzige Russe, vor dem ich schon als Kind Angst gehabt habe, war Iwan Reb-roff mit seinen gefürchteten Koloraturen im Bass. Und der war nicht einmal ein Russe.

Heute müssen sich aufwandsentschädigte Stadträte mit der Frage befassen, wie viele Mobiltoiletten sie für einen Mul-ti-Kulti-Event mit einer mongolischen Folkloregruppe brau-chen ... wie kommt so etwas eigentlich zustande? Ganz einfach. Es geht aufs Jahresende zu, die Straßen sind alle frisch geteert, aber das Kulturamt hat noch Mittel übrig, und in Liechtenstein ist kein Konto frei ... Da sagen die sich: »Kuck emal, da ist ja noch Geld! Oh je, oh je, oh je – das ist ja, um diese Jahreszeit noch Geld, das ist ›bäh bäh‹, das muss raus, schnell, fort damit, sonst kriegen wir im nächsten Jahr nicht mehr so viel bewilligt, wir bräuchten es ja eigentlich auch gar nicht, aber egal ...«

Und das, obwohl sogar Gerhard Schröder mit der Verschwendung der öffentlichen Hand aufräumen wollte ... Schröder ... man merkt erst jetzt so richtig, dass er nicht mehr da ist ... ich hab dem gerne zugehört, wenn er was gesagt hat, ich meine, er hat eigentlich nichts anderes gemacht als das, was seine Nachfolgerin macht: nichts auszusagen. Aber wie er das gemacht hat, das hatte auch irgendwie immer so, so, so, so gar nichts ... aber dieses »Nichts«, wie er das immer noch wolkig umflort hat. Bei unserer Datschenkanzlerin, da weiß man gleich: Was sie sagt, das ist nichts, das wird nichts, und es macht auch überhaupt keinen Spaß, ihr bei ihren Behelfshalbsätzen zuzuhören. Aber bei Super-Danke-Gerd-Schröder, wenn der ankam, das hatte was. Da konnte gerade etwas völlig in die Hose gegangen sein, das hat dem überhaupt nichts ausgemacht. Der ist auf die nächste Kamera, und wehe, es war gerade keine da, da ist der drauflosmarschiert: »Also, hahaha, das war nicht eben viel, was bei unseren Gesprächen übergekommen ist, öhm, eigentlich war das gar nix, aber das soll mir erst mal einer nachmachen! Hahaha!«

Dann hat er ein paar Journalisten umgegrinst und den Rest, also alle, die auf eine Antwort gewartet haben, der Bescheidenheit überlassen ...

DIN-Normen und anderes

Das mit der Rentenvorsorge fürs Alter, wenn du da einen Fehler machst, das beschäftigt dich weit über den Tag hinaus. Ich hatte immer noch meine Altersimmobilie am Bein und damit weiter Ämter und Behörden am Hals. Das Lokal durften wir noch nicht eröffnen, weil bei unserem »Super-Steuersparmodell« die Bauaufsicht etwas dagegen hatte. Immer, wenn du mit gar nichts mehr rechnest, dann kannst du sicher sein: Die Bauaufsicht kommt. Das ist so ähnlich wie: »Wenn der Postmann zweimal klingelt.«

Bei uns kam die Bauaufsicht und hat bemängelt, dass im Lokal noch keine feuerfeste Decke drin war. Also haben wir nachträglich so eine F-30-Decke eingezogen, schon kamen wieder die Herren der Bauaufsicht und haben gerügt, dass jetzt die Raumhöhe nicht mehr stimmt. Da nahmen meine Halsschlagadern für einen kurzen Moment die Dicke von Baumstämmen an.

Unsere leibeigenen Verwaltungsnasen bekommen ihren Oberinspektorenposten in siebter Generation vererbt, nur um uns zu gängeln. Kaum war die Bauaufsicht weg, kam das Ordnungsamt ... »Wo ist der Sozialraum fürs Personal?«

Kein Mensch weiß, wofür man so etwas braucht, außer um leere Kartons und Kisten darin zu stapeln, die sofort die Brandgefahr erhöhen, weshalb man wahrscheinlich eine noch feuerfestere Decke einziehen muss, aber egal, Sozialraum, gut, muss sein, dafür haben wir viele Schlachten geschlagen in diesem Land – hab ich rasch gehandelt, eine Wand durchbrechen lassen, Sozialraum rein, kam schon wieder die Bauaufsicht:

»Ist das mit unseren Statikern abgesprochen? Hm? Ja, so können mir das nicht abnehmen!«

Und wieder eine Verzögerung – jetzt hatte ich zwar einen Sozialraum fürs Personal, aber kein Personal mehr. Man liest seit einiger Zeit immer öfter von Menschen, die auf Ämtern blutige Amokläufe veranstalten. Am Ende der Zeitungsmeldung steht dann lapidar: »Der Grund für diesen brutalen Anschlag liegt noch völlig im Unklaren.«

Es gibt Situationen, da kann ich mir schon vorstellen, warum einer nach dem Motto handelt: »Pumpguns für alle!«

Deshalb bin ich sehr froh, dass wir in Deutschland die strengen Waffengesetze haben. Man stelle sich einmal vor, das wäre ähnlich wie in Amerika: Waffenträger an jeder Straßenecke. Da kommt es doch in manchem Schalterraum, auf manchem Behördenflur nur noch darauf an, wer schneller zieht. Schließlich wollte man doch nur was machen! Weil unser innovativer, fast schon rebellischer Super-Danke-Gerd doch immer gepredigt hatte: »Es geht nicht, dass in diesem Land immer nur alle sagen, öhm, was nicht geht. Jeder muss sagen, was er tun kann, damit was geht.«

Aber das machen wir doch alle gern. Wie oft haben wir schon gesagt: »Komm, mir warten jetzt nicht mehr, bis der Bescheid da ist, mir fangen schon emal an ...«

Schon bist du wieder der Depp! Früher hat man so was dann auf dem kleinen Dienstweg bei einem Bier vernünftig geregelt, heute walzt gleich eine Hundertschaft von Arbeitsrechtlern an, um einen halben Betrieb vor Gericht zu zerren, nur weil im Sozialraum im Urinal keine Duftsteine der Geschmacksrichtung Mango-Maracuja zu finden sind. Als wir das mit dem Sozialraum und der Raumhöhe und der Decke halbwegs geklärt hatten, war der Feuerlöscher an der Wand schuld, dass wir nicht aufmachen durften, weil über dem Feuerlöscher kein sichtbares Schild »Feuerlöscher« hing. Den Feuerlöscher konnte jeder sehen, knallrot und leuchtend, wie er da einsam vor sich hin an der Wand hing. Aber über ihm hing nichts, was darauf hätte hinweisen können, dass der Feuerlöscher das ist, was er für jeden ersichtlich war: ein Feuerlöscher. Aber das Hinweisschild hat gefehlt. Da hab ich mir so ein Stück Pappe genommen und draufgeschrieben:

Feuerlöscher!

Sagt der Verwaltungsfritze allen Ernstes zu mir: »Ja, und was ist jetzt, wenn jemand kommt, der kein Deutsch kann?« Hab ich mir eine Polaroidkamera ausgeliehen, den Feuerlöscher fotografiert und das Foto über den Feuerlöscher geklebt – das haben sie mir dann durchgehen lassen. »Aber nur ausnahmsweise!«

Dann waren sie fort. Da hab ich gesagt, boh, die Bagage bist du los ... zehn Kreuze gemacht – kamen sie noch mal zurück – wie Inspektor Columbo: »Eine Frage hab ich noch ...«

Kein Notausgangsschild über der Ausgangstür. Da war sowieso nur eine Tür in dem Raum, und da war auch ein Schild, das hatte ich günstig vom Flohmarkt ... »Das entspricht nicht der DIN-Norm!«

Bevor ich zur Waffe griff, versuchte ich es erst einmal locker: »Relax!«

Letztendlich – mir war's ja recht, dass das mit dem Lokal nicht geklappt hat, weil das für mich sowieso nichts gewesen wäre, denn da hat man es immer mit Gästen zu tun und ihren Sprüchen:

»Chef, lass mal die Luft aus'm Glas! Hahahaha.«

»Guten Abo!«

»Prostata!«

»Vier Bier sind auch e Mahlzeit!«

»Jawoll zum Bleistift!«

»Stoßen wir auf und brechen ins Horn!«

»Wie geht's?«

»Gestern ging's noch! Hahaha!«

»Mach's gut, aber nicht zu oft!«

»In dubio Pro Secco!«

Und dann die anderen, die immer einen auf mondän machen müssen: »Hmmm, der Wein ... da spürt man das Barrique! Sehr schöne Gegend, das Barrique! Hmmmm ... exzellent im Abgang!«

Das ist auch so ein Trend, überall diese Vinotheken, die wie Pilze aus dem Boden schießen. Du kannst heute nicht mehr irgendwo hingehen und sagen: »Ich hätte gerne mal wieder so eine schöne Flasche trockenen italienischen Rotwein.«

Da wirst du sofort zugemüllt, mit der Philosophie des Weines, der Flasche, des Korkens, des Anbaugebiets, des Winzers, des Etikettierers, der Rebsorte, der polnischen Erntehelfer, der Zündfolge vom Winzertraktor ... irgendwann bist du dann so weit und sagst: »Na, komm, da geh ich doch lieber ein Bier trinken!«

Aber solchen Wichtig-Nasen ist das egal, die sagen, für alle im Lokal deutlich vernehmbar, sonst wäre es ja auch sinnlos: »Hmmmmm ... dieser Wein ...«, um dann allen den Todesstoß zu versetzen: »Dieser Wein ... aber er dürfte noch etwas atmen!«

Und dann »Knotschis« bestellen. In »Gorgonnzolla- Soße« ... wir sind ja sooo international. Gut, was die Gastronomie angeht, da könnten wir von anderen Nationen schon ein bisschen was abschneiden. Ich fahre wahnsinnig gerne nach Frankreich, fühle mich dort kulinarisch immer sehr gut aufgehoben. Hinzu kommt noch, der Franzose an sich lärmt am Strand nicht so arg wie der Italiener und neigt nicht zu blutrünstigen Stierkampfexzessen wie der Spanier. Und seine Saucen sind in Südeuropa einfach unerreicht. In Frankreich gehst du in ein Restaurant, das wirkt auf den ersten Blick eher unscheinbar, nichts wirklich Besonderes, du setzt dich an einen Tisch, einen einfachen Tisch, der wackelt, hält gerade noch, ein paar Stoff-servietten, aber das Essen ... mon Dieu! Hmmm. Da merkst du gleich: In der Küche sind Leute, die können das, die haben das gelernt. Das müssen die auch nachweisen können, sonst dürften sie ein Restaurant gar nicht eröffnen. Dafür hat's halt meistens nur ein Klo für Männer und Frauen. Bei uns, da kann das jeder Eisenbieger, der sich einen Gewerbeschein holt und sich im IHK-Zwangsseminar ein bisschen was zur Hackfleisch-verordnung hat erzählen lassen: Der stellt sich in die Küche, raspelt Eisenspäne ins Schweineschnitzel und verkauft es als Rostbraten – das interessiert keine Sau. Aber wehe, der Min-destabstand zwischen den Urinalen wird nicht eingehalten, dann machen sie dir die Küche dicht. Dabei – wer geht schon ins Herrenklo, um dort zu essen. Aber kulinarisch Minderbe-mittelte haben solche Gedankengänge ohnehin noch nie groß interessiert.

Und wenn nichts mehr geht – saufen?

Die hat man immer mal wieder, diese Untersuchungen zum Thema: Wir trinken zu viel. Also, jetzt nicht nur Wasser, das sollen wir ja, nein, wir sollen alle mehr Wein predigen, aber Wasser saufen, weil wir ein großes Problem haben: den Alkohol. Das macht der Deutsche aber auch einfach zu gern: saufen, sich die Probleme schöntrinken ... »Freilich! Sonst hältst du es ja auch ned aus, mit dem Lewwe ... oder? Es ganze Lewwe ist doch nur Verdrängung ... das hat ja alles mit der Physik zu tun ... guck – e Schiff ohne eine anständige Verdrängungsleistung, des säuft ab ... jetzt ist der Mensch ja kein Schiff ... also muss er saufe, um zu verdrängen, sonst schifft er ab.«

Es ist ein heikles Thema ... ein ganz heikles Thema ... für den Staat natürlich nicht, der verdient ja dran. Und wenn der Staat eine Sucht hat, von der er profitieren kann, wird er ganz pragmatisch. Mal abgesehen von Brüssel. Die subventionieren milliardenschwer europaweit den Tabakanbau, auch in der Lüneburger Heide – klassisches Tabakanbaugebiet –, aber wenn der Verbraucher dann sagt, das ist ja schön, dass ihr das macht, da kaufen wir uns gleich das Endprodukt, schon kommt Brüssel und sagt: »Halt, nein, nein, das geht nicht!« Und knallt auf die Zigarettenschachteln diese vorgestanzten Todesanzeigen. In der Zeitung lese ich die ja ganz gerne. Meine Zeitung fange ich immer von hinten an zu lesen, wegen der finalen Gedichte. Wenn ich die lese, fühle ich mich das ganze Jahr in der Bütt. Ist immer das gleiche Reimschema:

Du warst im Leben niemals krank,
Jetzt biste fort, hab tausend Dank!

Aber auf den Zigarettenschachteln ist das Ableben ziemlich unromantisch: »Gefäßverengung« oder: »Verstopfung der Arterien«.

Und dann diese hilfreichen Tipps:

»Wenn Sie mit dem Rauchen aufhören wollen, bitte fragen Sie Ihren Arzt oder ...«

Hab ich gesagt, Quatsch, das kostet mich mit der Praxisgebühr zehn Euro! Dafür krieg ich zwei Päckchen Zigaretten. Der Nikotinkonsum geht übrigens leicht zurück – sehr zum Leidwesen der Finanzminister – aber nur bei Frauen. Und das versteh ich, nachdem ich neulich eine Anzeige gesehen hab: »Rauchen lässt die Haut altern!« Da wird eine Frau nervös: »Zeig mal – was steht denn bei dir drauf? Könne mer tausche? ›Lungenkrebs‹? Ja, des geht ... den sieht mer net gleich ...«

Aber ich war ja noch beim Alkohol. Und da hat die WHO, die Weltgesundheitsorganisation, gewarnt: »90 Prozent der Weltbevölkerung trinken regelmäßig Alkohol. Das ist alarmierend!«

Das hab ich wieder total locker genommen und mich nur gefragt: Wer sind die anderen zehn Prozent? Radikale Islamisten und militante Exalkoholiker wie George W. Bush. Wenn das die Alternative ist ... da kann ich nur sagen: »Prost!«

Finale Communale

Damit, bei all meinen Tiraden, kein falscher Eindruck entsteht – eigentlich habe ich nichts gegen Beamte, denn – sie machen ja nichts. Und die Bürger, ihre obersten Dienstherren, sind oft selbst schuld, denn sie lassen alles mit sich machen. Ich war ein paarmal bei Bürgersprechstunden mit dabei – boh, was da oft antanzt, da hab ich mich schon gefragt: Die dürfen alle wählen? Abends, im Fernsehen, da habe ich mir die Gesichter beim »Herbstnebel der Volksmusik« näher angesehen, die hatten sie auch, die »Lizenz zum Wählen«. Und am nächsten Nachmittag, als ich durch die Talkshows gestolpert bin und in die zahllosen Münder aufgeschwemmter Teigbrocken blickte, die unverständliche Stammelsätze aus sich quellen ließen wie: »Ey, Frau Kallwass, wann die Stütze mir den Besuch im Swinger-Club nimmer bezahlt, des is sozial doch ungerecht! Was soll ich denn mache, wenn die Alte deheim die Beine nimmer breit macht – des geht mir uff de Sack! Und da bin ich net de Einzische! Da is de Staat emal gefordert!«, wusste ich: Die dürfen auch. Und die armen ehrenamtlichen Stadträte, ohnehin schon zerrieben zwischen Verwaltung und ungenügender Aufwandsentschädigung, stolpern Donnerstag für Donnerstag, gramgebeugt vom kommunalen Ehrendienst, in den Höhepunkt des Grauens hinein – die Sitzung.

»Glaubst du vielleicht, das macht Spaß?«

Ich war mal dabei. Nein, macht es nicht.

»Und so muss ich, in aller Entschiedenheit ... muss ich darauf bestehen, dass, und das sehe ich als eine ›Conditio sine qua non‹ ...«

»Was?«

»Jawohl!«

»... wenn wir die gärtnerischen Leistungen für das Erlebnisplanschbecken im Stadtbad so hoch ansetzen, dann werde ich diesem Fall nur zustimmen, und da spreche ich für die gesamte Fraktion, nur zustimmen, wenn wir dann bei den Kränzen für verstorbene Feuerwehrleute keinerlei Abstriche machen!«

»Genau! Und was ist eigentlich mit dem Zuschuss für den Seniorenfasching? Da dürfen wir nicht so rigoros zusammenstreichen!«

»Wieso dann net? Des wern doch sowieso jedes Jahr wenicher! Ah, jetzt rein emal, rein emal, äh, sadistisch, äh ... gesehen ...«

»Statistisch ...«

»Von mir aus. Aber trotzdem.«

»Ja, ähem, ähem, wenn ich hier vielleicht mal, ähem, ganz kurz, von Seiten der Kultur ...«

»Ruhe – heut geht's um Wesentliches!«

»Genau!«

»Der Standort des neuen Kriegerdenkmals ist auch noch nicht endgültig geklärt.«

»Auf Denkmäler scheißen die Tauben!«

»Apropos Tauben, ich habe da noch einmal nachgefragt, mich sachkundig gemacht, bei der europäischen Krötenschutzkommission ...«

»Moment! Wie verträgt sich eigentlich die geplante Festplatzerweiterung anlässlich unserer geplanten Landeshämorrhoidenschau mit der städtischen Grünsaatverordnung?«

»Also – in diesem Fall, da ist ja nun, soviel ich weiß, das Innere Gartenbaureferat zuständig, mithin also die Verwaltung!«

»Jetzt aber mal was wirklich Wesentliches: Wohin geht in diesem Jahr eigentlich unser Betriebsausflug?«

Einmal im Jahr ist es dann so weit, das Höchste der Gefühle: der Betriebsausflug. Da hat das Rathaus geschlossen, das ist auch für die Bürger beruhigend, ein Tag, an dem nichts passieren und beschlossen werden kann, der Ausflug geht meistens in eine andere Region, da kennt einen keiner. Der Ausflug, bei dem ich dabei war, ging nach Koblenz. Es soll ja Menschen geben, die sich freiwillig dorthin begeben ... wir mussten da hin. Koblenz ... dort riecht es immer so muffig ... an diesem Tag hat es aber an dem Nierenschaschlik vom Imbiss gelegen. Ungelogen: Morgens um halb zehn, wir sind aus dem Bus raus, treffen wir auf Menschen, die freiwillig Nierenschaschlik essen ... wo gibt's denn heute noch Nierenschaschlik? Klar – in Koblenz ... ich wollte mich sofort in den Bus einschließen.

»Nix! Du gehst jetzt mit! Zweiter Teil Betriebsausflug und Hauptzweck: Sau rauslasse!«

»Boh, ey, da wo wir gerade waren, da wo wir gerade waren, ey, boh – da waren Weiber!!!«

Da hat der Stadtkämmerer anschließend wieder Mühe, die Spesenabrechnungen zu schönen. Ganz wild wurde es nach Mitternacht, da ist der harte Kern in so einer Erlebnisdisco versackt ... war ein schöner Wettbewerb dort, »Arsch 2000«. Wer auf den schönsten Arsch getippt hat, für den gab es einen Satz Alufelgen. Super. War volles Programm. Busen-Wiegen, Öl-Catchen mit Sabine und Susi, Table-Dance und Oben-Ohne-Reiten auf einem elektrischen Bullen ... da hast du aber mal sehen können, wie sie lacht, die Amtsleiterseele ... das muss der frische Wind sein, hab ich mir gedacht, der doch angeblich durch die muffigen Amtsstuben weht, wie jedes Mal nach einem Regierungswechsel von ganz oben angekündigt ... ich war so am Sinnieren, da kam der Kämmerer an, hat mir seinen Arm um die Schulter gelegt ... »Hör mal – und da glauben die

Leute wirklich, in einer Verwaltungsdiktatur ändert sich was, nur weil mal ab und zu eine Regierung wechselt? Hör mal, der Schokoriegel ›Raider‹, der heißt schon seit Jahren ›Twix‹, zieht dir mit seinem Karamell aber immer noch die Plomben aus dem Backenzahn ...«

Und noch eine Runde »Kleiner Feigling« und noch ein paar Klare ... irgendwann war ich dann auch so weit. Hab mich auf einen Stapel Alufelgen gestellt:

»Jetzt wartet nur mal ab, in einem vereinten Europa wird das alles besser ... da wird alles geregelt! Da gibt's dann wenigstens auch eine EU-Norm für Grabsteinplatten ... ihr wisst doch gar nicht mehr, was Flexibilität bedeutet! Hört mal, der liebe Gott, der hat uns allen mal den Kopf geschenkt – und rund gemacht –, damit ein Gedanke wenigstens mal ab und zu seine Richtung ändern kann. Aber ihr wisst doch nicht mal mehr, wo's längs geht ... wenn ihr in einem ICE sitzt, dann wisst ihr doch gar nicht mehr: ›Fährt der Zug, oder schieben sie die Stadt an uns vorbei ...?‹ Lasst doch den Bürger seine Grabplatten so dick machen, wie er will ... lasst ihn einkaufen, wann er will, seine Schiffe bestellen, wann er will ... was heißt hier: ›Schlimm, was die Politik aus den Menschen macht!‹ Ihr solltet euch lieber mal Gedanken machen, was die Menschen aus der Politik gemacht haben! Politik gibt's bei euch doch nur noch im Sondernutzungsantrag für Grabsteinplatten bei zweistelligen Erdbestattungsgräbern ... da könnt ihr dann von mir aus auch noch all eure Mobil-Klos mit draufstellen ... falls dort nicht gerade der geschützte Feldhamster haust und sich in den Krötenschutztunnel verirrt hat ... Sie ... haben Sie auch zugehört, dahinten vom Kulturamt, hm? Für euch ist doch die Kulturrevolution schon erreicht, wenn die ›Plattlinger Isarspatzen‹ auf dem Volksfest ›Honky Tonk Women‹ spielen können, ohne sich an der E-Gitarre einen Stromschlag zu holen! Halt! Bleiben Sie nur schön da, Herr Bürgermeister, ich habe meine Po-

laroidkamera mit, da machen wir zwei jetzt mal einen wichtigen Fototermin. Na und wenn ihr das alles schon nicht machen könnt oder machen wollt, dann sorgt wenigstens dauerhaft für schönes Wetter! Ich habe fertig!«

Germanischer Optimismus

Eine Zeit lang war es ganz schlimm im Land. Als die Endphase von Rot-Grün eingeläutet wurde, da hat doch jeder gedacht – morgen früh wachst du auf, das Land ist pleite, wir werden uns von Fensterkitt ernähren müssen, falls man uns den nicht schon weggefressen hat, das Letzte, was uns noch geblieben ist, nachdem die rot-grünen Horden brandschatzend abgezogen waren, um unser Land seinem Schicksal zu überlassen. Ungläubig hat das Ausland auf uns geblickt: Wir haben wirklich so getan, als wären wir eine Insel der sozialen Verelendung mitten in Europa. Da habe ich mir gedacht, das will ich jetzt aber mal genau wissen. Bin ich im Sommer rumgefahren, so eine kleine »Tour d'Europe« für den »Horizon« gemacht. Ich hab mir gedacht, schaust dich mal um, wie gut es den anderen Ländern im Vergleich zu unserem Notstandsgebiet geht ... ich war in Frankreich, in England, in Italien ... gut – Holland und Belgien, das war nicht freiwillig, da musste ich durch ... und überall, wie immer zur Urlaubszeit, das Gejammere über die hohen Spritpreise. Da hat die *Bild-Zeitung* auch immer kräftig an der Stimmungsschraube gedreht: »Kanzler, gib die Spritreserven frei!«, die eiserne Notreserve der Bundesregierung, abermillionen Liter, während der Energiekrise in den 70er Jahren für kleines Geld eingekauft. Ein Großteil wurde auf Druck des Boulevards freigegeben, musste dann für sündhaft teures Geld nachgekauft werden, aber das war im Abwahljahr 2005, da hat sich unser Super-Danke-Gerd-Schröder nur gedacht: »Da kann sich dann die Alte drum kümmern! Hahaha!«

Und komisch – seit unsere weise Regierungschefin das Land beherrscht, steigen die Spritpreise in immer unermesslichere Höhen, die großen Mineralölkonzerne machen sich gar nicht mehr die Mühe, irgendwelche Gründe zu erfinden, weshalb die Preise am Spotmarkt schon wieder gestiegen sind: »Ein Hurrikan im Golf von Mexiko! Die Bohrinseln!« oder »Die instabile Lage im Iran!« oder »Die Erderwärmung! Der gestiegene Energieverbrauch!«

Mittlerweile schicken Shell, BP oder Exxon nicht einmal mehr ihre Konfliktbeauftragten für den Nahen Osten los, um dort irgendwo einen regionalen Stellvertreterkrieg anzuzetteln, um so die Gewinnspanne für ein Barrel »Crude Oil« weiter nach oben zu treiben. Nix. Mittlerweile sagen sogar die Pressesprecher der Weltölfirmen die Wahrheit: »Wir machen nicht genug Gewinn!«

War das eine Freude, als die Bahn ihre Lokführer hat streiken lassen. Ich war gerade an der Tankstelle, hatte Diesel nachgefüllt, als die Meldung in den Nachrichten kam, am nächsten Tag werde gestreikt. Ich hatte noch getankt für 1,06 €. Hoch 9, natürlich. Wofür diese hochgestellte 9 bei den Spritpreisen steht, das konnte mir bislang noch keiner erklären. Mancherorts steht sogar eine hochgestellte 4. Meistens in Österreich. Ich hatte noch für 1,06 € getankt, mit der hochgestellten 9, also gefühlte 1,07 €. Die Meldung lief, ich fahre aus der Tankstelle raus, da sehe ich im Rückspiegel: Diesel ging nach oben auf 1,18 plus der 9, also 1,19 €. Zwölf Cent plus binnen weniger Sekunden – ich war schon froh, dass es mich nicht während des Tankens erwischt hat. Und komisch: Nach Monaten des Ausgeliefertseins an die Schürfer des schwarzen Goldes kam sogar *BILD* ins Grübeln und titelte: »Sind die Ölmultis schuld an den hohen Spritpreisen?«

Nein, habe ich bei mir gedacht – von welchem Baum der Erkenntnis hat die Redaktion denn jetzt genascht? Die Ölmultis selbst schuld an ihren selbst erhöhten Preisen? Jahrelang war klar, wer all das verursacht hatte: »Scheiß Rot-Grün, hey, die Drecksäck mit ihrer Öko-Steuer, die sind's doch, die langhaarigen Chaoten, die Verbrecher, die Terroristen!«

Und jetzt, nach fast einem Jahrzehnt, fällt es der *Bild-Zeitung* tatsächlich auf, dass Jürgen Trittin doch keine eigene Raffinerie besitzt. Chapeau! Und weil bei uns schon immer über die horrenden Spritpreise gejammert wird, deshalb wollte ich es wissen, auf meiner Tour d'Horizon. Also in England war der Sprit viel teurer als bei uns. Verwundert rieb ich mir die Augen: Das Essen auch teurer und schmeckt schlechter ... deshalb sagt ja der englische Kellner, wenn er serviert, als Erstes immer:

Excuse me!

Und wenn man die ersten Bissen probiert hat, dann weiß man sofort, warum ... aber gut, das muss man einem Land zugestehen, in denen die heruntergekommensten Hotels immer »Majestic« heißen oder »Imperial« oder »Empire«. Deshalb niemals Hotels mit solch wohlklingenden Namen beziehen und schon gar nicht irgendetwas erwarten. Das Einzige, was einen dort erwartet, sind Kakerlakenkolonien, die sich über das zerfallende kolonialistische Hotelempire herzumachen beginnen ... aber sonst – alles teuer, aber egal. Die Engländer haben Humor. Ich war an einem Kiosk und hab gefragt: »Wo kriege ich denn hier eine ausländische Zeitung?« Hat der mir staubtrocken geantwortet: »Vermutlich im Ausland!«

Das hat mich schon als Kind bei *Asterix bei den Briten* fasziniert. Der Dialog zwischen Asterix und Teefax:

»Schöner Stoff – teuer?«

»Mein Schneider ist reich.«

Mir war nach einer Woche klar: England, unbezahlbar, aber beste Stimmung.

Egal, wo ich war – überall war eine heitere Gelassenheit fest-

zustellen. In Italien hatte ich vergessen, mein Auto abzuschlie-
ßen, bin in Panik vom Strand zurückgewetzt, hab mir nur gedacht: »Aaaah, was ist da jetzt alles fort ...!« Von wegen: Liegen
auf dem Beifahrersitz zehn Euro, daneben eine Gruppe tu-
schelnder Italiener: »Komm-e – ist-e eine Deutsche ... haste du
nix-e ge'örte? Geht-e die Deutsche sssoo ssslecht! Abb-e ich-e
rein-e-geworf zehn Euro ...«

Ich war vielleicht beschämt. In Italien, der Sprit – natürlich
auch teurer. Aber da kann man mal sehen, wie andere Länder
mit Krisen umgehen. Kaum tritt bei uns irgendwo ein kleiner
Bach übers Ufer, schon wird nach dem Staat geschrien – Venedig steht seit Jahrhunderten unter Wasser, was macht der
Italiener? Schnitzt fröhlich Gondeln, singt ein Lied und säuft
auf dem Markusplatz einen Espresso, dafür kriegt man in der
Uckermark ein Reihenhaus! Gut, aber was will ein Gondoliere
mit einem Reihenhaus in der Uckermark? Ich hab mir noch gedacht, wenn es den anderen schon so geht, da müssen bei uns
doch alle mit stolzgeschwellten Eiern durch die Fußgängerzo-
ne marschieren. Aber was sah ich? Menschen, die mit einem
Gesichtsausdruck durch ihre Einkaufspassage wandeln, als
wollten sie sagen: »Ich bin der geklaute ›Schrei‹ von Munch –
wer zahlt für mich Lösegeld?«

Das Schlimme war nur: Das Geschrei von Munch war weg.
Aber das Gejammer war da! Hartz IV – keiner hat am Anfang
genau gewusst, was es ist, worum es geht, aber alle haben gejammert. Menschen, die in den Urlaub flüchten mussten:
»Schnell Mutti, nix wie fort – de Hartz is hinner uns her!«

Dramen auf den Sparkassen: »Schnell, ich muss des Spar-
buch von meim Enkelsche ufflöse, wo isch all mei Schwarzgeld
gebunkert hab, sonst holt's de Hartz!«

Ich komme von Hannover über die A7, wo diese Schilder stehen: »Willkommen im Harz!«, daneben stehen Menschen mit
Transparenten: »Wir sind nicht schuld!«

Von überall her heulsust es mir entgegen:

»Aaaah, es wird nix mehr mit Deutschland ... ja, was allein der Liter Sprit kostet ... aaaaah ... ich wollte mir so einen Flachbildschirm kaufen, damit mein Fernseher besser zum Programm passt ... bin ich ins Fernseh-Outlet ... dann hab ich tanken müssen, unterwegs ... aaaah ... hab ich eine Hypothek auf das Häuschen aufgenommen, das ich gar nicht mehr bauen kann, weil sie jetzt auch noch die Eigenheimzulage gestrichen haben ... aaaahh ...«

Als neulich diese tolle Studie herauskam, die statistische Lebenserwartung in Europa sei um 2,4 Jahre gestiegen ... da haben Franzosen und Italiener Weinflasche um Weinflasche entkorkt. Was war bei uns?

»Oh je, oh je, oh je – wir werden älter! Wer soll das denn mal bezahlen? Mutti – guck emal, ob mir noch e bisje E 605 im Keller haben ... wenn's so weit ist – ich möchte dem Staat nicht zur Last fallen. Ahahahah ...« Warum optimistisch, wenn es auch anders geht ...

Linksfahrerentschuldigungsblues

Ich hab mich vor Kurzem mal wieder aufgeregt, über die Linksfahrer und so. Denn manchmal kann man bei uns gar nicht anders. Also, nicht nur sich aufregen, nein, das mit dem Linksfah-
ren. Mit all diesen neuen Vorschriften. Diese Linksfahrer – das
ist ja kein Wunder, du bist doch nur noch beschäftigt! Diese
neuen Vorschriften: Drängeln auf der Autobahn wird härter
bestraft. Wie das Nichttragen von Winterreifen. Falsche Berei-
fung am Auto – schon wieder Punkte. Nur wie genau, ab wann
man jetzt Winterreifen aufziehen muss … da gab es nur einen
unverbindlichen Hinweis aus dem Verkehrsministerium: »Be-
nutzen Sie Reifen, die der jahreszeitlichen Situation angemessen sind.«

Aha. Bist du schon wieder im Dauerstress. Gerade wenn
das Wetter so verrückt spielt wie bei uns. Winterreifen sollte
man ja erst ab einer Außentemperatur von sechs Grad plus ab-
wärts verwenden, weil von sechs Grad plus an aufwärts verlän-
gert sich durch das spezielle Gummigemisch der Bremsweg,
heißt also, wenn ich bei Bodenfrost mit Winterreifen meine
Wohnung verlassen habe, dann mache ich alles richtig, bläst
aber im Laufe des Vormittags ein für die Jahreszeit unübli-
ches Hoch aus der Biskaya die Temperatur auf über zehn Grad
nach oben, dann muss ich auf dem Nachhauseweg das Auto
stehen lassen, weil meine Reifen der tagesaktuellen Situation
nicht mehr angemessen sind. Sagt das Verkehrsministerium.
Im letzten Winter war ich an manchen Tagen nur noch in der
Werkstatt. Morgens raus, Wetterbericht gehört, schnell in die

Werkstatt, Sommerreifen aufziehen lassen für den Nachmittag. Dann hat es geschneit, gleich wieder in die Werkstatt, auf Winterreifen umgürteln. Irgendwann hab ich das Auto dann gar nicht mehr bewegt und der Werkstatt einen Dauerauftrag erteilt, so habe ich im letzten Winter einen Haufen Sprit gespart und fürs Klima hab ich auch noch was getan. Das mit der Abstandsregel ist ähnlich überschaubar: Immer Abstand halber Tacho. Das sind bei 100 km/h 50 Meter. Oder, wenn man es genau nimmt, eigentlich 50 Kilometer. Das ist dann auch wieder blöd – du willst im Konvoi irgendwo hinfahren und sagst erst mal: »Fahrt ihr schon mal los, wir warten noch – der Abstand! Wir kommen dann so in einer halben Stunde nach und hängen uns an euch dran.«

Und dann das Punktesystem. Hält man nur 5/10 vom halben Tacho ein, dann kostet es 50,– €, und es gibt einen Punkt. Bei 1/10 kostet es 200,– €, und es gibt vier Punkte, und der Führerschein ist drei Monate weg. Das ist dann gewissermaßen der »Royal Flush«. Ich bin neulich mit 170 km/h über die Autobahn gebrettert – jetzt rechne das mal aus! Ich bin immer voll damit beschäftigt, das mit dem halben Tacho, da soll man sich ja an den Leitpfosten orientieren und das damit ausrechnen, da habe ich doch gar kein Auge dafür, was ein eventueller Vordermann auf meiner Spur macht. Ich kann doch da nicht mehr auf den Verkehr achten, womöglich dabei noch ausrechnen, mit wie viel Zehntel von meinem halben Tacho ich mich jetzt meinem Vordermann nähern darf, damit ich nicht in die Flensburger Sünderkartei fahre. Einmal hab ich den Taschenrechner rausgeholt, damit ich auch ja nichts falsch mache, weil ich ja am Steuer rechnen darf, aber nicht mit dem Handy, nur mit einem Rechner, sonst könnte das ja so aussehen, als würde ich telefonieren, und das darf ich ja nicht. Deshalb hab ich auch nicht die Rechnerfunktion am Handy benutzt, sondern den Taschenrechner genommen, das heißt, ich wollte

ihn nehmen. Doch als ich ihn in der Tasche auf dem Beifahrersitz gesucht habe, bin ich in die Leitplanke gerauscht ... bis
zur Stoßstange auffahren und dann zur Seite blinken, das wäre
billiger gekommen. Manchmal ist es schon verdammt kompliziert, das Leben in diesem Land ...

Bahngedanken

Neulich ging's mir abends wieder einmal so gar nicht gut. Eigentlich lag kein zwingender Grund dafür auf dem Tisch. Es war ein stressfreier Tag gewesen, kaum Alkohol, keine Zigaretten, ausreichend bewegt hatte ich mich auch und nur vom Festnetz aus telefoniert, wegen der zu vermeidenden gefährlichen Handystrahlung.

Vielleicht hätte ich im Zug nicht dieses indische Lammcurry essen sollen. Als Appetizer. Aus der Rezepteküche von Alfred Biolek. Alfred Biolek und die Bahn – wenn das zusammenkommt, fragt man sich ohnehin: Ist es Essen auf Rädern oder die Vorstufe zur aktiven Sterbehilfe. Aber bitte – ein Euro von Alfred Bioleks indischem Lammcurry ging an die Welthungerhilfe nach Afrika. Ich habe mich natürlich gefragt: Würde es nicht mehr Sinn machen, für die Welthungerhilfe kalorienreiche Speisen zuzubereiten und sich den einen Gewissenseuro sonst wohin zu schieben, wenn man es wirklich ernst meint? Doch was mir immer so aufstieß am Abend, das war das Lammcurry. Eigentlich esse ich äußerst selten Lamm, ich vertrage es auch eher nicht, aber der Kellner im Zug hatte mich so nett angelächelt, und außerdem wollte ich nicht schuld daran sein, wenn wegen meines fehlenden Solidaritäts-Euro ein Kind in Afrika noch mehr darben muss, als es das ohnehin schon zu tun gezwungen ist. Es war aber nicht nur das Lammcurry.

Zu der pochierten Lachstranche[1,3,5] an Jakobsmuschelconfit[2,5,7] hätte ich vielleicht doch besser nicht den Wein genommen, den mir der freundliche kroatische Schankkellner, Herr

Klajestic, empfohlen hatte. Ich hatte ihm zwar noch gesagt: »Bitte, Herr Klajestic ...«, aber mit so etwas bringt man Servicepersonal schlagartig aus der Fassung. Wehe man wendet die Schilder auf den ihnen zugewiesenen Zweck an, den Träger oder die Trägerin beim Namen zu nennen – dann ist heillose Verwirrung angesagt ... besonders bei den Frauen. Gehen Sie die mal direkt an, im Supermarkt, wenn sie beschildert sind, zum Beispiel: »Frau Kempmann-Sternbrügge«, oder, noch schlimmer, der Vorname steht auf dem Schild! Tipp: Wenn Sie selbst nicht belästigt werden wollen, was einem eigentlich immer passiert, wenn man nur in Ruhe einkaufen möchte, dann müssen Sie zu dem Schildtrick greifen. Wenn die Fachverkäuferin schon wieder um einen herumzuschnüren beginnt ...

»Kann ich Ihnen helfen?«

Eine Zeit lang habe ich dann immer ein Riesenrührstück abgezogen, nur, um meine Ruhe zu haben:

»Danke, das ist jetzt sicher sehr freundlich gemeint von Ihnen, aber mir, mir kann niemand mehr helfen, nicht einmal mehr Sie, so gerne ich mir auch von Ihnen noch einmal helfen lassen würde, wahrscheinlich wäre es ohnehin das letzte Mal, wissen Sie, ich bräuchte etwas Gedecktes, Dunkles, muss nicht allzu teuer sein, es ist quasi für meine letzte Reise, das sieht ja kaum noch einer, wenn es so weit ist, schauen Sie, ich komme gerade, Sie werden es ohnehin kennen, aus der Praxis dort schräg gegenüber, im mittleren Stock ist doch der Facharzt für Lungenheilkunde ...«

An dieser Stelle empfiehlt es sich, einen spontanen, überzeugt gespielten, schweren Hustenanfall vorzutäuschen ...

»... und im Erdgeschoss ist doch die urologisch-internistische Gemeinschaftspraxis. Ich sollte eigentlich nur zu dem Lungenheilkundler, hat mein Hausarzt gemeint, weil ich schon seit Längerem so einen unangenehmen, grünlichen Auswurf habe, so richtig Sorgen hab ich mir aber erst dann gemacht, als plötzlich so feste rote Brocken dabei waren, fast schon Klumpen, möchte ich sagen, und deswegen war ich heute Morgen da schräg gegenüber. Jetzt hat das aber gedauert mit dem Befund, und ich hatte meine Quartalsgebühr ja bezahlt, hab ich mir gedacht, wenn du schon da bist, geh gleich zum Urologen und lass dir internistisch das Nötigste machen, von den Werten und überhaupt all das, was man ab einem gewissen Alter halt braucht. Fräulein, jetzt, was soll ich Ihnen sagen, vielleicht verstehen Sie deshalb, weshalb ich weiß, dass mir niemand, auch Sie nicht, helfen können, da kam ja alles zusammen: Der Urologe hat gleich abgewunken, dann kam vom Lungenfachmann der Befund, die beiden haben sich dann noch ausgetauscht, ich hab nur noch Köpfe schütteln gesehen, von wegen, so etwas wäre ihnen in ihrer Laufbahn noch nie untergekommen, und sie waren sich jetzt gar nicht einig, wo denn nun was am schlimmsten wäre ... und deshalb, einfach etwas Schwarzes, nicht zu teuer, bitte ...«

Und wenn man das nicht mag, dann einfach den Vornamen vom Schild gut einprägen: »Hey, Yvonne, hätten Sie vielleicht so etwas Hipstermäßiges, irgendwas, was an den Hüften nicht so aufträgt.«

Das hilft immer. Direkt beim Namen ansprechen. Duzen muss gar nicht sein. Name reicht. Da sollen schon Leute verhaftet worden sein wegen überraschend-eruptiver Personalitätsanmaßungen ... ich hatte eigentlich nichts Schlimmes gemacht, ich hatte Herrn Klajestic im BordTreff nur direkt angesprochen: »Bitte, Herr Klajestic – trocken muss er sein. Ganz trocken. Sonst geht's mir auf den Schädel!«

Herr Klajestic, der freundliche »First Server« in Diensten der Mitropa, brachte mir dann das, was das Tagesangebot empfahl, ich aber besser nicht genommen hätte, einen Grauburgunder vom Kaiserstuhl, der durch seine fruchtbetonten Noten im Duft nach Banane und Apfel besticht. Aber wen? Einen leichten Stich ins Korkige hatte er gehabt, das war zu spüren, auch wenn die Flasche einen Drehverschluss hatte, aber der Stich versprach im Geschmack viel Schmelz mit einem sehr feinen Mundgefühl.

»Im Abgang sind dezente Vanillenoten erkennbar!«

Das versprach mir das Gourmet-Faltblatt der Mitropa. Ich habe mich am Abend mit mittelschwerem Sodbrennen wieder daran erinnert. Vielleicht hatte ich dem Lammcurry und Alfred Biolek mit meinen vorschnellen Schuldzuweisungen doch Unrecht getan.

Jubiläen müssen auch sein

Bei der Bahn ist ja nicht alles schlecht. Man regt sich immer mal wieder über sie auf, aber wenn es sie nun gar nicht mehr gäbe, würde irgendwie etwas fehlen. Ein bisschen die Heimeligkeiten der Bahnhofskneipen, die seltsamerweise immer »Dampflok« oder »Zapfhahn« heißen – da müssen irgendwelche hochkreativen Franchiser tätig gewesen sein, die den Markt brutal unter sich aufteilen. Aber es ist noch gar nicht so lange her, da hatte die Riege um Herrn Mehdorn wirklich ein großes Jubiläum zu feiern: zehn Jahre »Deutsche Bahn AG«. Toll! Vor allem das mit der »AG«.

Das kommt jetzt gewaltig. Die Bahn will an die Börse, und zwar mit Vehemenz. Jetzt will sie es wissen. Die Bahn geht an die Börse. Mit einiger Verspätung zwar, aber gut – Verspätung, das ist ja auch ihr Kerngeschäft. Sie wissen noch nicht ganz genau, wie es werden wird, aber auf ein paar Eckpunkte haben sie sich geeinigt: Fahrkarten soll es keine mehr geben, nur noch Anteilsscheine. Das kann doof enden: Du bist mit dem Zug unterwegs nach Hamburg, während der Fahrt fällt der Kurs – schon musst du in Kassel aussteigen. Der Bahn ist das zuzutrauen. Immerhin – sie haben sich entschieden: Ihre Züge wollen sie behalten. Hab ich mir noch gedacht: Das macht irgendwie auch Sinn ... aber die Schienen sollen weg. Was soll das?, hab ich mich gefragt. Du stehst dann auf der Autobahn im Stau, und neben dir hält ein ICE? Bei der Bahn musst du immer mit allem rechnen. Seit der Sache mit den Kofferbombern – was aus denen geworden ist, weiß auch kein Mensch –

kam ein toller Vorschlag von der Bahn: Damit die Reisenden sich sicher fühlen können, sollen ähnlich den »Sky-Marshals« in Flugzeugen im öffentlichen Personennahverkehr Langzeitarbeitslose als »Terror-Scouts« eingesetzt werden. Dafür hat sich unsere Regierung immer schon eingesetzt: Wie diejenigen, die Transferleistungen erhalten, dem Staat etwas davon zurückgeben könnten. Ein Großteil sollte in der Erntehilfe eingesetzt werden, bis die Bauern gefleht hatten: »Bitte – holt uns des Gelump wieder vom Hof! Die sind ja zu blöd, eine Rübe von einer Kartoffel zu unterscheiden!«

Hmmm ... haben sich dann schlaue Arbeitsvermittler gefragt ... wenn sie das nicht können ... wofür könnten wir sie denn dann ... da kam der Geistesblitz: Alten- und Krankenpflege! Super Idee – wenn der übermotivierte, langzeitarbeitslose Eisenbieger im Elisabethen-Stift die wundgelegene 90-Jährige wenden muss. Die fängt doch nach zwei Tagen an zu rosten. Und der Rest, der auch zum Spargelstechen zu blöd war, der sollte dann als »Terror-Scout« Bomben erschnüffeln. Wie sieht das in der Praxis dann aus, hab ich mich gefragt. Wenn auf dem Bahnsteig ein verdächtiger Koffer rumsteht, dann müssen fünf Langzeitarbeitslose den erst einmal ummanteln, oder wie? Und wenn dann nichts passiert, dann bleibt der Inhalt heil, man hat ja nicht präventiv sprengen müssen, und wenn es kracht, haben wir ein paar Langzeitarbeitslose weniger? Das muss mit der ganz eigenen Bahn-Logik zusammenhängen. Irgendwann hab ich mir dann weitergehende Gedanken gemacht: Wenn die wirklich an die Börse gehen, wer um alles in der Welt kommt dann auf die Idee und zeichnet deren Aktien? Im Zweifel machen wir das. Für so etwas sind wir immer gut. Wir sind so blöd. Auf uns ist Verlass. Wenn sie Manfred Krug und die Gottschalk-Brüder für die Werbung reaktivieren, dann machen wir das: »Mutti, mir müsse Bahn-Aktie kaufe, hat der Manfred Krug gesagt. Und der Mann ist seriös, der ist Anwalt. Läuft grad in de fünfte Wiederholung.« Wer für den Soundtrack verantwortlich sein wird, weiß ich nicht, aber ich vermute mal »Pur«: »Fahrt mit uns ins Abenteuerland, es wird 'ne lange Reise ... fahrt mit uns ins Abenteuerland ... die Reise kostet den Verstand ...«

»Pur« ... das Schlimmste an dieser Combo war ja – ihre Platten wurden gekauft. Von Menschen, die sie auch gehört hatten. Mindestens einmal ...

Zehn Jahre »Deutsche Bahn AG« – da habe ich wegen der Streiks lachen müssen. Von wegen, das stürzt die Volkswirtschaft in den Abgrund. Ein Streik, von mir aus auch ein paar Tage, das ist, was einen möglichen volkswirtschaftlichen Schaden angeht, lächerlich. Viel schlimmer ist es, wenn die Bahn fährt. Das kam mir bei den zehn Jahren so in den Sinn: Ich hab mal versucht, das auszurechnen: Wie viele Minuten Verspätung macht das insgesamt, bei zehn Jahren »Bahn AG«. Mal angenommen, nur 100 Züge haben täglich je fünf Minuten Verspätung, dann sind das auf zehn Jahre hochgerechnet – die Schaltjahre großzügig weggelassen – 1 825 000 Minuten ... das sind 30 417 Stunden, also 1267 Tage. Das heißt: Dreieinhalb Jahre von den zehn Jahren ist die Bahn, bei vorsichtig-optimistischer Schätzung, überhaupt nicht gefahren. Wie haben wir das eigentlich überstanden? Da können Streiks das alles doch nur verbessern ...

Bahnausreden

Ich weiß auch nicht warum, aber wann immer ich länger mit der Bahn unterwegs bin, beschäftige ich mich mit der Technik. Was es da alles so gibt, und wer da warum was macht. Das Weltall überkommt mich dann immer. Ganz plötzlich überfällt mich das Universum. Ich finde das immer so lustig, wenn schlaue Wissenschaftler mit noch schlaueren Untersuchungen sich zusammenfinden, um sich die völlig überflüssige Frage zu stellen, ob es auf einem anderen Planeten irgendwo im Universum vielleicht auch intelligentes Leben gibt. In diesem Zusammenhang frage ich mich immer – was heißt da eigentlich: »auch«? Aber bitte – ab und an gibt es auch schöne Nachrichten aus dem All. Die werden dann von den Pressesprechern der NASA noch ein kleines bisschen schöner gemacht, und dann gibt es schon mal – abseits der gewindelten, rachsüchtigen Astronautinnen oder der Männer, die einen Flug ins All nur jenseits der zwei Promille ertragen können – etwas Beruhigendes: »Discovery is home!«

Die fliegende Schrottkiste aus dem All ist gelandet. Nicht unbedingt dort, wo sie hin sollte, und auch einen Tag später als erwartet, aber gut, das kennen wir bei uns ja auch von der Deutschen Bahn. Da hat vor kurzem ihr Chef, Herr Mehdorn, der Donald Rumsfeld des Transportwesens, mal wieder die Meldung losgelassen, die so richtig in das gegenwärtige Stimmungsbild der Nation passt: Die Fahrpreise müssen erhöht werden. So macht man sich Freunde. Die Züge fahren immer seltener, kommen immer später an, aber die Preise müssen

wieder erhöht werden. Der oberste Lokführer hat das exzellent begründet: »Wenn ein Zug Verspätung hat, wird er vom Kunden ja auch länger in Anspruch genommen!«

Klar – die Polster werden stärker abgewetzt, und die Überstunden vom freundlichen Servicepersonal müssen ja auch von irgendjemandem bezahlt werden. Dass ein Bahnchef, der so argumentiert, allerdings immer noch frei rumlaufen darf, das verstehe ich denn doch nicht so ganz ...

Sackgassen

»Verkehrspolitisch« ...; hob unser meist hilflos vor sich hintappender Verkehrsminister vor ein paar Tagen an, »... verkehrspolitisch befinden wir uns seit Jahren in einer Sackgasse!«, – um dann sofort staatsmännisch-entschlossen anzufügen: »Aber die wird jetzt mehrspurig ausgebaut!«

Seitdem stolperst du von einer Wanderbaustelle in die nächste. Rund um meine Heimat Aschaffenburg haben wir seit Jahrzehnten Baustellen. Die wandern gar nicht mehr, die sind einfach nur da. Aber die Baustellen müssen sein, das Nadelöhr A3 wird dreispurig ausgebaut, damit sich die Region von der Globalisierung nicht fahrlässig abkoppelt. Seitdem ist unsere Region in der Republik präsent. Das hat die Touristik-GmbH toll hingekriegt. Auch die Wirtschaft boomt, weil viele Menschen, nach Tagen genervt vom Dauerstau, ihr Auto einfach stehen lassen und den Schlüssel wegwerfen. Dann gehen sie aufs Amt und holen sich eine Baugenehmigung. Was eine gelungene Infrastruktur doch ausmacht. In allen Verkehrssendern dudelt es seitdem ununterbrochen: »Zwischen Aschaffenburg-Ost und Bessenbach-Waldaschaff Behinderungen.«

Behinderungen ... gut, dort geht es langsam in den tiefsten Spessart über, eine finstere Gegend, die viele Menschen früher gar nicht verlassen konnten. Man kennt das alte Stoßgebet: »Lieber Gott, du hast mir aus dem Mutterleib geholfen – du wirst mir doch auch noch aus dem Spessart helfen!«

In einer Gegend, in der noch vieles aus einer gesunden Inzucht heraus entstanden ist, kommt es eben auch schon einmal zu Behinderungen. Der Ausbau der A3 aber muss sein, denn dann können wir uns endlich wieder geschwindigkeitsunbegrenzt vom Untermain davonmachen. Ich hab jetzt mal nachgerechnet: So oft, wie ich in den letzten Jahren auf diesem Teilstück zähfließend im Stau stand, um das wieder reinzufahren, müsste ich auf dieser Strecke die nächsten 480 Jahre täglich mit einer Geschwindigkeit von aus Vernunftsgründen abgeregelten 250 km/h unterwegs sein. Täglich. Mit Vorliebe werden an Dauerbaustellen Radarfallen installiert, damit du nach einer endlosen Zwangspause erst richtig genervt bist. Du denkst noch, hach, es geht weiter, du gibst Gas – zack! – wirst du von einem Infrarotblitz schon wieder in den Wahnsinn getrieben. Als ich zum zweiten Mal an einer Baustelle, die ich von vielen Dauerstaus persönlich kannte, geblitzt wurde, hab ich mir gedacht, so kann es eigentlich nicht sein, für all die Stunden, die du hier schon verbracht hast, ohne jede Gegenleistung, kein Kaffee, keine belegten Brötchen, nichts, und wenn es einmal läuft, dann wirst du schon wieder bestraft! Bin ich auf die Behörde, hab mich höflich erkundigt: »So, ich bin hier geblitzt worden, das ist genau die Stelle, an der stand ich im letzten Monat zehnmal im Stau – wie verrechnen wir das jetzt? Krieg ich von Ihnen da jetzt ein paar Gutscheine, zum Abreißen für den nächsten Blitzer, oder, eigentlich, wenn ich's mir genau überlege, eigentlich müsste ich von Ihnen ja was rauskriegen. Machen Sie das in bar oder gibt's da eine Gutschrift – ach, wissen Sie was: Am einfachsten ist es für Sie, wenn Sie mir eine Kontoeinzugsermächtigung geben ...«

Nach zwei Tagen in einer psychiatrischen Klinik durfte ich dann wieder gehen, aber ich hatte mir gedacht – probieren kann man's ja mal. Auch wenn die Gerechtigkeit nicht immer obsiegt ...

Mobile Sprechhilfen

Je länger der zweite Golfkrieg im Irak dauert, desto spannender wird die Beantwortung der Frage: Was wird uns dieser Konflikt an Nutzen für das zivile Leben bringen? Golfkrieg I, der blamable Feldzug von George Bush dem Älteren, war nötig, um das GPS militärisch zu erproben, das »Global Positioning Satellite System«, das einige Zeit später als Navigationsgerät im Auto dafür sorgen konnte, dass Menschen in Berlin in die Havel fuhren, weil die vom Satellitensystem geortete Brücke in Wahrheit ein Fähranleger war. Aber gut – noch heute haben die intelligenten Waffen der Amerikaner oftmals das Problem, das richtige Ziel anzusteuern, sie merken das auch immer vorher: »Mist, verdammt – wir sind verkehrt. Oh, zu spät. Damn!«

Was wird also Golfkrieg II bringen, der blamable Feldzug von George Bush dem Jüngeren. Es gibt ja noch einen Bruder, Jeb Bush, der in Florida vor sich hin debiliert – möge er dem höchsten Staatsamt fernbleiben, sonst steht uns in ein paar Jahren Golfkrieg III ins Haus, falls Golfkrieg II bis dahin schon beendet ist. Aber was rede ich da – ist er doch schon längst! Schon seit dem 1. Mai 2003, als Dabbeljuh, der Durchgeknallte aus Texas, sich mit dem Bomberjäckchen auf dem Flugzeugträger in Positur stellte und verkündete: »Mission accomplished!«

So ganz ist sie das noch nicht – zumal wir noch keinen daraus hervorgegangenen neuen Helfer des Alltags bekommen haben wie seinerzeit das GPS. Das Navigationssystem, das eigens für uns Männer entwickelt wurde, denn wir Männer fragen ja nie nach dem Weg, wenn wir mit dem Auto unterwegs sind. Stur ziehen wir unsere Bahn, bellen die Beifahrerin bei ersten Zweifeln an: »ICH KENN MICH AUS!«, um danach stundenlang weiterzukreisen. Wir bleiben stumm. Deshalb nennt man männliche Autofahrer auch gerne Autisten. Und aus diesem Grund hat Bush senior mit seinen Militärs für uns die ersten Navigationssysteme herbeigebombt. Gewöhnungsbedürftig waren die Dinger am Anfang ja schon. Immer diese dominante Frauenstimme: »Jetzt rechts!«, und hast du eine Abfahrt verpasst, hat die dich angepflaumt: »Sofort wenden!«

Manchmal hab ich mir gedacht, hätte man da nicht eine andere Software einspielen können, eine, die nicht gleich an den militärischen Hintergrund erinnert, aus dem heraus das Ganze mal entwickelt wurde? Für die Frauen Elmar Gunsch und für uns Männer so etwas Gütiges wie Inge Meysel: »Och, mein Junge, jetzt hast du die Abfahrt verpasst, das ist aber gar nicht schlimm, weil, gleich kommt der nächste Ort, und dort hat es ein wunderbares Café, da machen wir dann eine kleine Rast, essen ein Stück Butterkuchen und trinken eine schöne Tasse Tee, ja? Och, bitte, komm – tu uns den Gefallen!«

Aber wenn auch militant – praktisch waren sie schon. Die haben dich aus einem Stau rausgelotst – direkt in den nächsten rein. Und was mir die Blechdomina am Anfang befohlen hat, das hab ich natürlich auch befolgt: »Jetzt links halten!«

Hab ich gemacht. Das kenn ich von zu Hause. Wenn dir die Frau sagt, was zu tun ist – machen. Bringt zwar meistens nichts, steckt oft auch kein Sinn dahinter, aber es spart einen Haufen Ärger. Und wenn mir meine Navi-Tante gesagt hat: »Jetzt links halten!«, dann hab ich eben links gehalten. Egal wo. Auf dem Autobahnzubringer, im Kreisverkehr, auf dem Standstreifen ... zehn Punkte in Flensburg hat mir das Ganze eingebracht und ein weiteres interessantes verkehrspsychologisches Gutachten. Aber da der Gutachter auch verheiratet war – er hat mich verstanden ...

Der ADAC macht das schon

Wer stets bemüht ist, dem deutschen Autofahrer sein Leben so angenehm wie nur irgend möglich zu gestalten, das ist der ADAC mit seiner famosen Rundumbetreuung. Ich lese mit Vorliebe das Fachblatt des ADAC, die einmal im Monat ins Haus geschickte *motorwelt*. Liegt häufig auch als veraltetes Exemplar in Wartezimmern von Arztpraxen herum und ist immer interessant. Das fängt schon bei der Werbung an. In der *motorwelt*, da hat es Werbung, die findet man sonst nirgends. Zumindest nicht so geballt. Treppenlifte in jeder Form, Badewannenhebekräne, Badewannentüren, Schwimmlernkurse, Aufbauseminare für alkoholauffällig gewordene Teilnehmer im Straßenverkehr, Haarersatzteile, Haarwuchsmittel oder Haartransplantationen und, seit Jahren der Klassiker: Vergrößerungsschuhe.

Sieben Zentimeter in zwei Sekunden!

In der Anfangszeit des grassierenden Viagra-Booms haben das manche für ein neues Potenzmittel gehalten, das hat sich aber rasch aufgeklärt. Aber bei all diesen beworbenen Artikeln – wenn man für etwas wirbt, hat man ja auch eine Zielgruppe vor Augen, von der man erwartet, dass sie diese Dinge auch kauft –, würde das bedeuten, die *ADACmotorwelt* stellt sich ihren treuen Stammleser, den Prototyp des deutschen Autofahrers, so vor: Er ist meistens gehbehindert, kann nicht mehr allein Treppen steigen oder in die Badewanne, er trinkt, kann nicht schwimmen, ist zu klein und hat kaum noch Haare. Wenn dieses Ergebnis psychiatrischen Gutachtern in die Hände fällt, wird elf Millionen ADAC-Mitgliedern der Führerschein entzogen. Auf Lebenszeit.

Natürlich stellt sich der ADAC auch der schillernden Welt der Dienstleistung. Seit einiger Zeit hat der ADAC nämlich etwas ganz Tolles im Programm – einen individuellen Verkehrsservice. Und der ADAC konnte es nicht lassen, mir in der *Motorwelt* mitzuteilen, wie gründlich er sein Personal schult: »Es rauscht in der Leitung wie ein Wasserfall, dazu ein lautes Tuten, die Lautstärke schwillt an, nimmt wieder ab. Und mittendrin die Stimme des Anrufers: Bin vor Chemnitz – wie geht's nach Aschaffenburg?«

Man hätte dem ADAC eigentlich mitteilen sollen, dass er solche Menschen besser nicht hierherlotst, vor allem bei den zu erwartenden Dauerstaus ... aber der Reporter berichtete weiter über die individuelle Dienstleistung der Gelben Engel: »Wir sind beim Telefontraining in der Münchner ADAC-Zentrale. Für alle Probleme, die Autofahrern unterwegs Kummer machen können – zum Beispiel Pannen und Staus –, hat der Club ein spezielles ›Callcenter‹ eingerichtet.« Callcenter? Das kannte ich bisher nur unter dem Fachbegriff Telefonsex. »Und das muss super gut klappen! Aber Moment mal: Sind die Callcenter-Mitarbeiter nicht schon von Haus aus hilfsbereite Leute? Stimmt genau! Das Telefontraining absolvieren sie trotzdem, damit sie auch unter Stress inmitten klingelnder Telefone stets gleichmäßig nett bleiben.«

Nett – das ist eigentlich ein Symbol für blond. Blondinenwitze sind zum Glück out. Also meine Nachbarin, die ist auch ... ich kann nichts dafür, aber die hat mir neulich wieder ein Beispiel geliefert, also gäbe es noch Blondinenwitze, dann wäre sie einer davon. In echt. Der ging ihr Kanarienvogel auf den Geist, und sie kam zu mir, um mir ihr Herz auszuschütten, weil sie eigentlich doch traurig war, über die Grausamkeit, die Frauen manchmal an den Tag legen: Sie hatte ihren Kanarienvogel umgebracht, und da hab ich sie gefragt: »Wie hast du es denn gemacht?« – »Ich hab ihn aus dem Fenster geworfen!«

Na ja, es kann nicht immer klappen ... aber die Netten vom Callcenter beim ADAC, die sind da natürlich ganz anders: »Ihr erstes Lernziel: Jeder Anrufer soll spüren, dass er willkommen ist. Darüber entscheiden die ersten fünf Sekunden des Gesprächs. Die Empfehlung für die Begrüßung lautet deshalb: ›Guten Tag. Hier ist die ADAC-Verkehrsinfo. Mein Name ist Matthias Bartl. Was darf ich für Sie tun?‹«

Wie er das in fünf Sekunden packen will, bleibt ihm selbst überlassen.

»Lange Gesprächspausen darf es nicht geben – das gilt auch für Bemerkungen wie ›Einen Moment bitte!‹. Besser ist es, die Arbeitsschritte zu kommentieren: ›Ich hole mir jetzt den Straßennamen größer auf den Bildschirm.‹ Das bietet vielen Anrufern einen willkommenen Blick hinter die Kulissen.«

Beim Lesen hab ich mir gedacht – kann nicht mehr lange dauern, dann werden diese Menschen ob ihrer Güte noch für den Friedensnobelpreis vorgeschlagen. Denn das mit der Rundumbetreuung ging noch weiter: »Vor Ihnen liegen fünf Kilometer Stau.« Bei solch trüben Aussichten darf das ADAC-Personal auch Gefühl zeigen: »Das tut mir sehr Leid – aber ich werde Ihnen jetzt mit einer günstigen Ausweichstrecke helfen!«

Das ist doch nicht genug Gefühl! Das klingt ja fast wie früher auf dem Schulhof: »DIR WERD ICH HELFEN!!«

Das kann man doch noch ganz anders machen:

»Ich weiß, Sie sind jetzt da im Stau, sicher ist das ein wenig ärgerlich, aber ich bitte Sie, das ist doch nicht so schlimm! Es gibt andere Schicksale, nehmen Sie mich zum Beispiel: Mein Vermieter hat mir die Wohnung gekündigt, weil ich die Heizkosten nicht mehr zahlen konnte, ich habe zwei uneheliche Kinder, von denen ich bis gestern noch gar nichts wusste, meine Frau will nichts mehr von mir wissen, ich muss diesen dämlichen Job hier erledigen, auf den ich überhaupt keinen Bock habe, nur damit ich tagsüber einigermaßen über die Runden komme, dass wenigstens eine kleine Mahlzeit drin ist, wahrscheinlich wird mir das alles mehrere Magengeschwüre einbringen, die irgendwann durchbrechen, weshalb ich qualvoll innerlich verblute. Und Sie? Sie haben in Ihrem Auto ein Dach über dem Kopf, Sie haben nur diesen klitzekleinen Stau, der sich in zwei, drei Tagen von ganz allein auflösen wird ... Seien Sie doch einfach glücklich!«

Doch, da kann man sicher noch manches verfeinern.

»Zusatzfragen der Autofahrer – etwa nach einem Hotel – verdienen es, mit einem ›Lächeln‹ beantwortet zu werden.«

Komisch, das Lächeln haben sie in Anführungszeichen gesetzt ... wie es die ehemalige DDR auch nur in Gänsefüßchen gab. Dort haben anscheinend nie Menschen gewohnt, nur Anführungszeichen. Bei der Logik müsste man die, die uns jetzt anführt, unsere geschmeidige Volkswohlgouvernante Angela, eigentlich auch in Gänsefüßchen setzen: »Wie ›Bundeskanzlerin‹ Angela Merkel soeben mitteilte ...«

An diese Schreibweise könnte ich mich gewöhnen. Aber weshalb der ADAC das motivierte Mitarbeiterlächeln in Anführungszeichen setzt, weiß ich nicht, obwohl doch alles in Fleisch und Blut übergehen soll, denn: »Nichts wirkt besser als die freundliche Zusage: ›Das mache ich gerne für Sie!‹ oder: ›Das finde ich gerne für Sie heraus!‹«

Das sollte man mal ausprobieren. Man steckt im Stau, wählt die Nummer vom ADAC: »Hey, verdammt, ich bin's, ja, verreck, hey, Sauerei! Jetzt steck ich schon seit annerthalb Stunde im Stau, hier, ich fahr 'en Diesel, hey, habt ihr bei eurem blöden ADAC üwwerhaupt e Ahnung, wie des einem die Eier durchschüttelt, wenn des so dauerrüttelt! Des macht mich total nervös, ich muss jetzt sofort wisse, wo da in de Nähe en Puff is, sonst dreh ich noch durch, dann werd ich zum Bruce Willis!

Also, Frollein, was is? Oder mache Sie vielleicht auch noch andere Dienstleistungen, telefonisch betrachtet? Hopp – gucke Se mal nach, wo so e Ding ist, awwer zack!«

Selbstverständlich werden die geschulten Mitarbeiter mit tibetischer Gelassenheit antworten: »Das finde ich gerne für Sie raus!«

Natürlich gibt der ADAC auch Verhaltenstipps: »Wie erfreulich, wenn der Anrufer (mit Freisprecheinrichtung oder auf dem Parkplatz) ...« – hier winkt der gelbe Zeigefinger – »... am Ende des Gesprächs zufrieden ist und sich für die Informationen bedankt. Standardmäßig könnte man jetzt antworten: ›Bitte!‹ Das ist zwar o.k., aber um wie viel netter klingt es dem Gestressten so im Ohr: ›Gern geschehen! Vielen Dank für Ihren Anruf – ich wünsche Ihnen gute Fahrt!‹ Dieses ›Telefonlächeln‹ ...«, schon wieder in Gänsefüßchen ... »... hat der Anrufer bestimmt noch im Ohr, wenn er anderntags den Kollegen auf der Arbeit vom Anruf beim ADAC erzählt.«

Ende des Artikels. Jetzt mal ehrlich – können Sie sich das vorstellen? Sie schleppen sich schweißgebadet in die Firma, weil sie wieder mal irgendwo im Stau waren, eine lebensnotwendige »Just-in-Time«-Lieferung zu spät abgegeben oder ein wichtiges Gespräch versäumt haben, müssen minütlich mit Ihrer fristlosen Entlassung rechnen, die dann auch prompt erfolgt – aber beim gemeinsamen Ausstand mit den Kollegen, da sind Sie super drauf, da sprühen Sie nur so vor guter Laune, weil Sie ja mit dem freundlichen Callcenter vom ADAC telefoniert haben. Danach geht alles wie von selbst: »Och ja, in meinem Alter, da bin ich zwar eigentlich nicht mehr vermittelbar, wie ich die Hypothek bezahlen soll, keine Ahnung, macht aber nichts, ich muss euch unbedingt was erzählen: Ich habe gestern mit dem ADAC telefoniert, also, das könnt ihr euch gar nicht vorstellen, wie zuvorkommend die mich behandelt haben.«

Ach ja – die Gelben Engel ...

Kreuzfahrt II

Ich habe ja schon einmal über die SPD-Kreuzfahrten erzählt, besonders über die berühmte mit Lady Di, also mit ihren verbal aufbereiteten Resten, gewissermaßen. Im Haupttrubel durfte ich verschwinden ... ich war kurz in Berlin ... und sollte dann wieder zum Schiff stoßen. Geplant war in Kairo. Geplant. Zu der Zeit war Ägypten ein beliebtes Ziel für Abenteuerreisende, Al-Qaida war zwar noch nicht das große Thema, aber Anschläge gab es. Viele Touristen haben das locker genommen, von wegen Urlaub und Abenteuer: »Kommt billiger als Bungee-Jumping und gibt den gleichen Kick!«

Ich mag das gar nicht ... ich fliege überhaupt nicht gerne, deshalb habe ich den geplanten Zubringerflug von Berlin nach Frankfurt auch ausfallen lassen und bin mit der Bahn von Berlin nach Aschaffenburg. Hanau umsteigen. Hanau mit einem Bahnhof, bei dem du sofort weißt, was Hybris bedeutet. Dort gibt es ein Gleis 106. Du kommst an und denkst – boh, Hanau! Gate to the world! Gleis 106! Und dann hastest du an diesem verzwergten Fastsackbahnhof auf Gleis 106, in Vorfreude, wo mag die Reise wohl hingehen – Athen? Paris? Barcelona? Du stürmst nach oben und musst über die in Kürze eintreffende Regionalbahn lesen: »Hält auch Rückersbacher Schlucht!«

So viel zur großen weiten Welt auf Gleis 106 in Hanau. Ich hab dann diese Regionalbahn genommen ... es war Samstag. Nicht irgendein Samstag, nein, *der* Samstag – der Tag der Beerdigung der »Königin der Herzen«. Und wenn man dann in Hanau in einen total überfüllten Regionalexpress der »Bahn

AG« umsteigt, sich in diesem Wanzenbomber unter abenteuerlichsten Bedingungen bis ins Raucherabteil durchschlägt, um mit ansehen zu müssen, wie sich eine Wandergruppe, vom Schnäppchenpreis des »Schöner-Wochenende-Tickets« berauscht, auf dem Boden um das Transistorradio kauert, um ergriffen dem Trauergottesdienst beizuwohnen, bei dem Sir Elton John sein unsäglich pathetisches »Goodbye England's Rose« wimmerte –, spätestens dann wusstest du: Die Groteske lebt. Verzweifelte Mütter gaben ihren Söhnen den Rat: »Und wenn's es letzte Mal is – ruf misch am Samstag auf keinen Fall an – da bin isch am Fernseher, wesche dem Gottesdienst!«

Am nächsten Tag bin ich dann nach Frankfurt, zum Flughafen, um zurück aufs Schiff zu gelangen, meinen Sozenschoner. Mein Flieger, der sollte um 12 Uhr 50 starten ... sollte. Ich habe es bereits erwähnt, ich fliege überhaupt nicht gerne, da ist etwas in mir – ich habe Flugangst. Hab schon alles versucht, auf Therapiesitzungen mit Hypnose die Flugangst überwinden. Das hat bei mir sogar einmal funktioniert: Da bin ich so tief und fest eingeschlafen, dass ich den Abflug verpasst habe. Nein, das mit dem Beruhigen, das klappt nicht bei mir. Da versuchen sie ja alles. Schon vor dem Start, wenn der Kerosingestank durch die Lüftungsklappen wabert und du weißt: Gleich kannst du nichts mehr machen, gleich bist du ausgeliefert. Dann kommen die Stewardessen und ziehen diese lächerliche Show ab, von wegen wie man seine Schwimmwesten richtig anzulegen hat. Im Flugzeug! Gibt es etwas Lächerlicheres als das? Das ist ähnlich effektiv, als wenn bei einem Segeltörn plötzlich die Sauerstoffmasken vom Hauptmast baumeln würden. Ich war also – pünktlich natürlich – am Flughafen, hielt mein Ticket der Deskfrau unter die Nase und wollte einchecken. Ich hatte mich noch gewundert, weil auf dieser ratternden Abfluganzeigetafel meine Lufthansamaschine gar nicht draufstand.

Der nette Mann am Informationscounter mit Nasenpiercing und Aids-Schleifchen am Revers versuchte mich zu beruhigen: »Das kommt schon emal vor, dass e Maschine net druffsteht, des ist normal!« Am Check-in-Desk traf mich dann die Realität: »Ja, wie, Sie wollen nach Kairo? Der Flieger nach Kairo ist weg!« – »Das kann nicht sein – hier!« Ich wedelte mit meinem Ticket. »Da steht die Abflugzeit: 12 Uhr 50! Jetzt haben wir's gerade mal elf. Elf!«

Das hat diese leicht quadratische Check-In-Figur überhaupt nicht weiter beeindruckt. Als wäre die Verschiebung das Selbstverständlichste der Welt, quäkte sie mir entgegen: »Ja, der Flug hat sich um zwei Stunden nach vorne verjüngt – hawwe Sie net reconfirmed? Warum hawwe Sie denn net reconfirmed?«

Ich mag es überhaupt nicht, wenn man mir so komische Begriffe aufnötigt: »Bitte – was habe ich nicht oder hätte ich machen sollen?«

»Na – reconfirmen. Sie müssen einen gebuchten Flug immer reconfirmen, also checken, ob der auch wirklich ›on schedule‹ ist. So etwas kommt immer mal wieder vor.«

Ich hab das überhaupt nicht ... weder verstanden noch eingesehen: »Nein, äh, entschuldigen Sie, ich sehe das ein bisschen anders. Sie sind hier nicht irgendwer, Sie sind die Lufthansa, das ist für mich so etwas wie, bitte verstehen Sie mich jetzt nicht falsch, das soll keine Beleidigung sein, das ist für mich so etwas wie die Deutsche Bahn. Wenn ich um 13 Uhr 11 nach Hannover fahren will, frag ich doch auch nicht vorher bei der zentralen Reiseauskunft nach, ob der Zug auch wirklich fährt.«

Hinter mir in der Warteschlange wurden die Blicke bohrender. Vom Desk gurrte es mir wieder entgegen: »Ei, Sie hätten da gar niemanden anrufen brauchen. Hawwe Sie kein Videotext? Sie hawwe doch bestimmt Videotext! Auf Hessen 3, hätten Sie da halt emal nachgeguckt! Da steht das alles drin.«

Ich wäre nie auf die Idee gekommen, im Videotext nach-
zuprüfen, ob ein Linienflug der Lufthansa jünger oder älter
wird.

»Das ging zum einen deshalb nicht, ich war doch in Berlin!
Ach, ist ja egal ... ich wollte doch nur ... ich konnte doch nicht
ahnen, dass sich mein Flug verjüngt! Ist ja schon beruhigend,
dass er sich nicht während des Fluges verjüngt, mein Flug, oder
kommt so etwas bei Ihnen auch vor?«

Ich wollte sie dann nicht noch weiter mit meiner Flugangst
behelligen, sagte nur klipp und klar: »So – und jetzt muss ich
nach Kairo!«

Ich ahnte es – das wird mit Schwierigkeiten verbunden
sein.

»Moment, ich schau mal, ob mit Tunis-Air was geht ...«

»Womit bitte?«

»Tunis-Air.«

Schlagartig brach mir kalter Schweiß aus.

»Mit Tunis-Air, ja ... da hätte ich was nach Damaskus ... und
dann ... Moment ...«

Ich sah mich schon mit einer klapprigen Cessna von Damaskus über Geröll und heißen Wüstensand nach Kairo rum-
peln ... und habe das Angebot dankend abgelehnt. Zumal ich
wusste, am nächsten Tag ist Passagierauffrischung auf der
MS »Dalmacija« angesagt, neue Rentner, versehen mit den
neuesten Eindrücken des Hypes um Lady Di.

Als Kollege kam Helmut Schleich, der Münchner Kabarettist, mit an Bord, den hatte ich angerufen, die Situation kurz
erklärt, wunderbar, er flöge am nächsten Morgen von Frankfurt nach Tel Aviv, in Haifa liegt das Schiff. Prima, hab ich ihm
gesagt: Da bin ich dabei. Ich wollte mein Ticket am Counter
dann umtauschen, schließlich war es ja nicht meine Schuld,
dass sich irgendein dämlicher Flug außerplanmäßig verjüngt
hatte, das war aber natürlich auch nicht so einfach, die Vor-

schriften, das Geld müsste ich mir schon von anderer Stelle wiederholen, erst einmal müsste ich selbst bezahlen für den Flug nach Tel Aviv. Mit Lufthansa. Am nächsten Tag. One Way.

»Hin und zurück wäre aber günstiger.«

»Ich muss aber nur hin.«

»Ich wollte Sie nur darauf hinweisen ...«

»Bitte, wenn das günstiger ist, dann geben Sie mir eben ein Hin-und-Zurück-Ticket.«

»Ja, aber wenn Sie den Rückflug nicht in Anspruch nehmen, dann darf ich das nicht machen.«

Es war irgendwas um die 1500 Mark, ich gab ihr dann meine Scheckkarte, die ratschte durch, ein verlegenes Lächeln huschte mir entgegen: »Der Apparat macht heute schon den ganzen Tag Schwierigkeiten.«

Und noch einmal durchgeratscht, und noch einmal.

»So – jetzt hat er sie akzeptiert!«

Wie nett von der Maschine, dass sie mich, also meine Scheckkarte, akzeptiert hatte. Das hatte sie die beiden Male davor auch schon, doch fiel mir das aber erst nach der Rückkehr auf, nachdem mein Konto überzogen war, weil von der Lufthansa dreimal 1500 Mark abgebucht worden waren. Ich bin dann am nächsten Tag nach Tel Aviv geflogen, Business One-Way, also, na ja, noch nicht ganz, ich wollte. Vorher hatte mich über Satellitentelefon der Reiseleiter ausfindig gemacht, um mir höflich mitzuteilen, dass mein Reisepass sich ja noch an Bord befände. Klar, wegen der Hafenbehörden, deshalb gibt es ja die Landgangsmarken. Ja, hat er gemeint, das wäre auch nicht so schlimm, für Kairo hätte der Personalausweis genügt, aber Israel und Personalausweis – no way. Ich quer durch Rhein-Main-Airport ... das sind Wege, seitdem weiß ich, warum die dort immer mit diesen Klappfahrrädern rumeiern ... zur Flughafenpolizei, einen vorläufigen Reisepass geholt, wieder zurückgewetzt, rein in den Flieger. Durchschnaufen. Ohne Reisepass nach Israel, das wäre unmöglich gegangen, die haben dort Sicherheitsvorkehrungen! – das haben mir die Rentner erzählt, als sie das Schiff zum Landgang verlassen wollten. Die Sicherheitskontrollen – unglaublich! Die Rentner mussten sich an Bord im Grand Salon einfinden und den Befragungen durch die Sicherheitsbehörden stellen. Da war erst einmal Verwirrung. Manche hielten die Veranstaltung für ein Ratespiel, andere hatten Bingo im Kopf.

»Beim Bingo gestern war's awwer lustischer!«

War schon peinlich, als einer auf die Frage des Sicherheitsdienstes: »Kennen Sie jemanden in Israel?«, geantwortet hatte: »Freilisch – den mit dem Geschirrtuch auf dem Kopp! Den Arafat! Den kenn isch vom Fernsehen. Bruhahaha! Gibt das jetzt Sonderpunkte?«

Spannende Nummer – vor allem, als er noch davon erzählen musste, dass er immer gerne »RTL explosiv« kuckt. Am Flughafen hatte ich auch noch Schwierigkeiten: Von Misstrauen erfüllte Augenpaare hefteten sich an mein Übergangsdokument: »Was ist das, bitte?«

»Das – ach ja, das ist ein vorläufiger Reisepass, den braucht man ja hier bei Ihnen, weil mein normaler Reisepass, der ist auf dem Schiff.«

»Aha. Sehr interessant.«

»Schauen Sie, das ist so, den habe ich nur, weil ich eigentlich gar nicht hierher wollte, ich wollte doch nach Kairo!«

Ich wusste schlagartig – mit diesem Satz, so gelassen er im Pulverfass Naher Osten auch ausgesprochen war, damit hast du einen Riesenfehler gemacht. Es hat dann auch eine Weile gedauert, bis mich die Reiseleitung aus dem Einzelverhör befreite. Irgendwie war ich dann doch froh, als die Reise zu Ende war. Beim Anlegen in Nizza, das war auch wieder ein schönes Bild: Am Kai kauerten 200 Raver und warteten auf die Einschiffung

in die MS »Dalmacija«, weil sie auf einen Mittelmeer-Move gehen wollten. Ein tolles Bild: 200 Raver sahen sich mit 245 von
Bord kommenden SPD-Rentnern konfrontiert – das war für
beide Seiten ein mittlerer Kulturschock, nur gut, dass das Mu-
sikprogramm nicht durcheinander kam. Mir hätte das gefallen: Vor den Ravern spielt das »Dalmacija-Quartett« jugoslawische Volksweisen: »Dankescheen! I sag Dankescheen ...«

Und die Rentner werden mit 10 000 beats per minute ins
geistige Nirwana gedröhnt – da hilft Kukident auch nicht
mehr. Mir fiel etwas Interessantes auf: Am 12. Juli fand in Berlin die Love-Parade statt, am 13. Juli in Barcelona das Konzert
der »Drei Tenöre«, diese knödelnde Boygroup um Domingo,
Pavarotti und Carreras, und einen Tag später begann in Kopen-
hagen die Olympiade der Hörgeschädigten – das ist Timing!
Europa kann es also doch!

Ängste

Angstforscher haben herausgefunden, dass Angst- und Panik-attacken bei uns zunehmen wie noch nie. Obwohl es uns super geht. Es gibt die verschiedensten Varianten von Angst. Beson-ders verbreitet ist das Angstsparen. Man bringt möglichst viel Geld zur Bank, in der Hoffnung, dort ist es sicher, und dann crasht irgendeine amerikanische Provinznotenbank, reißt noch ein paar halbseidene asiatische Tochterbanken mit in den Strudel, und in deutschen Sparkassenfilialen bricht Panik aus. Ich spare nichts, zumindest nicht bei uns. In Deutschland Geld anlegen? Im eigenen Land sparen? Mache ich nicht. Ich hab schon genug, wovor ich mich ängstige. Nicht nur das Flie-gen, das ist bei mir ohnehin schon hypochondrisch. Es gibt immer etwas. Beim Skiurlaub zum Beispiel steige ich morgens aus dem Lift und setze mich sofort in die Hütte. Auf die Piste kriegt mich keiner. Ich könnte ja ein Schneebrett oder eine La-wine auslösen. Ich bleibe den ganzen Tag sitzen. Abends neh-me ich dann meinen ganzen Mut und die letzte Gondel, und im Rucksack habe ich sicherheitshalber einen Notfallschirm. Einen richtigen nehme ich gar nicht erst mit, weil es ja sein könnte, dass der Hauptfallschirm sich nicht öffnet, dann steh ich schön blöd rum in der Luft mit meiner Möllemann-Kapu-ze ... Tauchurlaub mache ich seit dem Tsunami vor Thailand grundsätzlich nur noch im Landesinneren. Es sieht zwar doof aus, wenn ich im Tauheranzug durch den Wald watschele, aber seit das Internet mit all seinen Selbstverwirklichungs-phantasien so populär geworden ist, weiß auch der letzte

Hinterwäldler: Es gibt so viele Menschen mit so unglaublichen sexuellen Neigungen, da ist ein ganzkörperbelatexter Gummiwatschler im Wald völlig normal. Ängste ... mein Finanzberater, das möchte man gar nicht glauben, hat eine panische Angst vor Geldanlagen. Jetzt hat er sich für einen offenen Immobilienfonds in der Schweiz entschieden. Bei uns werden die ja reihenweise geschlossen. Würde ich trotzdem nicht machen. Ich schaffe doch mein Geld nicht einfach so in die Schweiz. Da müsste ich ja dauernd rüberfahren, um nachzuschauen, ob es noch da ist. Dann erschlägt mich unterwegs ein Felsbrocken, so ein Findling. Und Findlinge sind sehr gefährlich. Ich hab sie gerade wieder im Haus gehabt, wegen der Steuerprüfung. Ängste lassen sich natürlich auch hervorragend instrumentalisieren. Wenn du ein Volk beschäftigen willst – rede ihm Ängste ein. Weil auf Dauer lässt es sich mit ständigem Gebührenvergleichen und Ratespielen im Fernsehen nicht permanent paralysieren. Irgendwann fällt ihm vielleicht doch wieder etwas auf, was auf den ersten Blick nicht passt. Deshalb muss man es beschäftigen. Ängste funktionieren da hervorragend. Noch ein bisschen was Gesundheitliches eingestreut – das klappt beim Deutschen immer. Deshalb war im letzten Winter die Pharmaindustrie auch so nervös – wegen der Klimaverschiebung. Jahrelang hat es schließlich reibungslos funktioniert: Immer, meist Ende Oktober, sind schlaue und gut gekleidete Menschen aus der Pharmabranche gekommen, haben eine Pressekonferenz abgehalten, fürchterlich staatstragend geschaut und vor irgendeiner fürchterlichen Krankheit gewarnt, die uns im Winter ins Haus stehen könnte. Aber zum Glück hätten sie prophylaktisch ein Mittel erarbeitet, das gegen diese Krankheit hilft, von der sie uns in spätestens 14 Tagen auch verraten würden, wie sie heißt. Da war Spannung im Lande, so wie früher in der Schule, am Ende der großen Ferien, wo alle sich gefragt haben, wie wird das neue Schuljahr, ist der noch mein Freund oder nicht, kriegen wir in Deutsch womöglich den brutal strengen Hund, den niemand mag und der immer so hässliche Pullover anhat? So ist es auch immer zur Vorwinterzeit mit den Medikamenten. Es kamen immer schlaue Gesundheitsexperten von der Regierung, die nichts anderes tun mussten, als die Lobbyarbeit für die Pharmaindustrie zu erledigen, deren Interessen sie gefälligst zu vertreten haben, schwer grübelnd sind sie an Rednerpulte gewalzt und warnten, da sei was im Anmarsch, aber die Regierung könne versichern, sie würde genügend Impfdosen bereitstellen, und die Kooperation mit den Pharmaunternehmen liefe hervorragend ... das ging immer glatt. Erst Ebola. Dann der Rinderwahn. SARS ...

»Hilfe – ich hab gestern einen Chinesen gesehen. Wo kann ich mich impfen lassen?«

Der asiatische Todesvirus, die taiwanesische Lungenpest – für jeden war etwas dabei. Ihr Meisterstück haben sie mit der Vogelgrippe abgeliefert. Das war schon sagenhaft! Da wurde eine Hysterie geschürt. Zur Weihnachtszeit, als sich die Menschen nach den ersten Verdachtsfällen fragten: »Essen wir Gänsekeulen oder müssen wir Gänse keulen?«

Was haben sie alle hysterisch in den Himmel geblickt und befürchtet, dass irgendein verirrter Zugvogel auf einen Bauernhof scheißt und das gesamte Freilandgeflügel mit Influenzaviren infiziert. Da hatte sogar unser Kanzler im Ruhestand, Super-Danke-Gerd-Schröder, noch mal ein letztes Machtwort gesprochen: »Wegsperren, das Geflügel. Und zwar für immer. Basta!«

Die Vogelgrippe ... was für eine Aufregung! Die Gefahr durch die Zugvögel! Im Winter. Da hab ich mich gewundert – sind die um die Zeit nicht schon alle weg? Die Ärzte haben das gleich geschnallt. Wehe, es kam jemand in die Praxis: »Herr Doktor, ich bin jetzt 88, ich seh so schlecht, grauer Star ...«

»Kasse?«

»Ja.«

»Dann hat das Zeit. Der Star ist ein Zugvogel, der kommt erst im März wieder. Und Sie auch – raus!«

Die Vogelgrippe – Jahr für Jahr verreckt bei uns eine mittlere Kleinstadt an der ganz normalen Wintergrippe, aber wir sehen schon wieder den Untergang des Abendlandes gekommen, wenn vor Rügen ein paar erfrorene Schwäne im Eis treiben. Für den demographischen Faktor wurde die Vogelgrippe auch noch instrumentalisiert, für die beklagenswerte Kinderlosigkeit im Land:

»Warum bringt der Storch keine Kinder mehr?«

»Weil er das H5N1-Virus hat.«

Die Vogelgrippe. Eine Sternstunde! Wie immer kamen Vertreter der Pharmalobby, diesmal war sie mit dem Großkonzern »Roche« in der Schweiz im Bunde, und warnten: »Wir haben ein Mittel gegen diese ganz fürchterliche Epidemie, die bald chommt! Und wir sind börsennotiert.«

Dann haben sie, mich würde es nicht wundern, im rumänischen Donaudelta ein paar ausgestopfte Enten vom Baum plumpsen lassen, und der Run ging los. Die Blöden haben versucht, das überteuerte Medikament zu bekommen: »Tamiflu! Tamiflu!«, die Cleveren haben sich entspannt zurückgelehnt und Aktien des Unternehmens geordert.

Zu Beginn des letzten Winters war alles anders. Es wurde wieder gewarnt, aber dann kam nicht der strenge Winter, dann kam die Klimaverschiebung. Keine Grippeviren, nichts. Der November zu warm. Der Dezember zu warm. Verzweifelt wurden schon Bittbriefe nach Berlin geschrieben: »Kanzlerin, tu was!«

Zum Glück kam dann im Februar noch dieser rechtzeitig herbeigeschriebene Turbo-Magen-Darm-Virus. Dieser Nono-Nano-irgendwas ... der Todesdurchfall!

»Mutti – ich muss schon wieder aufs Klo ... ich war doch gestern erst ... bestell schon mal den Schreiner ...«

Aber nach 14 Tagen war auch der Spuk vorbei, das hat für die Renditepläne nicht gereicht. Da haben sie wieder gegrübelt. Ah! Geistesblitz! Der März war zu trocken. Und der April war zu heiß – Zecken! Zecken, groß wie Elefanten werden im Sommer stampedeartig auf uns lostrampeln ... eine kurze Phase der Entspannung in den Chefetagen, dann hat das Wetter wieder verrückt gespielt. Dauerregen. Alle Zecken ersoffen. Wieder nix. In Nürnberg haben sie noch ein paar übrig gebliebene Tiefkühlschwäne aus den Vogelgrippelabors ausgelegt und eine ausgestopfte Hausgans nach Thüringen verfrachtet, aber so richtig gegriffen hat die Hysterie nicht mehr. Mal sehen, was sie sich für den nächsten Winter einfallen lassen. Ein Glück, dass es den weltweiten Terror gibt. Sonst hätten wir bald überhaupt nichts mehr, womit wir das Volk ruhig stellen könnten ...

Klimawandel

Irgendwie ist es komisch – das mit dem Klimawandel. Das scheint alles über Nacht gekommen zu sein. Ganz plötzlich. So, wie man im Land nach über 30 Jahren schlagartig entdeckt hat, dass es so etwas wie eine Unterschicht gibt – Menschen, die drohen, in die soziale Verelendung abzurutschen, die sich nicht artikulieren können. Wie kann das sein, dass diese späte Entdeckung erst jetzt ... nie an einem Nachmittag mal für ein paar Minuten in eine Talkshow hineingezapped? Und das mit dem Klima: Schon 1997 wurde gewarnt vor den Folgen der Erderwärmung, Kyoto brachte ein lausiges, halbherziges Protokoll zu Tage, das damals von ein paar Teilnehmern missmutig unterzeichnet wurde, eine unverbindliche Absichtserklärung, die im Wesentlichen unter dem Motto stand:

Weiter so!

Mitunterzeichnerin war eine engagierte, kämpferische Umweltministerin aus Deutschland, die allerdings schon damals bemüht war, ihr Wirken im Verborgenen wirken zu lassen, so dass es keinem weiter auffiel, was sie dadurch aber auch unangreifbar machte, und die sich heute auf die Umsetzung von Kyoto-Folgeprotokollen stark macht wie sonst kaum jemand auf der Welt. Gut, jetzt ist sie auch keine Umweltministerin mehr, die auf etwas beharren könnte, jetzt ist sie Bundeskanzlerin und macht weltpolitische Symbolpolitik. Unsere Jeanne d'Arc aus dem Spreebogen lässt sich mit betroffener Miene durch grönländische Buchten schippern, befürchtet, dass

Grönland bald wieder das werden könnte, was es einmal war, weshalb es auch seinen Namen trägt: »Grünland«.

Diesen Namen hat das süße Eiland bestimmt nicht deshalb erhalten, weil es seit seiner Geburt von Eis überzogen war, nein, es war einmal eine fruchtbare Insel in einer gemäßigten Temperaturzone. Und dass es das wieder werden könnte, davor hat unsere Kanzlerin Angst. Nicht um der dortigen Einwohner willen. Die Inuit freuen sich schon, wenn Eisblock um Eisblock wegbricht und dereinst vielleicht eine üppige Vegetation ins Haus steht – die Kanzlerin sorgt sich um den weltweit steigenden Meeresspiegel. Denn wenn das Rheinland teilgeflutet wird, kostet das Wählerstimmen. Da lässt sie sich wählerwirksam und unverbindlich abfotografieren, um am nächsten Tag ihren Umweltminister ins offene Messer laufen zu lassen, der sich mit der Frage konfrontiert sieht: »Konkret, Herr Umweltminister, kostet der Klimaschutz die deutschen Bürger 70 Milliarden Euro?«

Schon schiebt wieder jeder wackere Deutsche die Schuld der SPD in die Schuhe, und die Kanzlerin lacht sich ins geballte Patschefäustchen.

Hätte man nicht schon früher erkennen können, dass mit dem Wetter irgendwas nicht stimmt? Schon 1997 der erste tropische Jahrhundertsommer in Deutschland. Die Hitze, der Schweiß! Alles stöhnte unter der Rekordhitze.

Verzweifelte Menschen mit dem Hilfe suchenden Satz auf den spröden Lippen: »Isch halt des nimmer aus! Wasser, bitte, Wasser!«

Fast sah man schon in jeder Flussniederung gebleichte Kuhschädel grell vor sich hinleuchten, hämisch die Blicke auf rückkehrende Urlauber: »Schön braun, ja – des hätte Sie deheim awwer auch hawwe könne!«

Um der Sonne zu entfliehen, wurden unter dem hohen Glutdruck neue Urlaubsziele gesucht: Ab ins Krisengebiet nach Kenia, um dort, von Polizei bewacht, drei Wochen in voll klimatisierten Hotelzimmern verbringen zu dürfen:

»Und – wie war's in Afrika?«

»Toll! Mir ham nix gesehen – awwer kühl war's!«

Andere flogen auf das Karibikeiland Montserrat, die singende Insel mit den zwei großen Vulkankegeln, weil dort der aufsteigende Ascheregen ab und an die Sonne verdunkelt hat. Dank des Wetters hatte der Deutsche wieder etwas zu jammern: Die Hitzewelle – das Hoch Hannes – hatte Deutschland im Schwitzkasten. Besorgte Klimaforscher sahen auf Sylt schon Zitronenbäume blühen! Kreta, Ibiza, Sardinien? Wozu noch? Usedom, Rügen und Helgoland werden schon bald die Glückspalmen mediterraner Lebensfreude sein. Das Leben der Deutschen wird sich unter der Hitze nachhaltig verändern: Siestapflicht von Stuttgart bis Saßnitz, zum Stierkampf muss man nicht mehr ins sonnenüberflutete Pamplona, der Königsplatz in Kassel wird das neue Dorado der Toreros. Und wenn dann die Stiere bei der Ankunft durch den Bahnhof Kassel-Wilhelmshöhe getrieben werden wie einst durch die engen Gassen Spaniens, dann wird dieser Erlebnisbahnhof seinem Namen auch endlich einmal gerecht! Radikal wird der unter ganzjähriger Sommerglut dahinschmelzende Deutsche lieb gewonnene Lebensgewohnheiten aufgeben: Der morgendlich-aufrechte Gang ins Büro weicht einem trägen Kriechrhythmus, der in der Arbeitsbucht in sofortigem Tiefschlaf endet, und die Entdeckung der Langsamkeit wird nicht länger einigen weitblickenden Handwerkern vorbehalten sein. Die Hitze bringt viele Vorteile: Wird der Stillstandort Deutschland gerettet durch einen ungeahnten Touristik-Boom? Bleibt abzuwarten. Der Charakter eines Landes ändert sich nicht über Nacht, nur weil das Wetter macht, was es will ...

Der Film zum Absturz

Was ich nie verstehen werde – wenn man schon einmal fliegen muss, warum laufen dann am Abend vor der Abreise im Fernsehen immer die passenden Filme:

Airport

oder

Drama über den Wolken

oder

Flug in Gefahr.

Irgendwelche Ramschmovies mit einer völlig bescheuerten Handlung steigern die Ängste doch. Wie oft bin ich schon hochgeschreckt, im Flugzeug, als unter ratlosen Blicken der Stewardessen aus dem Bordlautsprecher die höfliche Frage quoll: »Haben wir einen Priester an Bord?« Und dann die etwas bestimmtere Nachfrage: »Schaffen Sie 200 Letzte Ölungen in 84 Sekunden?«

Da schrecke ich schweißgebadet in meinem Sitz auf, bin dann aber doch wieder beruhigt, weil es nur die Szene aus dem Film vom vergangenen Abend war. Sie versuchen einen ja auch immer zu beruhigen. Aber womit denn, bitte? Soll mich etwa beruhigen, dass der Flugschreiber, den man nach meinem wahrscheinlichen Absturz zur Auswertung findet, dass der aufprallsicher und unzerstörbar ist? Erstaunlich, wie oft einen die Realität einholt. Da gab es einmal die missglückte

Notwasserung mit einem Airbus, der zu wenig Sprit gebunkert hatte ... und drei Tage nach dem Absturz erschien im *Stern,* wo sonst, eine Anzeige der TUI: »Lieber aufs Meer schauen als auf die Mark!«

Das werden sich die Passagiere in ihren letzten Sekunden vielleicht anders gedacht haben. Da konnte mich auch die Kinowerbung der Lufthansa nicht beruhigen: orangefarbene Wolken, der Jet stach hinein, wunderschöne Musik und dann, im Abspann: »Lufthansa. Fliegen mit uns ist einmalig.« Das hat mich, wenn ich ehrlich sein soll, gar nicht beruhigt.

Im Zusammenhang mit dem Fliegen bin ich sehr froh, dass es Traumdeutungen gibt. Die helfen einem wirklich weiter: Die Angst vor Flugzeugabstürzen ist nichts weiter als eine brennende Gier nach Sex. Wenn Sie also abends unterwegs sind, dann lässig an den Tresen lehnen und aufreizend raunen: »Na, Baby – auch Angst vorm Fliegen?«

Nutzt zwar nichts, aber probieren kann man's ja mal.

Der Psycho-Workshop

Ich wollte dieses Problem nicht mehr haben, dass ich in entscheidenden Momenten so schwer Nein sagen kann. Das Problem haben viele Menschen, deshalb gibt es da schon eine boomende Nischen-Industrie. Da lernt man dann, wie man das Neinsagen lernt.

»Sechs eiserne Regeln zur Steigerung des Selbstwertgefühls!«

Klingt irgendwie immer alles nach den *Fünf Tibetern* oder den *Bremer Stadtmusikanten:* »Etwas Besseres als den Tod findest du überall!«

Diese Steigerung des Selbstwertgefühls, das sagen also Psychologen, erreicht man vor allem dadurch, indem man lernt, bei einem kleinen Anflug des Zweifels nicht zu sagen: »Ja, ja, das kriegen wir schon, irgendwie, vielleicht, das könnten wir schon mal machen, wenn wir das angedacht haben«, was jeder Gesprächspartner sofort als eine klare Zusage werten wird. Nein, Psychologen sagen, man wertet sein Selbst schlagartig auf, indem man laut und deutlich sagt: »Nein!« Mit der dazugehörenden Körpersprache, damit vom Gesamtbild her auch wirklich alles überzeugend rüberkommt. Ich hatte mir das gerade mühsam antrainiert, als eine Frau, die mir schon länger aufgefallen war, zu mir sagte:

»Hey, du bist aber ein toller Typ!«

Hab ich natürlich im Brustton der Überzeugung geantwortet:

»Nein!«

Meinte mein Gegenüber nur:

»Da hast du eigentlich auch wieder Recht!«

War es schon wieder vorbei mit meinem gesteigerten Selbstwertgefühl. Das mit diesem Nein sagen fängt mit einer ganz banalen Übung an: Angeblich stärkt es die Psyche, wenn man beim Metzger laut und deutlich und selbstbewusst reagiert, wenn die Fleischereifachverkäuferin sagt: »Darf's ein bisschen mehr sein?«, und man an der Theke, vor Kraft strotzend, entgegenhält: »Nein!«

Das hat sich mittlerweile bis zur Metzgerinnung herumgesprochen. Achten Sie mal darauf, wenn Sie wieder ein viertelpfund Aufschnitt bestellen: Die Verkäuferinnen wiegen zwar noch ab, aber sie fragen nicht mehr. Die sagen kurz und bestimmt: »Es ist ein bisschen mehr geworden, das macht aber doch nichts, oder?«

Und Sie antworten natürlich, mit kursgestähltem Selbstbewusstsein: »Nein!«

Wahrscheinlich haben diese Psychologen mittlerweile einen gut dotierten Beratervertrag mit der Deutschen Fleischerinnung.

Verbindliche Auskunft

Niemand kann genau sagen, woran das liegt, der Ärger im täglichen Leben. Nur die ganz Schlauen sagen, das hat Gründe, da war was in einem früheren Leben. Und was da war, das muss man heute irgendwie abtragen. Mag sein. Nur wüsste man ganz gerne, was da war, wenn da etwas war. Und da gibt es seit Hape Kerkelings Bestseller, der ihn auf seinem Pilgerweg alle möglichen Leute hat treffen lassen, bis hin zur Begegnung mit Gott, seit diesem Bestseller gibt es, unterstützt durch die Medien, das Phänomen der Rückführung. Mittels Hypnose setzen einen staatlich natürlich nicht geprüfte Rückführer ins frühere Leben zurück, eine Kreuzfahrt durchs frühere Ich gewissermaßen, man kann vermutlich noch ein paar Landausflüge buchen (fakultativ!) und erfährt dann all das über sich, was man vielleicht gar nicht erfahren wollte. Weil sich aus dem, was man im früheren Leben nicht war, ableiten lässt, was man im jetzigen Leben auch nicht mehr wird. Oder so. Da kann man genauso gut auf dem Rummel zu der Frau mit der Glaskugel gehen. Aber Rückführung ist in. Rückführungspraxen, Rückführungstherapeutinnen – die haben alle den gleichen Karriereweg hinter sich: angefangen als Avon-Beraterin, dann ein paar Jahre getuppert, dann »Herba-Life«, »Reiki«, »Aloe Vera« – jetzt: Rückführung. Einmal hab ich das auch ausprobiert, weil es mich einfach interessiert hat. Es muss eine Phase gewesen sein, in der mein Glücksmond im Saturn vom Aszendenten des Zwillings her sich mit der letzten Botschaft des Glückskekses von meinem Stammchinesen unglücklich gekreuzt hat, also eine Phase, in der ich dauernd mit Frauen härter aneinandergeriet. Nun hab ich bei diesem Rückführungsmedium meine Koordinaten preisgegeben, dann hat es beschwört und beschwört, und dann hat mir das Medium verraten, dass ich im 13. Jahrhundert eine männermordende Mätresse in Südengland war, weshalb ich in meinem jetzigen Leben als Mann büßen muss, um so die Sünden von damals ... also ... irgendwie ... als Pay-Back-Punkte einlösen – irgendwas in der Art, mehr wollte ich dann auch gar nicht mehr wissen. Erklärt hat das natürlich manches, was ich in letzter Zeit mit Frauen ... nicht nur privat, das speichert man ab unter Lebenserfahrung, nein, auch beruflich erleben durfte. Ich habe im Moment gerade Außensteueranschlussprüfung. Bei meiner letzten Steuerprüfung muss es denen bei mir so gut gefallen haben, dass die sich gesagt haben: Och, zu dem kommen wir öfter. Ich wollte ihnen beim ersten Mal schon ein Zimmer anbieten, aber dann habe ich nachgedacht und erkannt, das geht nicht, da musst du Miete verlangen, denn wenn du sie für die Zeit der Prüfung kostenlos bei dir wohnen lässt, dann wird das zwar nicht zwingend den Tatbestand der Bestechung erfüllen, aber für die Beamten könnte es schlecht ausgehen, weil man ihnen durch das kostenlose Wohnen und die Logis einen »geldwerten Vorteil« zur Last legen könnte. Vermiete ich ihnen das Zimmer aber zum üblichen Mietspiegel, dann bin ich wieder dran, weil ich die Einnahmen ordnungsgemäß verbuchen muss, unter »Vermietung und Verpachtung« – aber so weit kam es gar nicht. Diesmal hatte ich nämlich eine Steuerprüferin. Und das nach dem niederschmetternden Ergebnis meiner Rückführungsanalyse! Mein Steuerberater hat mich beruhigt, der hat das sogar relativ locker gesehen, ein paar Erkundigungen über die Frau, also die Prüferin, eingeholt, mich beruhigt, er hätte in Erfahrung gebracht, sie hätte vor Kurzem geheiratet und gebaut ... da kann es eigentlich nicht mehr allzu lange dauern, bis sie schwanger wird ... dann greift der Mutterschutz, der kann lang greifen bei Beamten ... bis es so weit ist, müssen wir das hinziehen. Kaum hatte ich austelefoniert, stand sie schon bei mir in der Tür. Und die kam mir gerade gerecht, ich hatte wieder einmal Halsschlagadern wie Baumstämme, weil ich kurz zuvor extra noch mit dem Finanzamt telefoniert hatte, weil ich etwas nicht verstanden hatte. Jetzt wollte ich keinen Fehler machen ... das ist das Neueste ... ich meine, es kostet alles. Wenn du vom Amt einen neuen biometrischen Reisepass willst, was heißt willst, brauchst, weil er ja Vorschrift ist, wegen der Terroristen, wenn du jetzt diesen Ausweis – der kostet dich am Amt 59 Euro. Dann kommen die Kosten für die Fotos dazu, weil man die alten, die man noch hat, gleich wegschmeißen kann, falls auf diesen Fotos menschliche Regungen erkennbar sein sollten. Die dürfen nämlich nicht sein, sonst geraten die biometrischen Kennmerkmale völlig ins Rutschen. Möglichst grimmig schauen also, auf den Fotos. Wahrscheinlich, damit uns das Ausland auch gleich erkennt. Denn das ist nach dem Jahr der Fanmeilen der Fußball-WM, dem fröhlichen Herumgehopse auf den Straßen, aus unserer Spaßrepublik geworden: Wir kriegen einen Pass vorgeschrieben, auf dessen Foto wir nicht lächeln dürfen, und es kostet uns ein Vermögen, ihn zu bekommen, obwohl wir ihn gar nicht wollen. Und diese Leistung wird auch noch vom Amt erbracht. Wenn wir jeden kleinen Mist aus der eigenen Tasche zahlen müssen, wozu sollen wir dann überhaupt noch direkte und indirekte Abgaben und Steuern dem Staat in den Rachen schmeißen? Mit meiner Steuerprüferin ging es nämlich gleich weiter. Ich wollte vom Finanzamt ja nur eine Auskunft. Damit ich keine Fehler mache, für die ich später bezahlen muss. Das ist die neueste Nummer – wenn ich vom Finanzamt als Einzelfirma oder auch als Mensch für den vom Amt verbrochenen Mist, den keine Sau im Land mehr verstehen kann, wenn ich also für etwas, was ich nicht verstehe, eine verbindliche Auskunft haben möchte, um dem Amt zuliebe alles fehlerfrei vorzubereiten, dann muss ich für diese verbindliche Auskunft bezahlen. Da kam mir meine Steuerprüferin natürlich gerade recht.

»Stopp!«, hab ich gesagt. »Bevor es zur Sache geht, müssen Sie mir jetzt erst mal was erklären. Was soll das, was ihr gerade macht? Jeder Bleistift, den ihr benutzt, wird von uns bezahlt. Jedes Mal, wenn einer von euch die Klospülung drückt, wird es von uns bezahlt. Jede Pension von euch wird von uns bezahlt. Und wenn wir dann von unseren Leibeigenen mal was wollen – dann sollen wir schon wieder zahlen?!«

Das war kein sehr gelungener Einstieg in die Prüfung.

»Ist doch wahr!«, versuchte ich sie noch zu besänftigen, wobei das natürlich völliger Blödsinn ist, weil gerade mit *diesem* Spruch besänftigt man nie jemanden … »ich meine – können Sie mir vielleicht aus dem Handgelenk erklären, wie das, und das ist nur die einfachste Frage, ich will da von Ihnen jetzt auch gar keine verbindliche Auskunft, weil das kostet dann wieder, und ich habe aus Prinzip nie Bargeld im Haus – ganz einfach: Erklären Sie mir mal eben nur das mit den unterschiedlichen Steuersätzen …«

Das ist nämlich so: Wenn du ein Rennpferd kaufst oder ein kaltes Würstchen am Imbissstand, gilt sowohl für das Rennpferd wie auch für das Würstchen der ermäßigte Steuersatz von sieben Prozent, weil sowohl ein Rennpferd wie auch ein kaltes Würstchen Waren des täglichen Bedarfs darstellen. Lässt du dir das Würstchen am Imbiss aber heiß machen und isst es dort, ist der volle Mehrwertsteuersatz von 19 Prozent fällig. Also wollte ich von ihr nur wissen:

»Was ist jetzt, wenn ich mein Rennpferd zum Metzger bringe, um es dort warm machen zu lassen … nein, falsch … Moment – wenn ich mit einer Pferdebockwurst zu meinem Imbiss reite, das Würstchen dort zwar heiß machen lasse, aber nicht am Stand verzehre, sondern wieder nach Hause reite – dann müsste ich für den geschlachteten Gaul am Jahresende doch Vorsteuerabzug geltend machen können!«

Das hat ihr gar nicht gepasst, die ist an mir vorbeigeschossen, um sich sofort meine ersten Schuhkartons mit den Belegen vorzunehmen ... darauf stürzen die sich ja immer wie die Trüffelschweine ... ich hab mir das ein paar Minuten angeschaut und nur gemeint: »Also das, was ihr bei DaimlerChrysler und Siemens verpasst habt ... ganz wird's nicht reichen.«

Aber darum geht es ja auch nie, es geht ja immer nur ums Prinzip. Triumphierend hat sie aus den Bewirtungsquittungen einen Beleg gefischt, auf dem ein Gericht stand: »Kinderschnitzel Pinocchio«.

Schon hat sie sich gefühlt wie Thekla-Carola Wied in *Anna Marx – auf eigene Gefahr,* eine der fürchterlichsten Serien, die das deutsche Fernsehen je verbrochen hat: »Geschäftsessen, ja? Da waren Sie doch mit Ihrer Tochter weg – das war doch privat!«

Da musste ich mir etwas einfallen lassen.

»Haben Sie eine Vorstellung davon, wie mein Unternehmensberater leidet, seit seiner Magenverkleinerung? Wissen Sie, wie der sich fühlen würde, wenn er mitanhören müsste, was Sie mir hier gerade unterstellen? Da rafft sich ein Mensch auf, der gar nicht weiß, ob er den nächsten Tag noch erlebt – nur, um mit mir noch einmal beratend Essen zu gehen. Und dann kommen Sie und ... ja – hätte ich ihn sein vielleicht letztes Mahl auch noch selbst bezahlen lassen sollen?«

Oh – da hat meine Anschlussprüferin aber schwer das Wasser in den Augen stehen gehabt. Und sich natürlich sofort in den nächsten Karton getrüffelt. Das war der mit den Büromaterialien.

»Und das? ›Lernfüller‹? War das auch geschäftlich?«

»Ja. Das war noch mal ein Geschenk für ihn, zu Weihnachten. Er hat doch die Medikamentenumstellung nicht vertragen und in einer Nacht vier leichte Schlaganfälle bekommen – der arme Mann muss doch noch einmal ganz von vorne anfangen, mit allem ...«

Damit hatte ich sie dann. Ich sollte sie bitte in Zukunft mit solchen Details verschonen, sie könnte mit so etwas nur schwer umgehen, also, bitte, wir müssten ja auch nicht jeden Karton so en détail behandeln ... Du musst sie kriegen, egal wie. Entweder, du schlägst sie mit ihren eigenen Waffen, oder du versuchst es über die emotionale Schiene. Etwas machen musst du. Nicht alles hinnehmen, von wegen: »Na ja, die haben das doch ausgerechnet, das ist dann halt so, wenn das Amt sagt, dass ihm das so zusteht, dann steht es ihm auch so zu.«

Quatsch. Solange mir das Finanzamt nicht genau erklären kann, was es mit meinen Steuern alles macht, muss es von mir auch nicht erfahren, ob es auch wirklich alle Steuern bekommt ... immer ein bisschen was zur Seite legen ... muss nicht viel sein, man sollte nur ein bisschen was in der Hinterhand haben. Damit wir, wenn wir mal eine Frage ans Finanzamt haben, ob irgendetwas zulässig ist, damit wir dann die verbindliche Auskunft auch bezahlen können ...

Mit einer Stimme

Man hat nicht viel zu lachen bei unserer tollen Volkskanzlerin, unserer Spaßbombe aus der Uckermark. Aber einmal konnte ich doch nicht an mich halten. Da hat sie sich gerade das Krönchen zurechtgerückt, für ihre halbjährige EU-Ratspräsidentschaft, und dann hat sie sich aufgeplustert im Bundestag und einen flammenden Appell an die Abgeordneten gerichtet. Der ist etwas verpufft, weil die, die es hätten hören sollen, gar nicht da waren. Staatstragend hob sie an:

Europa muss mit einer Stimme sprechen!
Ich warne vor Vielstaaterei!

Da musste ich schon kurz an mich halten. Das sagt mir dieselbe Frau, die es keine 24 Stunden zuvor nicht einmal geschafft hat, als CDU-Vorsitzende ihre lausigen Ministerpräsidenten zu einer einheitlichen Haltung bei Rauchverbot und Ladenschluss hinzubiegen. Wo dank der von ihr gepushten Föderalismusreform, der größten Reform seit der Rechtschreibreform, jetzt jedes Bundesland durch die Gegend eiern darf, wie es ihm gerade in den Kram passt. Gut – sie haben uns, bei aller Vielfalt, mit dem Bundesnichtraucherschutzgesetz gezeigt, dass unsere Demokratie gereift ist, wie Bananen im Frachter. Ganz stolz standen sie da, um zu verkünden, dass sie sich, bundesweit, ohne größere Widerstände, darauf hatten einigen können, ein Rauchverbot in Schulbussen länderkonform zu beschließen. Mich hat es nicht mehr im Fernsehsessel gehalten. Ich bin aufgesprungen und habe spontan applaudiert.

Hätte ich eine Fahne gehabt, ich hätte mich in sie eingewickelt und aus dem Fenster gestürzt. Ein bundeseinheitliches Rauchverbot in Schulbussen! Ich erinnerte mich: Hätten wir es damals gewagt, in unseren tomatenroten Bahnbussen, die uns vom Bahnhof zur Schule beförderten, hätten wir da auch nur einen Gedanken daran verschwendet, uns im Bus eine Zigarette anzuzünden – ein Fünf-Finger-Abdruck des Busfahrers im Gesicht wäre uns gewiss gewesen. Heute wird solch eine Selbstverständlichkeit, für die sich vor ein paar Jahren noch jeder Depp zu blöde gewesen wäre, es in Gesetzesform zu gießen, als Erfolg gefeiert. Um vom Rest abzulenken natürlich. Weil wir, anders als in Europa, wo, um Vielstaaterei zu verhindern, alle mit einer Stimme sprechen müssen, auch wenn leichte regionale Unterschiede herrschen könnten zwischen einem Letten und einem Malteken, den Föderalismus haben – der uns beim Nichtraucherschutzgesetz Ausnahme um Ausnahme beschert hat. In Nordrhein-Westfalen bleibt das Rauchen in Eckkneipen erlaubt. Da haben die Gastronomen im größten Bundesland schon einmal frohlockt: »Super – ich habe genau nachgezählt: Meine Kneipe hat vier Ecken, kein Problem!«

In Hessen waren Wasserpfeifen vom allgemeinen Rauchverbot ausgenommen – das habe ich verstanden. Ein allgemeines Wasserpfeifenverbot in Hessen – da wäre der komplette Landtag leer. Bayern musste natürlich auch seinen Senf dazugeben, ob süß oder scharf, das war in diesem Fall sogar der föderalen Schiedsgerichtskommission egal: Bayern schwebte über allen. In Discos sollte das Rauchen erlaubt bleiben – ein deutliches Zeichen an die Jugend –, und die Bierzelte, die hatte Edmund Stoiber noch zur Chefsache gemacht: ein eigenes Gesetz mit 127 Unterparagraphen, um Brüssel zu zeigen, wie effektiv man als Ministerpräsident in Bayern die Bürokratie abbaut, um sich für den Posten dort zu empfehlen ... In Bierzelten, behördlich »Fliegende Bauten« genannt, sollte selbstverständlich ge-

raucht werden dürfen, aber nur dann, wenn ein solcher »Flie-
gender Bau« nicht länger als 22 Tage an einem Ort steht. Wie
kommt man denn auf solch eine blödsinnige Verordnung? Die
Erklärung ist einfach: Da die oberste Maxime in Bayern zu sein
scheint, Festwirte vor möglichen Nichtrauchern zu schützen,
hat man sehr pragmatisch gedacht. 22 Tage – das, so haben
Fachleute errechnet, ist die maximale Länge, auf die das Oktoberfest unter Berücksichtigung möglicher Feiertage kommen
kann. Aber kaum war Edmund, der fliegende Baumeister, weg,
bekam Bayern das schärfste Rauchverbot der Republik. Wird
lustig auf dem Oktoberfest: Ein Zehntausendmannzelt, abends
um neun, alles jenseits der 1,8 Promille, und dann versucht ein
Häuflein vom Ordnungsamt, das Rauchverbot zu überwachen.
Was, wenn die Bürger jetzt auch noch vor den Folgen des Alko-
hols geschützt werden müssen? Gerade »passiv saufen« ist sehr
gefährlich – dann nuckeln beim nächsten Oktoberfest 10 000
Mann an der Limo ... nein, das ist jetzt zu sehr um die Ecke gedacht. Noch schöner im Saarland, der vor sich hin dümpelnden lafontaineschen Genussoase. Dort ist das Rauchen ab 22
Uhr erlaubt, aber nur dann, wenn man nachweisen kann, dass
angrenzend in Rheinland-Pfalz bis 21 Uhr etwas eingekauft
wurde. Das wäre die schönste Variante: den Ladenschluss mit
dem Nichtraucherschutzgesetz zu kombinieren. Das mit dem
Ladenschluss kapiert ja schon keiner ... wer wann wo wie lange
einkaufen kann, das ist gar nicht so einfach. Für mich ist das
ganz blöd: Ich wohne in Aschaffenburg, das ist Bayern, aber
sehr grenznah zu Hessen gelegen. Wenn ich jetzt nach 18 Uhr
Druckerpapier brauche, muss ich schnell rüber nach Hessen,
weil dort die Fachgeschäfte seit 1. Dezember länger geöffnet
haben dürfen, das muss ja jedes Bundesland für sich so regeln,
wie es das will, weil wenn der Bund, also die Regierung, also
der Staat, also wir, wenn wir sagen, wir möchten gerne überall
rund um die Uhr einkaufen, dürfen wir das nicht, weil es dank

der Föderalismusreform »verfassungsrechtliche Bedenken« gibt. Hab ich jetzt in Hessen um kurz nach sieben mein verfassungsrechtlich unbedenkliches Druckerpapier gekauft und möchte in einer rauchfreien Kneipe gerne ein Bier trinken, damit ich mir kein passivrauchbedingtes chronisches Bronchialasthma einfange, dann muss ich wieder zurück nach Bayern, weil nur dort das verfassungsrechtlich bedenkliche Rauchverbot im Alleingang umgesetzt wird. Wenn ich aber in der rauchfreien Kneipe sitze und mein Kugelschreiber gibt seinen Geist auf, muss ich schnell wieder zurück nach Hessen, um mir einen neuen zu kaufen, weil es schon nach acht ist, und wenn ich dann total gehetzt in der Kneipe über meinem Blatt hänge, um meine Gedanken aufzuschreiben, wenn ich dann vor lauter Stress wieder mit dem Rauchen anfangen will, dann muss ich wieder rüber über die Landesgrenze, weil in Bayern darf ich es nicht. Das war die größte Nummer, das geplante Rauchverbot ... Anderswo geht's, Italien, Irland, Spanien – Länder, bei denen man einen Volksaufstand erwarten durfte, dort wurde gesagt: »Ab morgen wird drinnen nicht mehr geraucht!«

Und die Berufsrevoluzzer haben nur gesagt: »Va bene! Non fumiamo più.«

Und die Sache war einvernehmlich vom Tisch. Was ist bei uns? Wir hatten verfassungsrechtliche Bedenken, als es um die Gesundheit ging. Auf diesem Gebiet kämpft unermüdlich unser großer Bundespräsidentenversuch – Horst Köhler! Als »Horst ... wer?« ins Amt gestolpert, wurde er schon kurz darauf zur Ikone »Super-Horst« erklärt, nur weil er in einer international überhaupt nicht beachteten Rede (»Zur Sache, also ...«) vor den deutschen Unternehmerverbänden Erstaunliches, Mutiges, ja bis zu diesem Zeitpunkt noch nie Gehörtes abhüstelte: »Die Bekämpfung der Arbeitslosigkeit muss höchste Aufgabe der Politik sein!«

Mich hat es fast vom Stuhl gehauen. Horst! Habe ich so bei

mir gedacht – weißt du, was du von dir gibst? Die Ungeheuerlichkeit einer solchen Forderung, das hat vor dir ja noch nie ein Mensch gewagt, öffentlich auszusprechen. Ich war schwer beunruhigt. Ein Glück, dass er sich noch rechtzeitig daran erinnert hat, vor welch neutraler Kulisse er seine Rede an die Nation als Präsident aller Deutschen gehalten hat – im Haus der Industrie. Schnell schob er den Kernsatz nach: »Hauptaufgabe von Unternehmen am Markt ist und bleibt es, Gewinne zu machen.«

Ein Aufatmen schob sich durch das weite Rund. Seit diesem Tag ist unser Präsidenten-Titan beständig bemüht, sein Image als Weichei abzulegen. Zog er es in den ersten Jahren seiner Amtszeit noch vor, sich beim kleinsten aufziehenden Konflikt in der Rumpelkammer von Schloss Bellevue zu verschanzen: »Ich geh da nicht mehr raus. Ich geh da nicht mehr raus!«, mutiert er seitdem mehr und mehr zum Polit-Rambo. Verstärkt gewinnt man den Eindruck: Gleich holt er die Lederjacke aus dem Schrank und knattert auf der Harley um die Ecke: »Ich geb euch den Peter Maffay, Freunde!«

Es war aber auch unglaublich – zweimal in Folge hat er ein Gesetz nicht unterzeichnet. Klagt der Mann öffentlich ein Jahr lang über den geplanten und endlich zu vollziehenden Bürokratieabbau im Land: »Ich habe täglich Gesetzesentwürfe auf dem Tisch, die die Regelungswut und Bürokratiedichte in unserem Land eher noch erhöhen. Das erfüllt mich mit Sorge!«

Da hab ich mich schon gefragt: Horstl – wenn du Gesetze vor dir liegen hast, die unserem Land Schaden zufügen: Warum tütest du den ganzen Schmodder nicht wieder ein und schickst ihn zurück:

Return to sender!

»Das darf ich nicht   da wird Frau Dr. Merkel böse. Und die hat mich erfunden!«

Streikland

Ich warte immer darauf, dass sich bei unserer organisierten Arbeitnehmerschaft noch mal etwas regt, nicht nur das Aufhalten der Hand für verdeckte Zahlungen bei Siemens oder beim DGB, von dem böse Zungen in verschworenen Zirkeln zum Besten geben: Das Einzige, was sich beim DGB noch bewegt, sind die Mitglieder, die ihm davonlaufen. Ansonsten passiert nichts. Langweilig, der Arbeitsmarkt.

Da lobe ich mir andere Länder. Spanien. Italien. Frankreich. Griechenland. Überraschend auf einmal auch Schweden. Wenn es dort wegen der sozialen Schieflage gärt, dann reiht sich Generalstreik an Generalstreik. Beim Südländer überrascht mich das immer wieder: Kann nichts organisieren – aber einen Generalstreik, den stellt der an einem Nachmittag auf die Füße.

»Was e-musse isch-e da makke?«

»Nix!«

»Va bene!«

Ein Generalstreik bei uns? Undenkbar. Da kämen erst einmal Betriebsratsvorsitzende und Genossenschaft, um nachzuschauen, ob sich an den Absperrgittern auch niemand verletzen kann. Und ob die Streiktribünen alle vom TÜV abgenommen sind ... Gewerkschaften ... da nutzen auch die Parolen nix: »Zwei Metaller, eine Faust!«, da weiß man nur: Aha – in diesem Betrieb wird die Behindertenquote erfüllt. Nein, bei uns geht das nicht, Generalstreik oder Großdemo. Wenn bei uns einer gefragt wird:

»Mir mache e Demo geche die Arbeitslosigkeit – biste debei?«

»Wann soll denn die sein?«

»Am Samsdaach.«

»Am Samsdaach?! Bist du verrückt? Da muss ich schwazz schaffe!«

Weltspartag

Langsam ebbt diese Welle ein bisschen ab. War aber auch unerträglich. Die Stimme in der Radiowerbung, wenn sie mir ständig ihr: »Geiz ist geil!« ins Ohr gebrüllt hat. Wenn Eva damals Adam mit dieser Stimme den Apfel angeboten hätte – keine Chance. Der hätte dankend abgelehnt. Die Geschichte der Menschheit hätte neu geschrieben werden müssen.

Geiz ist geil!

Man muss vielleicht öfter mal durch andere Länder fahren und fragen, was die Menschen dort geil finden. Muss gar keine Fernreise sein, Europa genügt völlig. Geil? Da sagt der Franzose:

»Ein schönes Essen, drei Vorspeisen, eine gute Wein – voilà!«

Der Engländer, gut, zum Essen wird da nichts kommen. Der findet ManU, Windhundrennen und Fasanenjagd geil, der Italiener meint nur:

»Geil-e? Sind-e tutte le donne! Amore!«

Dann fragst du den Deutschen:

»Was finden Sie geil?«

»Geiz.«

Damit ist die teutonische Erotik schön auf den Punkt gebracht ... da lacht sogar der Österreicher. Aber wir haben so einiges zu bieten, was die Welt nicht versteht. Was nur wir können. Zur Geburt von der Bank fünf Mark geschenkt bekommen, schon warst du geködert. Eine Untersuchung hat ergeben: Über

90 Prozent der Deutschen bleiben ein Leben lang bei derselben Bank, nur weil die ihnen zur Geburt diesen Gutschein in den Strampler gesteckt hat. Als Kinder haben wir selbstverständlich daran geglaubt – dass es bei der Bank nur nette Menschen hat. Die haben uns auch immer Bonbons geschenkt, um uns noch tiefer in die Schuldenfalle zu locken. An ein Angebot der Bank, daran erinnert sich meine Generation, glaube ich, ein Leben lang: die *Sparkassen-Hits*. Eine Doppel-LP für fünf Mark. Das heißt – Anfang der 70er konnte man seinen Strampler-Fünfer bei derselben Bank am Schalter wieder investieren. Heute werden diese Doppel-LPs für viel Geld bei ebay angeboten. So ein Angebot hat es dann nie wieder gegeben. Ich kann mich an keine einzige Schallplatte oder CD erinnern, die eine Bank angeboten hätte. Höchstens eine CD-Rom, mit den neuesten herunterzuladenden Hinweisen fürs Online-Banking, um der Bank Arbeit abzunehmen, für die sie mal erfunden worden ist. Die *Sparkassen-Hits* haben richtig Laune gemacht. Dann haben sich die Bank-Oberen gesagt – etwas, das den Menschen Spaß macht, dürfen wir bei uns nicht mehr anbieten. Für Spaß sind unsere Kasseninstitute nicht vorgesehen. Wir als Kinder haben daran geglaubt – immer sind wir Ende Oktober brav hingedackelt, mit all unserem Erspartem, zum Weltspartag. Da gab es dann wieder Geschenke. Je nach Sparmenge natürlich. Bei der Sparkasse, da gab es immer einen »Wunderschwamm«. Der war flach wie ein Knäckebrot, mit einem kleinen roten Punkt vorne drauf. Aber wehe, du hast das Teil ins Waschbecken geschmissen, dann quoll das auf, schob sich über den Waschbeckenrand hinaus, der kleine rote Punkt wurde zur hässlichen drachenähnlichen Fratze des Sparkassen-Logos ... Wunderschwamm ... den gab's bei der Sparkasse. Bei der Hypo gab's Buntstifte. Und bei der Raiffeisenbank, das waren schon immer die Originellsten, da gab's einen Geldbeutel. Ich war Sparkasse. Ich war Wunderschwamm. Da warst du nix. Ähnlich auf verlorenem Posten

wie auf der Schule, im Klassenkampf zwischen »Geha« und »Pelikano«. Den falschen Füller – und mit einem sensiblen Gemüt warst du geschädigt fürs Leben. Das prägt. Aber zurück zum Wunderschwamm. Nachdem der über die Waschbeckenrandbegrenzung hinausgequollen war, war er schon wieder zu etwas nutze. Ein paar Tage später mussten wir mit diesem aufgeschwemmten Schwamm die Grabsteine sauber schrubben. Weil es gleich nach dem Weltspartag in Bayern zur Strafe einen sehr knöchrigen Nationalfeiertag gab: Allerheiligen. Allerheiligen, das mittlerweile mit dem Reformationstag »Halloween« heißt. Und da wurde immer mit »Moos-Ex« zum großen Wettpolieren der Grabplatten marschiert, und die Graberde wurde durchs Teesieb gedrückt: »So, ja, jetzt mit em Reschelsche noch emal nachziehn, damit's auch so schön is wie am Nachbargrab, so, und da trete mir jetzt emal drauf, siehste – jetzt isses sogar schöner wie am Nachbargrab ... guten Morgen, Herr Pfarrer, Grüß Gott!«

Und unten aus dem top-gepflegten Grab seufzt es:

»Ach, wann ihr euch doch nur zu Lebzeite um misch so gekümmert hätt wie jetzt um des verreckte Grab!«

Das war bei uns Kindern früher immer eins: Erst der Weltspartag, dann Allerheiligen. Der Weltspartag, da finde ich den Namen schon so lustig und irreführend, der Weltspartag, der ist ein typisch deutsches Phänomen. Den Weltspartag, den gibt es nirgends auf der Welt – nur bei uns. Der Weltspartag ist der Übergangsmantel des deutschen Geldanlegers. Aber als Kinder haben wir geglaubt, dass es den überall gibt. In Biafra, in Bangladesch, in der Äußeren Mongolei – da war keine Not. Da war kein Elend. Da haben sich, wie bei uns, Ende Oktober die Kinder ihr Erspartes genommen, sind mit ihren grünen Döschen zur Sparkasse marschiert und haben sich zur Belohnung einen Wunderschwamm abgeholt. Irgendwann haben wir aber doch gemerkt: Irgendwas stimmt hier nicht. Ein paar Wochen später, da mussten wir nämlich schon wieder unser Erspartes nehmen, um es in diese selbstgebastelten Pappkapellchen zu stecken. Wir waren natürlich neugierig und wollten wissen, was passiert damit, und vor allem, was gibt es dafür als Belohnung. Man beschied uns abschlägig, das sei für die armen Kinder in Indien und Afrika. Wir waren sauer! Das ist doch unfair – dann haben die alle beim nächsten Weltspartag doch viel mehr als wie mir! Manche fragen sich heute noch, so wie ich in stillen Stunden: Wo ist das ganze Geld eigentlich hin, wer hat das? Wir haben's natürlich immer noch. Das hat man erst einmal ein paar Jahre in der Entwicklungshilfe geparkt, damit deutsche Bauunternehmen Staudämme bauen konnten, und zwar in Gegenden, wo keine Sau einen Staudamm gebraucht hat, dann hat es sich vermehrt, dann wurde es gewaschen, und dann war es wieder da. Nur zu blöd, dass wir jetzt im Informationszeitalter leben. Jetzt kriegt das sogar der Neger mit. Surft in seinem von der Entwicklungshilfe gelieferten handkurbelbaren Notebook und wundert sich. Und dann setzt er sich in seinen Einbaum und paddelt los. Und ganz Europa ist überrascht: Warum macht der das? Die Festung Europa wird nervös. Wie kann man das Einsickern verhindern? Vor Jahren hatte Otto Schily, der knarzende, schneidige Innenminister der SPD – komisch, manchmal habe ich auch heute noch den Eindruck, bei jedem noch so bescheuerten Vorschlag aus dem Innenministerium, das ist gar nicht Schäuble, der ist da auch nie ganz im Bild, hinter ihm schiebt Schily und flüstert ihm das alles ein. Der hatte nämlich in seiner Amtszeit schon die phantastische Idee, wie man die fluchtbereiten Globalisierungsverlierer eindämmen könnte: Lager auf afrikanischer Seite, in denen sie sich erst einmal registrieren lassen müssen. Er hat diesen Vorschlag unterbreitet, es ging auf den 20. Juli zu, dann kam ihm aber doch unsere Geschichte über einen minimalen Restvernunftshirnlappen gesprungen, da hat er gerade noch die Kurve, von wegen, nicht so toll, wenn ausgerechnet der deutsche Innenminister Lager errichten möchte, in denen Flüchtlinge registriert, also an der Flucht gehindert werden sollen. Das Thema war dann rasch vom Tisch. Allerdings nur die Bezeichnung. Es hieß nicht mehr »Lager«, sondern »Camp«. Der Gedanke, der dahintersteckt, ist so oder so bescheuert. Jemand, der nichts mehr zu verlieren hat, der vor der Alternative steht: Entweder ich verhungere in der nächsten Woche, oder mein verfeindeter Stammesnachbar erschießt mich, oder ich wage es übers Meer, wenn's nicht klappt, dann ertrinke ich halt, der probiert es wenigstens. So jemand soll, kurz bevor er sich von den Klippen ins Meer stürzen will, noch bürokratische Anwandlungen bekommen, wenn er das Lager, pardon, Camp, sieht, etwa nach dem Motto: »Tststs – das hätte ich ja fast übersehen! Jetzt wollte ich mich schon in die Fluten stürzen, in der Hoffnung, dass mich der nächstbeste vergammelte Seelenverkäufer an Bord zieht – das hätte ich tatsächlich fast gemacht, ohne den netten Menschen dort im Camp Bescheid zu sagen! Ich bin aber auch ein Schussel …«

Der Deutsche würde das so machen. Du brauchst gar kein Camp, es reicht völlig, wenn du auf die Felsen schreibst: »Nicht vom Klippenrand aus einspringen!«

Da zieht der schlagartig die Notbremse und sagt sich: »Nein, das … schon klar, das geht nicht. Da gehe ich lieber wieder brav zurück in den Busch und verhungere.«

Ist vielleicht ein bisschen zu naiv gedacht, wenn die EU, die endlich mal geschnallt hat, dass ihr Kontinent nur 13 Kilometer von Afrika entfernt ist, die Frage stellt: Wie schotten wir uns ab? Was willst du denn machen, wenn ein ganzer Kontinent auf einmal sagt: Wir gehen jetzt wandern! Und zwar in eine Richtung: Nordic Walking. Komisch – zu dem Thema hat sich die große halbjährige europäische Jubiläumsratsvorsitzende auch noch nicht geäußert. Da hätte es wahrscheinlich aber auch nicht so viele schöne Bilder gegeben.

Europa wird zum Stier

Welche Freude, welches Feiern! Europa wächst und wächst und wächst, auch die Türkei scharrt schon mit den Hufen ... da ist unsere Kanzlerin sehr reserviert. Egal, was Konrad Adenauer und Helmut Kohl einmal gewollt haben, sie geht ihren eigenen Weg. Es kann ja wohl nicht sein, dass jedes x-beliebige Land an die Fleischtöpfe des Wohlstands drängt. Sie will für die Türkei etwas selbst Entwickeltes: die »Privilegierte Partnerschaft«. In Ankara hat bis heute noch keiner kapiert, was das genau sein soll. Wieder und wieder prasselte die Frage auf sie ein:

»Aber, Üngülü – was heißt konkret?«

Da hat sie schnippisch zurückgebleckt:

»Na – ihr bleibt weiter am Katzentisch!«

Das mit der Türkei sehen auch viele Menschenrechtsverbindungen etwas gespalten, ein Land, das nicht eindeutig der Folter und der Todesstrafe abschwört, hat in einem vereinten Europa, in einer zivilisierten westlichen Welt, nichts verloren! Kluger Gedankengang. Nur – hab ich mich gefragt – wann schmeißen wir die Amerikaner dann aus der NATO? Nein, kein Grund nachdenklich zu werden – Europa ist ein Grund zum Feiern! Nach der Erweiterung – zehn neue Beitrittsländer: Millionen neuer Bürokrateneuropäer. Länder, Wälder, Seenplatten, Meeresbusen, Gestade, Küsten, Inselgruppen. Es wird spannend! Die EU-Osterweiterung ... nicht nur – Malta ist auch dabei, ein Land, eine Insel, so richtig im Herzen der mediterranen Lebensfreude ... gut, gegen den gemeinen Malteser ... nein, halt, das ist ein Aquavit, schmeckt nach Kümmel und kommt aus Dänemark. Die Dänen sind schon etwas länger in der EU, auch wenn sie kühl den Euro, die europäische Gesamtleitwährung, abgelehnt haben ... aber wo sind die Gemeinsamkeiten zwischen dem maltesischen Vallettaner und dem gemeinen Esten? Gut, beide Neumitglieder haben Küsten, die zwangsläufig am Meer enden. Das neue, große vereinte Europa – jetzt wächst zusammen, was eigentlich so noch nie zusammengehört hat. Zumindest nicht so geballt ... na ja, so ganz reibungslos läuft es auch nicht in jeder Ecke. Zypern zum Beispiel – dieses neue inselige Mitgliedsland bietet sich als Musterbeispiel für den kritischen Beitritt geradezu an. Kaum war klar: Wir kommen in die EU, schon ging der Zank los, zwischen griechischen Zyprern und türkischen Zyprern. Zwar ist der türkische Zyprer, im Gegensatz zum türkischen Türken, jetzt vollwertiges EU-Mitglied, was aber den griechischen Zyprioten nicht daran gehindert hat, eine Wiedervereinigung des geteilten Landes vehement abzulehnen, um in ein vereintes Europa aufgenommen zu werden. Gut, beide Staatschefs haben sich versöhnlich gezeigt: Die griechisch-türkische Grenze im Neu-EU-Land Zypern bleibt durchlässig und geöffnet. Aber nur für zyprische Zyprioten, die nachweislich echte Zyprer sind, also reinrassig. Das heißt: Nur dann, wenn die Eltern auf der Demarkationslinie gevögelt haben und dies auch nachweisen können. Es ist schon ein bisschen was Absurdes im Realen. Das zeigte schon der Zeitpunkt der Osterweiterung: der 1. Mai, ausgerechnet der Tag der Arbeit. Da war mir klar: Humor haben sie. Danach hatten viele Angst – dass ganze Industriezweige in den Osten abwandern, um dort kostengünstig produzieren zu lassen. Jahrelang, in Zeiten des Kalten Krieges, hieß es immer, wenn einer es gewagt hatte, leise Kritik zu üben: »Da geh doch nach drüben!«

Das macht heute der komplette gehobene Mittelstand und fällt in ein Lohnsenkungsparadies, dass es nur so kracht. Nein, sind wir froh, dass der Kalte Krieg vorbei ist. Deshalb kriegen wir jetzt auch die ersten fünf von 180 bestellten »Euro-Fightern«. Der »Euro-Fighter«, manch einer wird sich erinnern, wurde 1977 vom damaligen Verteidigungsminister Leber als »Jäger 90« bestellt, Anfang der 90er Jahre war jedem die Sinnlosigkeit dieses Milliardengrabes klar, aber 1997, als die Regierung Kohl in den letzten Zügen lag, wurde auf Druck der Rüstungslobby diese 25-Milliarden-Euro-Verschwendung abgesegnet. Der »Euro-Fighter« kostet doppelt so viel als geplant, er kommt doppelt so spät wie beabsichtigt, dafür leistet er aber nur noch die Hälfte. Denn, und das ist kein Witz, durch die Entspannung in einem zusammenwachsenden Europa werden die »Euro-Fighter« nicht mit Waffen bestückt. Das hat nichts damit zu tun, dass alle ehemaligen Falken sich jetzt Friedenstauben auf die Stirn pappen, nein – für Munition ist schlicht kein Geld mehr da.

Tu felix Austria

Ich mag den Österreicher. Diese Lässigkeit. Dieses allwähren-de Wurschtigkeitsgefühl. Schon der alljährliche Wiener Opern-ball, was sich da ansammelt: 15 Tonnen Silikon und 1000 Jahre verschärfte Einzelhaft, aber egal, weil:

Alles Walzer!

Man bringt den Österreicher durch nichts aus der Ruhe, außer: Die Beerdigung war keine »schöne Leich«. Dann wird er ner-vös. Der Tod in Österreich muss stimmig sein. Bei uns wischt man das mit einer abfälligen Handbewegung beiseite:

»Was nutzt dir die schönste Beerdigung, wenn du die Leiche bist?«

Das kontert der Österreicher locker mit seinem Lebens-motto:

»Bleib stets lustig und vergnügt – bis der Oasch im Kasterl liegt!«

Den Österreicher bringt man nur mit einer Schreckensmel-dung aus der Fassung:

»Hosd scho g'hert? Gestern is der Tod gsturb'm!«

Da bricht für ihn die komplette Lebensplanung zusammen. Sportlich zehrt der Österreicher von seinen jahrzehntelangen Erfolgen im Wintersport:

»Sechs Österreicher unter den ersten Fünf!«

Was auch seine politische Haltung über Ewigkeiten geprägt hat:

»A Skandal? Mocht nix – Hauptsach, da Klammer g'winnt.«

Den Deutschen gegenüber haben die Österreicher ein gigantisches Überlegenheitsgefühl – erst siegten sie 1978 bei der Fußball-WM in Argentinien, und dann mussten sie uns auch noch zeigen, wie eine LKW-Maut funktioniert. Ein einfaches, simples Mikrowellensystem. Das freut auch den Trucker: Beim Durchfahren der Maut-Brücke wird seine 5-Minuten-Terrine automatisch auf Schlürftemperatur erhitzt. Dass die Österreicher ihre LKW-Maut Lichtjahre vor uns ans Laufen gebracht hatten – das war die schlimmste Schmach seit Cordoba 1978. Einmal gab es einen Rieseneklat am Rande einer EU-Wirtschaftsministerkonferenz. Was hatte sich die deutsche Seite wieder aufgeplustert, mit Synergieeffektpiktogrammen und theoretischen Verstetigungs- und Nachhaltigungsgutachten... da kam, abseits des Protokolls, von österreichischer Seite nur der trockene Kommentar: »Geh – mocht's doch erscht amal a funktionierende Maut.«

Danach zog die deutsche Delegation beleidigt ab. Und der Österreicher griff zum Grünen Veltliner.

Seit einiger Zeit haben auch die Österreicher die 0,5-Promille-Grenze im Straßenverkehr. Bei uns gab es bei der Einführung juristische Streitigkeiten, und in Österreich? Da ging's in den Kneipen aber ab, Werbung ohne Ende: »Pfiffkus 2004 – der leichte Weingenuss! Nur 9,5 Prozent. Unsere Antwort auf 0,5 Promille!«

Ich befürchte nur, dass sich manche verrechnet hatten, was Promille und Prozente anging, aber gut – das ist halt Österreich.

Dort geht man auch mit der Geschichte sehr elegant um, also, unabhängig davon, dass man die Geschichte gerne sehr elegant umgeht. Ich war ein paar Tage zum Schreiben im Salzkammergut, wollte mir in der dort ansässigen Videothek *Schindlers Liste* ausleihen.

»Wo finde ich bitte *Schindlers Liste*?«

»Do miassn S' unter ›Comedy‹ nachschau'n ...«

Als der Film in Deutschland erstmals in einem Privatsender lief, kam nach der Szene mit dem aufgehäuften jüdischen Zahngold die Werbeunterbrechung, in der es um eine besonders dynamische Haftcreme für die dritten Zähne der Best Ager ging. Egal, ist ja eine werberelevante Zielgruppe. Nicht unbedingt für einen Film, in dem es um ihre eigene Geschichte geht, aber trotzdem.

Das Wesen des Österreichers zu entmystifizieren versucht man seit Jahrhunderten. Ich glaube, mir ist es im Skiurlaub ein Stück weit gelungen. Skiurlaub, das ist dieses als sportliche Betätigung getarnte Kollektivtrinken in freier Luft – und wir waren dann so an der Hotelbar abends, zum Après-Trinken, und da kam ich in den Genuss des damaligen großen Hits aus Österreich:

A Sioux-Indiana.
A ganz a dicka klaana.
Der hatte einen Tomahawk.
Und haut si auf sein Eiasack.
Au, tut das weh!

Dieses Lied war 16 Wochen lang die Nummer Eins in Österreich. Damit ist zu diesem lustigen Bergvolk eigentlich alles gesagt.

Die Österreicher sind überhaupt sehr gewitzt, das muss man ihnen lassen. Sie waren die Einzigen, die schon zwei Tage nach Ausbruch des Kosovo-Konflikts für einen sofortigen Einsatz von Bodentruppen plädiert hatten. Logisch eigentlich, weil Österreich kein NATO-Mitglied ist, selbst also nicht betroffen gewesen wäre. Aber die haben sich wahrscheinlich gedacht:

»Möönsch, die ganzen Truppen, wenn die dann durch unser Land ... gibt dös a Maut!«

Visa – die Freiheitsaffäre

Da hatte die Union aber einen Skandal der rot-grünen Regierung ausgegraben: die Visa-Affäre. Da hatten es doch tatsächlich ein paar als Touristinnen getarnte Schwarzputzerinnen gewagt, über die Einschleusungsraffinessen eines deutsch-russischen Spätaussiedlers die Axt an die Fundamente unserer freiheitlich-demokratischen Grundordnung zu legen. Endlich hatte die Union ein Thema. Brandschatzend wie einst die Mongolen sind ukrainische Horden in unser Land eingefallen, haben es verwüstet, haben gemordet, vergewaltigt – komisch nur: Sie haben es offensichtlich so diskret gemacht, dass es niemandem aufgefallen war. Aber es war ein Thema. Ein Untersuchungsausschuss wurde eiligst eingesetzt, in dem der Außenminister Joschka Fischer nur eines zu Protokoll gab: »Schreiben Sie einfach: ›Fischer ist schuld!‹«

Was eine gewisse Ratlosigkeit im Gesicht des großen Unionsstrategen Eckart von Klaeden hinterließ. Vor allem, als Fischer den Satz nachschob: »Oder ist das Ihnen jetzt zu einfach?«

Da schlug die Sternstunde des Eckart von Klaeden. Durfte der große Rechtsexperte der Union, den kein Provinzamtsgericht als Pförtner einstellen würde, doch zurückbellen: »ICH stelle hier die Fragen!«

Noch heute beschert dem mittlerweile zum außenpolitischen Sprecher geadelten Unionsfraktionswürstchen die bloße Erinnerung an diesen Satz ein ganzes Feuerwerk multipler Orgasmen. Die Freude, Joschka Fischer vermeintlich am Wickel zu haben, war natürlich verständlich: Eine Ewigkeit lang führte er die Bestsellerliste der Politik an: »Wer ist der beliebteste Politiker in Deutschland?«

Das war er. Ein ehemaliger Steinewerfer. Ein Taxifahrer. Jetzt Außenminister. Allein das war schon ein täglicher Albtraum für wackere Unionisten. Aber dauerhaft der beliebteste Politiker? Da hatte vor allem einer Schaum vor dem Mund, der es nie werden wird: Roland Koch. Das Scar-Face aus Eschborn, der Ziehsohn von Manfred Kanther, dem Todesscheitel aus Mittelhessen, ein um das Parteiwohl der CDU stets bemühter Christ, der tonnenweise Schwarzgeld für die Partei in Liechtenstein als jüdische Vermächtnisse tarnen ließ, wovon der brutalstmögliche Aufklärer Koch natürlich Kenntnis hatte, selbst aber keine Konsequenz daraus zog, sondern für sich Franz Josef Jung das Bauernopfer machen ließ, verbunden mit dem Versprechen, sich später für diesen kleinen Parteigefallen zu revanchieren. So haben wir heute mit Franz Josef Jung den größten Verteidigungsminister seit Rudolf Scharping. Franz Josef Jung, der Winzerjunge aus dem Rheingau. Böse Zungen sagen schon länger: Das *ist* der Rhein-GAU. Der Brutalstmögliche in Hessen, Roland Koch, durch eine populistische Unterschriftenliste gegen die doppelte Staatsbürgerschaft ins Amt gekommen – nein, es war ja eine Aktion *für* Integration. Nur komisch, dass an den Unterschriftenständen immer dieselbe Frage zu hören war:

Wo kann isch en do unnerschreiwe gesche die Auslänner?

Wer auf eine solche Wählerklientel setzt, der konnte es natürlich nur schwer verkraften, dass einer wie Joschka Fischer beliebtester Politiker in Deutschland werden konnte. Hatte er in seiner wilden Frankfurter Zeit nicht einmal Kontakte zu einer RAF-Terroristin und einigen Sympathisanten? Ein empörter Aufschrei entwich dem hessischen Silberscheitel, abermals sollte ein Untersuchungsausschuss her, weil Joschka Fischer sich nicht erinnern konnte, wann und ob und wie lange er mit der vermutlichen Terroristin einen Tee getrunken hatte, und, vor allem, um welche Sorte es sich handelte! Da verlangte Koch brutalstmöglich sofortige Erinnerungspflicht! Ausgerechnet Koch, dem es beim besten Willen nicht mehr, wie es im Politdeutsch so schön heißt, »erinnerlich sein konnte«, welcher CDU-Politiker wem in einer schäbigen Bahnhofskneipe die Schwarzgeldbündel in die Hosentasche geschoben hatte. Aber das perlt an einem Roland Koch natürlich ab wie Wassertropfen auf einem gut eingefetteten Fischotter. Das hat der Ziehsohn von seinem Politvorbild Kanther gelernt. Der hatte sich nach einer Zeit der Vorwürfe und Anschuldigungen und Enthüllungen in der Operation »Zaunkönig« trotz laufender Ermittlungen vor laufenden Kameras in Szene gesetzt und erklärt: »Hiermit erkläre ich die Treibjagd für beendet!«

Da hab ich kurz gestutzt und mich gefragt: Seit wann kann die Sau aus dem Unterholz kommen und eine Treibjagd für beendet erklären? Da zeigt sich schon der Verfall der moralischen Sitten. Ein Kanther mit politischem Anstand hätte nach der Pressekonferenz den anwesenden Journalisten nur gesagt: »So, meine Herren – und nun lassen Sie mich bitte allein.«

Rückzug ins Arbeitszimmer, Schublade auf, Beretta raus, Feierabend. »Stark und sehr final im Abgang«, würde auf der Karte stehen, wäre er ein Wein gewesen.

Völler fehlt

Nichts gegen Jogi Löws Rasselbande, nichts gegen den Jugend-
stil im deutschen Fußball, aber ein bisschen fehlen mir doch
die Emotionen. Unvergessen Rudi Völlers Wutausbruch im
Interview mit Waldi Hartmann. Da hatte der Frust aber auch
an ihm genagt, nach dem Qualifikationsspiel zur Fußball-EM
2004 in Portugal. Gut, es war streckenweise grauenhaftes Ge-
kicke, viele mutmaßten in dieser Zeit schon, der Hauptgrund
für die Vergabe der WM 2006 an Deutschland war die Tatsache, dass sich der Ausrichter für das Turnier nicht qualifizieren
musste, aber dass der Frust an Rudi Völler genagt hat, konnte
ich nachvollziehen. Doch dann wurde er, völlig überraschend,
2002 mit seiner rumpelnden Reste-Rampe Vizeweltmeister,
und die einzige wirkliche Auszeichnung, die er dafür bekam,
war die Ehrenbürgerschaft von Hanau. Von Hanau! Jetzt muss
er dort kostenlos ins Freibad und einmal im Monat Stadtbus
fahren. Das ist Schicksal! Ich kann verstehen, dass der Rudi mal
den inneren Völler loslässt, weil es zwei Moderatoren der ARD
verabsäumt hatten, das technisch und spielerisch hochklass-
ige null zu null gegen Island, eine Glanznummer in der Geschichte des deutschen Fußballs, gebührend zu würdigen. Da
hätte er sich halt andere Interviewpartner aussuchen müssen – Johannes B. Kerner, zum Beispiel. Der findet alles toll. Dieser pseudo-journalistische Hilfsministrant aus dem Jesuiten-
kolleg hat für alles Verständnis. Der ist einfach nur nett. Und
trinkt Wasser, für das er wirbt. Und »AirBerlin«. Das ist »Kerner's Welt«. Schlimm ist, wenn die Talk-Ikonen des deutschen

Fernsehens sich gemeinsam in einer Sendung versammeln, um Sommerquote zu machen. Alle Nasen zeitgleich bei »Beckmann« versammelt. Das ist die Höchststrafe:

»Du, Johannes, wir sind heute ja unter uns, ich hab das vorhin den Oliver Geissen und den Jörg Pilawa auch schon gefragt – findest du dich eigentlich genauso toll, wie ich mich finde?«

»Reinhold, entschuldige, dass ich dir so direkt antworte, aber – ich finde mich noch viel toller!«

»Wirklich, Johannes? Mensch – das ist ja toll!«

So einen hätte unser »Bundes-Rudi« auch als Interviewer gebraucht. Kerner, dieser Schmuse-Fuzz, hätte auch den Grottenkick gegen Island noch zu einem Beinahe-Kanter-Sieg erklärt:

»Und, lieber Rudi Völler, als Sie beim Stand von null zu null in der 86. Minute kurz davorstanden, das gefühlte, fast schon neunte Tor für Deutschland miterleben zu dürfen ... das war doch, ich wäre da ausgeflippt – was hat dieses Gefühl mit Ihnen da in diesem Moment eigentlich gemacht? Ich meine, was ging Ihnen durch den Kopf, das muss ja ... haben Sie da auch an Ihren Vater gedacht ... denken müssen ... der ja gesundheitlich schwere Probleme hatte, was Ihnen auch persönlich, glaube ich, sehr nahegegangen ist ... von dieser Stelle aus von uns allen übrigens, und ich denke, das ist ganz selbstverständlich, in so einem Moment, jeder, der Familie hat, wird das nachvollziehen können: gute Besserung! Rudi, und das ist, ich kann nachvollziehen, wie schwer so etwas auf einem lastet – aber Sie haben sich das in der Öffentlichkeit nie anmerken lassen. Gehört das einfach dazu, wenn man in so einer Position steht – das muss doch ungeheuer belasten, trotz allem. Also ich, wenn ich mir das jetzt in der realen Situation so vorstellen würde, für mich, ich glaube nicht, dass ich die Kraft aufbringen würde, bei diesem wahnsinnig emotionalen Druck, der in so einem Moment ja zweifellos da ist, ganz klar, dass ich dann trotzdem so an die Sache an sich, also, an das Spiel, also, an den Fußball, also an unsere Nation, die ein Erfolgserlebnis ja so dringend nötig hat ... man könnte doch fast sagen, ich meine, ich werde jetzt mal vielleicht etwas persönlich, viele unserer Zuschauer wissen das ja gar nicht, aber der Rudi Völler, das sage ich jetzt einfach mal so, das ist ja auch der Mensch hinter dieser fürchterlichen Frisur, der hat ja auch Gefühle, der hat Familie, der hat Kinder, da würde doch jeder verstehen, wenn er sagt: ›Ja, warum eigentlich, warum eigentlich um alles in der Welt, tue ich mir das noch an?!‹ Das würde ich, wenn ich Rudi Völler wäre, gottlob, ich bin das ja nicht, also, verstehen Sie das bitte nicht als Anmaßung oder persönlichen Eingriff in Ihre Privatsphäre, Rudi, aber das würde ich mich schon trauen, mich selbst zu fragen, wenn ich denn selbst Bundestrainer wäre, aber gottlob bin ich das ja nicht. Umso schöner, dass Sie heute bei uns sind ...«

Solche Fragen muss man Rudi Völler stellen. Nicht irgendetwas Laues wie: »Das war, und wir haben es alle gesehen, ein Scheiß-Spiel – wie geht es weiter mit dem deutschen Fußball?«

Dabei haben auch führende Vertreter aus Politik und Wirtschaft positiv aufgejault und den PISA-würdigen Auftritt von Rudi Völler beklatscht. »Käse« und »Mist« und »Scheißdreck« – höchste Zeit, dass mal jemand so etwas öffentlich sagt. Gut, diese Kraftausdrücke wären seiner Mannschaft auch wirklich angemessen gewesen ... die 80 Millionen Trainer an den Stammtischen haben sich natürlich auch gleich eingemischt: »Ich versteh die ganze Aufregung net ... was de Rudi da gesacht hat, des war doch absolut in Ordnung. Also, vom Inhalt. Aber warum er des zu dem Delling und dem Netzer gesacht hat ... des versteh ich net ... zu seine kickende Millionäre hätt er des saache müsse ... schleppe die Millione ab und schaffe nix defür ... wenn so einer meiner wär, der müsst mir emal uff die Baustelle komme ...«

Und dann wird gebellt und geheult. Komisch, wenn man den gleichen Leuten die Frage stellt: »Was würden Sie machen, wenn Sie morgen eine Million im Lotto gewännen?« Gut, dann kommt erst einmal keine Antwort. Denn diesen Conditionalis Irrealis dürfte man in der Fragestellung an die Mehrzahl unserer Bundestrainer natürlich nicht richten, weil sie das nicht verstehen würden.

»Was hat der jetzt gesacht? Paar uff's Maul, oder was?«

Kurze Sätze, gut. Also:

»Morgen gewinnst du eine Million im Lotto. Machst'n dann?«

Das dauert keine Sekunde, schon kommt die Antwort:

»Scheiß ich am nächste Daach meim Chef vor de Koffer. Geh ich mei Lebdaach lang nimmer arbeite.«

Und unsere armen Fußballer, die das Fünf- oder Sechsfache im Jahr verdienen, sollen sich täglich den Arsch aufreißen? Nein, ich finde, wir sollten manchmal etwas pfleglicher mit Randgruppen in unserer Gesellschaft umgehen. Zumal Fußballer mit einer solch für uns fast schon beschämenden Ehrlichkeit ausgestattet sind: Wenn einer der kickenden Wandelanleihen ins Ausland wechselt, der definiert seine Gründe dafür immer so grundehrlich, dass es einem vor lauter Selbstkasteiung die Fußnägel aufrollt: »Es tut mir natürlich vor allem wahnsinnig Leid für die Fans, sag ich mal, ich werde diese phantastische Kulisse natürlich vermissen, das ist eine Atmosphäre, da kriegst du eine Gänsehaut, die, sag ich mal, die findest du auf der ganzen Welt nicht mehr, so was, sag ich mal, aber ›Real Madrid‹, das ist natürlich eine ganz besondere Herausforderung, wo sonst kriegt man in meinem Alter noch einmal die Chance, eine andere Sprache zu erlernen?«

Komisch – ich habe bis jetzt noch gar nicht gewusst, dass man sich mit Geld unterhalten kann. Aber man lernt im Fußball eben nie aus ...

Zu viele auf einmal

Sollte es wirklich dort oben oder wo auch immer etwas geben, das unsere Geschicke lenkt und leitet, dann muss der oder das oder die (glaubt man Alice Schwarzer, ist es natürlich eine Frau, so eine Art Sakral-Merkel, die, als sie den Menschen erschuf, wenn sie Gott gewesen wäre, natürlich eine Frau war, nur geübt hat. Oder so. Diesen Spruch mussten wir auf jeder Party in den 80ern gebetsmühlenartig runterleiern: »Als Gott den Mann erschuf, übte Sie nur.« Mit den Erfolgen werden wir nun täglich konfrontiert: Sonya Kraus, Britney Spears, Claudia Roth, Andrea Nahles oder Alice Schwarzer. Vielleicht hätte Sie, also Gott, das mit dem Üben besser gelassen ...) ... wo war ich jetzt? Ich fürchte, ich habe zu lange geklammert. Ach ja – richtig: Wenn es also, wo auch immer, etwas gibt, das alles lenkt – dann liegt es manchmal ein bisschen daneben, zumindest, was das Timing angeht. Als der Stellvertreter von Ihm oder Ihr, also Johannes Paul II., als der – völlig überraschend – von uns ging ... da hat man der Society aber etwas zugemutet. Im Minutentakt musste sich der Hochadel auf neue Finissagen einstellen. Beim Papst waren sie alle. Bis auf Königin Beatrix der Niederlande. Die hat gefehlt. Typisch. Wahrscheinlich den königlichen Wohnwagen auf der Via Appia ins absolute Halteverbot gestellt, Parkkralle dran. Zack, zu spät zum Final Date. So schnell kann's gehen. Sonst waren alle da. Der gesamte europäische Hochadel. Ganz ehrlich – sie haben mir fast ein bisschen Leid getan. Die hatten aber auch zu tun, in diesen Wochen – gut, wir alle mussten mit dem prominenten Massensterben irgendwie klarkommen. Aber der Adel war besonders gefordert: »Vier Todesfälle und eine Hochzeit«.

Und noch etwas musste zwischendrin sein – das Ereignis von Windsor. Als »Jakob & Adele« – nein: Charles & Camilla … bei denen hast du auch nicht gewusst: Gehen die jetzt zur Hochzeit oder zum Leichenschmaus? Als bei denen dieser schwarze Rolls-Royce um die Ecke kam (der sah doch aus wie ein Leichenwagen), hab ich gedacht: Wen hat's jetzt wieder erwischt? Zwischendurch war dann noch Königin Margarethe vom Südschleswigschen Wählerverband im Bild, da wollte ich auch schon kondolieren im Internet, konnte mich zum Glück noch bremsen, weil sie nur ihren 65. Geburtstag gefeiert hat. Charles musste seinen Hochzeitstag extra verschieben, weil der Erzbischof von Canterbury gesagt hat: »Charles, sorry, aber Freitag bin ich nicht da. Da muss ich zum Papst!«

Und da hat der Kakteenflüsterer, der so gerne als biologisch voll abbaubares Tampon wiedergeboren werden möchte, die Contenance verloren und losgeplärrt: »Ja, ja – geh du nur auch noch! Kommt ja sowieso keiner, wenn ich heirate. Mummy kommt nicht. Daddy kommt auch nicht. Lasst mich nur alle allein!«

Und dann hat er sich schluchzend in die Ecke gesetzt und mit seinem Rhododendron ein Zwiegespräch über die biologische Architektur in der gotischen Spätrenaissance geführt. So einer wird mal König! Keiner weiß wann, ob mit 100 oder mit 110, aber er wird's. Ob im biblischen Alter oder schon vorher, egal. Beim biblischen Alten, also im Umfeld der Beerdigung von JP II., war der Adel geschlaucht. Fürst Rainier von Monaco kam dann auch noch dazu … hat der Adel wieder gestöhnt: »Jetzt müssen wir auch noch nach Monte Carlo!«

Aber die Menschen brauchen das. Sagt man. Das finde ich interessant. Beim Papst sagen sie immer, den brauchen die Menschen heute, alles ist so schnelllebig geworden, da ist ein

Papst wichtig: Einer, der wie ein Fels in der Brandung steht. Das sehen viele Schiffbrüchige anders. Wenn Noah mit seiner Arche damals nicht sanft auf dem Hochplateau des Ararat gestrandet wäre, sondern vorher an einem Fels in der Brandung zerschellt, wäre alles ganz anders gekommen. Wobei ich mich bei der Geschichte mit der Sintflut immer, gerade im Sommer, frage: War es wirklich nötig, dass Noah auch ein Mückenpärchen mit auf die Arche nehmen musste? Und Fürst Rainier – wofür wird der eigentlich bewundert? Dafür, dass er aus einem von Piraten eroberten Fels ein Finanzdienstleistungsimperium geschaffen hat? Zugegeben – an solch einem Fels stranden viele gerne. Bei Rainier hat die Yellow Press auch Mythen hineininterpretiert, von wegen er habe sein Ende schon im Januar kommen sehen, habe minutenlang beim traditionellen Rot-Kreuz-Ball geweint, weil er gewusst hat: Es wird das letzte Mal sein, ich muss nun Abschied nehmen von meinen geliebten Monegassen. Blödsinn. Rainier hat doch jedes Mal hemmungslos losgeheult, wenn er seine Caroline neben Ernst-August gesehen hat. Da hat er sich immer gefragt: »Was habe ich nur falsch gemacht? Was will mein Mädchen nur mit diesem Welfengockel?«

Und dann hat er wieder geweint. Apropos Ernst-August: Der war zwischenzeitlich auch auf der Liste! Da kam der Adel richtig ins Schleudern.

»Mon Dieu – wo sollen wir denn den noch dazwischenschieben?«

Im Minutentakt kamen die Bulletins aus der fürstlichen Klinik: »Der Zustand von Ernst-August ist sehr bedrohlich.«

Gut – das ist der Zustand von Ernst-August auch, wenn er gesund ist. Wahrscheinlich hatten sie ihn nur in die Klinik, um Zwischenfälle bei der Trauerfeier für Rainier zu vermeiden. Man kennt ihn ja, den Etikettencrasher aus Hannover. Da werden die sich gedacht haben: Vorsicht, am Ende schlägert er wieder los, wenn ihm die Predigt zu lange dauert, oder wenn er den Pfarrer falsch versteht ... und seine Blase ist ja auch etwas schwach ... dann steht er auf und strullert hinter den Grabstein ... nee ... da stecken wir den mal lieber zwei Wochen auf der Intensivstation in ein taktisches Koma und stellen ihn ruhig. Die Franzosen lachen über so etwas. Die gehen ohnehin sehr lustig mit dem Ableben von Prominenten um. Zu JP II. hat die *Libération* mit dem Titel aufgemacht:

»Die Messe ist gesungen!«

Und zu Rainier haben sie noch zu seinen Lebzeiten eine schöne Karikatur gebracht: Er klopft an die Himmelspforte:

»Äh, Entschuldigung – ist hier das Paradies?«

Und Petrus antwortet:

»Oui, Monsieur. Aber damit eins klar ist: Bei uns zahlt man Steuern.«

»Liebe ist ...?!«

Das Schlimmste in einer Beziehung sind die Abende, an denen man am flackernden Blick seines Gegenübers erkennt: Da lauert jemand auf ein tiefschürfendes Gespräch:

Wir sollten wieder einmal miteinander reden.

Ganz schlimm. Am besten ein Gespräch mit Tiefgang. Darauf muss man immer Wert legen. Dass das Gespräch Tiefgang hat. Tiefgang ist das Wichtigste. Das ist nun wirklich kompletter Blödsinn. Hätte die »Titanic« etwas weniger Tiefgang gehabt, dann wäre das Beidrehmanöver womöglich in letzter Sekunde doch noch erfolgreich gewesen, und die Unsinkbare wäre an der Katastrophe vorbeigeschrammt. Was soll man nur mit Fragen anfangen wie: »Bist du glücklich?«

Du hast nur zwei Antwortmöglichkeiten – und meistens ist jede falsch. Antwortest du mit: »Nein«, musst du dich stundenlang erklären. Antwortest du mit: »Ja«, hast du, obwohl es der momentanen Situation nicht entspricht, schon wieder ein Problem. Dabei ist alles so einfach: Männer und Frauen passen nun einmal nicht zusammen. Das zu wissen und aus dieser Erkenntnis heraus das Beste zu machen – das ist Glück. Mehr muss man da gar nicht hineingeheimnissen. Mehr ist da nicht. Ich lese wahnsinnig gerne diese blöden *Liebe ist ...?*-Cartoons. Neulich habe ich einen besonders hübschen gefunden: »Liebe ist ... – wenn ihr Bild auf dem Schreibtisch ihn den Arbeitsstress vergessen lässt.«

Aber was will uns dieses klischeebehaftete Bild verraten?

Dass der Mann am Schreibtisch auf das Familienbild starrt, sieht, wie sie ihn anglotzt, weil sie scharf auf ein tiefgründiges Gespräch ist, und sich denkt: »Och ... wenn ich mir dich so anguck ... dann bleibe ich doch noch lieber was länger im Büro und mache ein paar Überstunden!«

Novembriges

Wenn es einen Monat gibt, den es eigentlich gar nicht geben dürfte, dann ist es der November. Der graue Geselle. Entsetzlich. Die unsinnigen Feiertage. Der »Buß- und Bettag« zum Beispiel. Der ist ja quasi abgeschafft, aber irgendwie doch nicht so ganz, eigentlich kein Feiertag – soll aber wieder einer werden. Viele Menschen freut das. Unerklärlich warum. Ein Feiertag im November – wie kann man auf so etwas nur so scharf sein? Was kann man an solch einem Tag schon machen? Im Bett bleiben, gut.

»Du – heute bleiben wir mal den ganzen Tag im Bett, ja?«

Das ist für die meisten schon wieder eine ungeheure Belastung ... spätestens dann, wenn man erkannt hat, dass der Hafen der Ehe, in den man voll gemeinsamer Zuversicht eingelaufen war, in Wahrheit ein Kriegshafen war.

»Feuer frei ... versenkt!«

Man erfährt aber auch viel Wissenswertes im Laufe einer langen Ehe, etwa was langfristig geschlossene Immobilienfonds sind:

»Wenn mich die Alte nimmer ins Haus nei lässt ... heh-ehe ...«

Und wenn Kinder da sind, kommt es oft zu diesem hässlichen Streit:

»Die Intelligenz hat er von mir!«

»Ja, freilich   ich hab meine ja noch ...«

Viele allein verwahrlosende Väter sind am Wochenende immer so verzweifelt, dass sie an hässlichen Kneipentheken

Männchenketten bilden müssen, als stummen Ausdruck des Protests: »Mmmmh ... noch emal des Gleiche ... und en Doppelte noch druff!«

Was soll da noch ein zusätzlicher Feiertag im November?

»Och, Schatz, morgen ist Feiertag, hmmm – du, wir haben schon seit zwei Monaten keinen Sex mehr gehabt!«

»Du vielleicht ...«

Und schon geht's wieder los ... in solchen Fragen hilft uns ja die Wissenschaft ... Neuro-Sexologen in Den Haag haben herausgefunden, dass ein Hauptproblem im sexuellen Bereich, der vorzeitige Samenerguss des Mannes, biologische Ursachen hat. Was sagt mir das? Was bringt mir das? Auch wenn diese Untersuchung von langer Hand vorbereitet wurde? Wissenschaftler in Detroit wiederum haben akribisch belegt, dass Singles und Workaholics schlechter schlafen als Verheiratete. Das bringt als Erkenntnis doch nur die Einsicht: Die Ehe macht müde. Auch wenn sie lange hält. Gute Nachrichten aus dem britischen Königshaus: Queen Elizabeth und Prinz Philip feierten schon vor einiger Zeit Diamantene Hochzeit und marschieren jetzt stramm wackelnd auf die Gusseiserne zu. 60 Jahre lang verheiratet – mit ein und derselben Person! Auch hier hatten Wissenschaftler die Gründe parat, wie man es schaffen kann, so lange verheiratet zu bleiben. Ganz einfach: Während der 60 Jahre eine Scheidung unbedingt vermeiden! Gut, bei Elsbeth und Philip war das einfach: Die beiden haben sich in ihrem Eheleben kaum gesehen – sie immer bei der Parlamentseröffnung, er auf der Fasanenjagd. Viermal mussten sie sich, nach Absprache mit dem Protokoll, zum Kindermachen treffen – und es hat jedes Mal gleich geklappt! Das ist gut so, denn, das haben Wissenschaftler aus La Hague nachgewiesen: Zu häufiger Sex geht an die Nerven. Ein gemischtes Forscherteam aus Finnland und Frankreich bescherte uns diese bahnbrechende Erkenntnis. Gerade die Finnen sind hier Experten: sechs Monate im Jahr dunkel, also quasi ein halbes Jahr Buß- und Bettag am Stück – was sollen sie schon machen? Sex geht auf die Nerven. Belegt wurde diese These mit einem Laborexperiment, das mit Ratten durchgeführt wurde. Also dafür hätte ich keine wissenschaftliche Untersuchung gebraucht. Dass Sex mit Ratten auf die Nerven geht, das glaube ich auch so …

Allgemeine Gewöhnung

Man ist ständig unter Druck. Gerade meine Generation, die Mitt- bis Endvierziger, muss auf so vieles achten, da ist man schnell überfordert. Immer mehr, immer besser, immer weiter, immer höher. Was einem allein die Werbung heutzutage alles abverlangt: »Durex performa« – ein neues Kondom, das nicht nur sicheren, sondern auch besseren und längeren Sex garantiert. Wie das?, hab ich mich gefragt. Ein Kondom für länger andauernden Sex? Haben die mit der Automobilindustrie zusammengearbeitet? Kurz vor dem entscheidenden Moment kommt der Gurtstraffer? Ein Kondom, das verhindert, dass der Mann zu früh kommt ... jetzt warte ich auf die Slipeinlage, die verhindert, dass die Frau sich ständig verspätet. Die Erotisierung der Werbung – das ist Stress pur! Das kann auf Dauer nicht gut gehen. Wir sind damit ja groß geworden. Schon in jungen Jahren war ich so verwirrt, als diese »Always Ultra«-Werbung rauskam. Ich war immer schon schlecht in Sport, deshalb bin ich auch Humorist geworden, doch dann wurde dir in der Werbung vorgegaukelt, mit der »Always Ultra« sei das kein Problem, da könntest du auch an den kritischen Tagen, und die hatte ich immer, wenn Leibeserziehung auf dem Stundenplan stand, auch mal bei einer bevorstehenden Mathe-Klausur, aber kein Problem – wenn du die »Always« hattest, standest du nicht länger im Abseits, da konntest du auf einmal Reiten, Schwimmen, Tennis spielen. Ich hab das mal ausprobiert, kam aber trotzdem nicht über den Schwebebalken, und beim Felgaufschwung bin ich wie üblich wie ein nasser Sack auf die Matte geplumpst ... Hochsprung ...

Kommst auf Latte, kriegst schon Fimf!

Und heute geht der Stress doch weiter: Wenn ich die falsche Halbfettmargarine nehme, bleibe ich dann ein Leben lang allein, ohne Spaß und Erotik? Muss es unbedingt die von »Lätta« sein? Und was habe ich davon, wenn ich mir das Bett nicht nur mit einer Frau, sondern auch noch mit einem anderen Mann teilen muss? Und wieso verschwindet die Frau immer, wenn es gerade spannend werden könnte? Geht zum Kühlschrank und holt die Halbfettmargarine raus? Das will ich jetzt gar nicht zu Ende denken ... nein, es ist eine schwere Zeit für Beziehungen. Ab Anfang 40, da geht das los, da sagt jeder: »Jetzt beginnt ein neuer Lebensabschnitt!«

Und dann wird erst einmal getrennt, auf Teufel komm raus, nicht nur der Müll, auch die Beziehungen. Weil die Leute irgendwie merken, wahrscheinlich war wieder die Werbung schuld, dass das mit diesem heiligen Versprechen: »Bis dass der Tod Euch scheidet ...«, auch nicht mehr stimmt.

Dieser Spruch stammt ja noch aus dem frühen Mittelalter, wo Pest, Cholera und Pocken die Menschen dahingerafft haben, so dass eine Durchschnittsehe ohnehin nie länger Bestand hatte als die berühmten verflixten sieben Jahre. Die frisch vermählten Paare gingen vom Altar weg – und kurz vor dem Durchschreiten des Kirchenportals war einer schon verschieden und dahingerafft. Da konnte man solch ein Versprechen schon mal leichtfertig ins weite Rund husten. Wenn das Ende so absehbar war ...

Hochzeitsbedingte Scheidungen

Eines habe ich noch nie verstanden: Aus welchen Gründen so viele Menschen so oft heiraten, nur um kurz nach der Eheschließung festzustellen, dass nach einer gewissen Zeit doch wieder alles so wird wie zuvor beim ersten, zweiten oder dritten Mal. Müssen die da irgendwas abarbeiten, Vermächtnisse aus einem früheren Leben? Gut, manche lernen aus früheren Erfahrungen, schließen vor der nächsten Eheschließung Verträge. Auch sehr romantisch – man treibt sich wochenlang beim Notar herum, um exakt auszuhandeln, was man später voneinander will oder nicht will. So was nennt man Gütertrennung: »Also, von Montag bis Freitag, zwischen 14 und 18 Uhr, da gehört der begehbare Kleiderschrank mir, damit das klar ist. Danach kannst du da drin machen, was du willst. Doch, das hab ich schriftlich, hier! Übrigens – ich liebe dich, Schatz!«

Das ist doch auch nicht das Wahre. Aber clevere Juristen finden immer einen Ausweg: »Ehegattensplitting«. Der einzige Fall, bei dem das Ehegattensplitting wirklich mal funktioniert hat, war bei O. J. Simpson. Aber anscheinend lässt sich innerhalb der Wertegemeinschaft Familie ohne den Staat auch nichts mehr regeln. Vor 14 Tagen war »Weltfamilientag«, der diesmal der Frau gewidmet war, nach dem Motto:

Die Frau steht im Mittelpunkt!

Ist es nicht erstaunlich, wie viel mittlerweile für die Frauen getan wird? Angefangen hat das alles vor knapp 20 Jahren mit den gesonderten Tiefgaragenparkplätzen. War nicht so ganz

durchdacht, weil potenzielle Vergewaltiger dann sofort wussten, wo sie hin müssen. Aber in diesem Jahr kam es sogar zu einer Revolution in der Wettervorhersage. Tiefdruckgebiete dürfen nicht mehr nach Frauen benannt werden. Eigentlich schade bei dem Satz: »Das Tief Angela sorgt in den nächsten Tagen für dichte Schleierbewölkung ...«

Treffender hätte man eine Presseerklärung unserer Kanzlerin doch gar nicht schreiben können ...

Rettungsversuche

Zuständig für Familienangelegenheiten in unserer phantastischen Großen Koalition, der narkotisierenden Kuschel-Combo, ist die Super-Nanny im Kabinett – Ursula von der Leyen. Die Unions-Barbie, die alles in Grund und Boden lächelt, das Wurfwunder aus Niedersachsen ... wenn die beim Arzt ihren Mutterpass vorlegen soll, dann knallt sie einen Brockhaus auf den Tisch. Was haben ihre Fans, der »Leyens-Club«, sie hochgejazzt, von wegen was diese Frau sich traut, wie sie all das mutig umsetzt, was das Verfassungsgericht schon der rot-grünen Regierung zur Umsetzung zwingend vorgeschrieben hat. Ursula von der Leyen, das modernste, was die Union seit ihrer Gründung zu bieten hat ... ich weiß nicht. Gut, sie hat ihre Frisur etwas aufgelockert. Am Anfang habe ich mich jedes Mal, wenn ich sie im Fernsehen erblicken durfte, gefragt: In welcher Serie bin ich denn jetzt gelandet – bei *Unsere kleine Farm*? Und kaum sagt sie etwas, dann weißt du: Es *ist Unsere kleine Farm*. Bei jeder Pressekonferenz von ihr warte ich am Ende immer, dass sie mit dem Satz schließt: »Und nun backe ich uns allen noch einen schönen Hefezopf!«

Alle bewundern sie, ihren kämpferischen Einsatz für die Krippenplätze! Schon im Jahr 2013 soll es möglich sein, dass 25 Prozent der Zwei- und Dreijährigen einen garantierten Krippenplatz bekommen sollen. Wow! Schon 2013! Nicht nur, dass der Rest Europas sich wieder einmal schlapp lacht über uns, auch die Paare überlegen sich jetzt: Machen wir ein Kind oder machen wir keins? Die reiben sich auch verwundert die Augen: »2013? Da wird unser Kind doch eingeschult. Dann brauchen wir auch keinen Krippenplatz mehr.«

Nein – sie kämpft. Sie macht einen tollen Job. Vorbildlich ihr Einsatz für das Elterngeld. Die tolle Reform der Familienförderung. Da haben sich alle auf die Schulter geklopft, sich gegenseitig eingespeichelt, was für ein toller Kompromiss ihnen da, in Eckpunkten, gelungen sei. Weil die Union darauf bestanden hatte, auch die klassische deutsche Familie, also Vater im Beruf, Mutter zu Hause, zusätzlich zu fördern, muss jetzt im Steuerrecht an einer hochkomplexen Sonderregelung gebastelt werden. »Haushaltsnahe Dienstleistungen« sind jetzt nur für die ganz Kleinen unter drei Jahren absetzbar und dann erst wieder für die Älteren von sieben bis 14 Jahren. Für Drei- bis Sechsjährige werden nur die Gebühren für Kindergärten und Ganztagesbetreuungsstätten, die es momentan noch gar nicht gibt, als Sonderausgaben anerkannt. Ganztageskindergartenplätze kann man auch als steuerlich abzugsfähig geltend machen, falls man einen Betrag zahlen kann für einen freien Platz, den es gar nicht gibt, weil er auf Jahrzehnte hinaus belegt ist. Eine neue Behörde haben sie natürlich schon geschaffen, um das komplizierte Verteilerschlüsselsystem auszuarbeiten. Möglichst mit einer Außenstelle in Bonn, damit die Shuttle-Flieger nach Berlin auch weiterhin gut ausgelastet sind und die »Deutsche BA« keine roten Zahlen schreibt, der Exklusiv-Carrier unserer Parlamentarier. Der gehörte eine Zeit lang dem Anzugkönig Rudolf Wöhrl, dessen Frau Dagmar ganz zufällig für die CSU im Bundestag sitzt und vor lauter Ausschuss-, Berater- und Kommissionspöstchen gar nicht mehr weiß, wann sie ihrer eigentlichen Aufgabe nachkommen soll, die sie bezahlenden Bürger zu vertreten. Aber den Shuttle-Deal einzufädeln, das hat gerade noch geklappt. Als sie in der Großen Koalition den Posten der Luft- und Raumfahrtkoordinatorin hätte besetzen sollen, auf freundliche Empfehlung ihres Parteifreundes Michael Glos, hat die Lufthansa allerdings gemeint: »Was zu viel ist, ist zu viel.«

Kleinlaut maulend hat sie sich dann auf einen neuen Posten wegloben lassen: Jetzt ist sie die Hafenbeauftragte der Großen Koalition. Unsere Bundesregierung leistet sich eine Hafenbeauftragte! Und diesen Posten besetzt Dagmar Wöhrl – von der CSU. Wenn es eine Partei gibt im Land, die sich mit Häfen auskennt, dann sind es die Almdudler ... aber ich war ja noch bei der anderen Wonder-Woman der Regierung: Ursula von der Leyen und ihrer Familienpolitik. Binnen weniger Tage ist ein bürokratisches Monster entstanden, das seinesgleichen sucht. Dabei hatte doch die Schirmherrin aller Wonder-Women, unsere Volkskanzlerin, kurz nach ihrem Amtsantritt getönt: »Ich werde den Abbau der Bürokratie zur Chefsache machen!«

Seither spüren wir stündlich, wie es die Fesseln von uns sprengt ...

Die Familienministerin Ursula von der Leyen strahlt, wenn sie vor die Kameras huscht, mit ihrem festgetackerten Lächeln. Nur wenn sich leise Kritik in ihre Nähe schleicht, ob sie denn irgendwann einmal darüber nachdenken könnte, etwas gegen den wachsenden Rechtsextremismus bei Jugendlichen im Osten zu unternehmen, und warum sie sich denn die Programme so radikal hat zusammenstreichen lassen – nur dann kuckt sie in unbeobachteten Momenten so, als wäre sie beim Ausritt von einem ihrer Ponys gefallen. Dann kommt die Antwort wie aus dem Ärmel geschüttelt, wir alle seien gefragt, und Eigeninitiative und Zivilcourage und – womöglich wird es irgendwann sogar als Erfolg der ehemaligen DDR gewertet, dass viele Mütter ihre Neugeborenen aus Furcht vor späteren Gewalttaten gleich in Blumenkübel getopft oder in Tiefkühltruhen gesteckt hatten, bevor die Racker sich zu hässlichen Glatzen hätten entwickeln können. Zu dumm aber auch, dass solche Themen in das Aufgabengebiet einer Familienministerin fallen müssen. Damit lassen sich nicht so glanzvolle Auftritte inszenieren wie mit dem Elterngeld. Was haben sie Madame dafür gefeiert, für das Elterngeld! Zwölf Monate. In manchen Fällen sogar 14 Monate, wenn auch die Väter Dienst am Kind schieben.

Elterngeld. Ein Fest. Dass sie damit nur geschickt vom Kernproblem ablenken konnte – dass nämlich das Elterngeld keine Erfindung von ihr persönlich ist, sondern nur etwas ersetzt, was es zuvor schon gab, das Erziehungsgeld. Das wurde sogar 24 Monate lang ausgezahlt, vornehmlich allerdings nur an sozial Schwache, die dadurch auf einen Schlag 3000 Euro weniger zur Verfügung haben. Das stört Frau von der Leyen natürlich nicht, wenn sie hoch zu Ross in ihre heile Welt hineinreitet. Die Realität hält sie nicht davon ab, tränenrührend bei der Bambi-Verleihung die Laudatio auf Königin Silvia von Schweden zu halten, die aus ihren Händen das Ehren-Bambi in Empfang nehmen durfte, weil sich die Königin weltweit für die Bekämpfung der Kinderarmut einsetzt, während bei uns dank der progressiven Reformen des Familienministeriums mehr Kinderarmut entsteht, die dann vielleicht von der schwedischen Königin kritisiert werden darf – ob solcher Verlogenheit hat selbst das goldene Reh Brechreiz bekommen. Und Ursula von der Leyen, das »Röschen von Hannover«, hat wieder ihr Glamour-Lächeln aufsetzen dürfen. Sie hat auch eine große Aufgabe zu erfüllen: Sie muss dafür sorgen, den Deutschen das Gebären wieder schmackhaft zu machen. Dafür trommelt sie landauf, landab – diese Unlust am Kinderkriegen, es ist doch gar nicht so schwer, gerade an ihr selbst, siebenfache Mutter, da könnte man doch sehen, dass es sehr wohl möglich ist, Beruf und Familie zu vereinbaren. Klar geht das – wenn man zwei Butler hat, drei Kindermädchen, eine ständig wechselnde Fahrbereitschaft, sich um die Altersversorgung keine Gedanken mehr machen muss – da geht vieles. Kekse werden auch lastwagenweise kostenlos angekarrt von Bahlsen, in der Dynastie hat früher ihr Vater gearbeitet – das wird auch der Grund für ihr permanentes Grinsen sein: Wahrscheinlich hat sie sich als Kind die »Prinzenrolle« immer quer eingeschoben. Das war ihr mutiger Protest gegen das Elternhaus, denn die »Prinzenrolle« war von »De Beukelaer«.

Das war jetzt ein etwas weitreichender Exkurs. Ich war doch bei den Beziehungen. Dass das Ende einer solchen unmittelbar bevorsteht, merkt man oft an den kleinen Wahrheiten zwischendurch. Wenn sie die Frage stellt: »Sag mal ... was würdest du eigentlich sagen, wenn ich dir sagen würde ... dass ich einen anderen habe?«

Es folgt eine lange, bedeutungsschwere Pause, bis es ihm entseufzt: »Der arme Kerl ...«

Komisch, dass Frauen immer kurz vor der Eheschließung Rotz und Wasser heulen. Männer weinen immer erst hinterher ... gut, man sollte sich diesem Phänomen vielleicht eher von der wissenschaftlichen Seite her nähern.

Ein Gutes hat eine Hochzeit allerdings: Man wird dadurch statistisch drei Jahre älter. Eine US-Studie hat herausgefunden, dass verheiratete Männer weniger herzinfarktgefährdet sind, weil sie mit chronischem Stress am Arbeitsplatz besser umgehen können. Die sind geübt! Das ist doch logisch. Und was heißt Stress am Arbeitsplatz? Man sieht diesen glücklichen Glanz in den Augen vieler verheirateter Männer, wenn sie sich morgens zum Arbeitsplatz schleppen: »So, wenichstens e paar Stund hab ich jetzt mei Ruh!«

Studien, Statistiken – es wird heute alles untersucht, ob es einen nun interessiert oder nicht, ob es gesellschaftlich relevant ist oder einem völlig am Arsch vorbeigeht: Zum Beispiel sind ein Drittel aller Zuchtnerze, die in Pelztierfarmen gehalten werden, verhaltensgestört. Bei den Frauen, die diese Nerze später tragen, sind es 100 Prozent. Frauen und ihre Präferenzen – 74 Prozent wollen eine harmonische Beziehung, in der sie sich selbst entfalten können, 69 Prozent ein glückliches Familienleben, ohne auf selbstbestimmende Verwirklichung zu verzichten, und 32 Prozent aller repräsentativ befragter Frauen wünschen sich eine erfüllte Sexualität und finanzielle Unabhängigkeit. Das ist alles schon wieder so kompliziert. Da ist der Mann einfacher gestrickt: »Ich will Geld, guten Sex und meine Ruhe! Dazu brauche ich gar keine Befragung.«

Diese Umfrage wurde übrigens von einer neuen Frauenzeitschrift veröffentlicht: der *Brigitte Woman*. Da muss man sich fragen: Für wen war eigentlich die normale *Brigitte* vorher, mit ihren dreimonatigen Kartoffeldiäten, Peelingkursen und Gurkenmaskenaquarellen, die dazu führen, dass die Männer irgendwann vor solch *Brigitte*-mäßig formvollendeten Frauen wie Uschi Glas schreiend Reißaus nehmen?

Brigitte Woman – das ist so etwas Ähnliches wie der weiße Schimmel. Ein Pleonasmus ... für alles gibt es heute Fachzeitschriften. Im Bahnhofskiosk, was heißt Kiosk, in der »Relay«-Kette im Einkaufsparadies mit Gleisanschluss, da habe ich mal in einer Ecke das Fachmagazin *Die Rute* entdeckt. Erst habe ich gedacht, schon wieder ein neues Gay-Magazin ... war aber nur Deutschlands führende Fachzeitschrift für Angler.

Zwischenmenschlich läuft noch immer die alte Diskussion: Wann ist ein Mann ein Mann, wann ist er ein Weichei, wann ein Macho – und was davon wollen die Frauen wirklich? Auf einen wie Dieter Bohlen scheinen sie ja immer zu fliegen. Zumindest eine Zeit lang. Naddel und Verona – gut, wenn man sich die Möpse mit Silikon aufpumpen lässt, anstatt erst mal einen anderen Hohlraum ein bisschen abzudichten ... irgendwo fehlt es dann halt. Ich weiß auch nicht, ob die Frauen letztlich zufrieden sind mit dem, was sie aus uns Männern in jahrzehntelangen, zermürbenden Kämpfen gemacht haben. Wir haben so vieles lernen müssen, auch völlig Artfremdes – aber ein Mann, der in der Lage ist, »Toppits«-Frischhaltefolie unfallfrei und ohne zu fluchen, einfach so ab- und um ein Stück Ananas zu wickeln, tut mir Leid – das ist kein Mann. Für so etwas waren wir genetisch bedingt nie vorgesehen. Ein Mann, der Frischhaltefolie abwickeln kann, den Müll runterbringt, bügelt, kocht, womöglich noch die Spülmaschine richtig einräumt und ständig im Haushalt hilft – so ein Mann verliert nach einer gewissen Zeit für jede Frau an Reiz. Wie die Frau umgekehrt für den Mann auch, wenn sie all diese Dinge *nicht* macht ...

Hitlisten

Muss denn wirklich alles untersucht werden? Gibt es denn keinen kleinen Rückzugsraum der Intimität mehr? Über alles müssen wir Bescheid wissen, noch das letzte kleine Geheimnis wird entmystifiziert. Und veröffentlicht. Neulich, es war irgendwo zwischen Fulda und Kassel-Wilhelmshöhe, war mir langweilig, und ich habe ein wenig geblättert: in der *Super-Illu*. Ein tolles Blatt. Die *Super-Illu* ist die *Praline* für die Ost-Bronx. Der hat nicht nur unsere geschmeidige Volkskanzlerin einiges zu verdanken – lange vor all ihren Ehrendoktortiteln und europäischen Huldigungsbeweisen hat die *Super-Illu* ihren für die Geschichtsbücher einzigartigen Stellenwert erkannt und ihr ihren Medien-Preis angedeihen lassen: die Goldene Henne. Ganz ehrlich – ich beäuge die nüchtern operierende Naturwissenschaftlerin aus dem Osten stets mit einem kritischen Auge, aber ich hätte es niemals gewagt, unsere couragierte, engagierte, solidarische, selbstlos und rastlos nur dem Volkswohl verpflichtete Femme des Reformes so zu bezeichnen. Als Goldene Henne. Andererseits sage ich mir aber: Jeder Preis sucht sich immer den Träger, der zu ihm passt. Und die *Super-Illu*, das war meiner blätternden Langeweile zu verdanken, hatte etwas ganz Tolles veröffentlicht: die »Hitliste der Phallussymbole aus weiblicher Sicht«. Wenn man jemals etwas wirklich veröffentlicht wissen wollte, dann das. Auf Platz eins die Banane. Aha. Der Hitliste war nicht zu entnehmen, ob geschält oder ungeschält, aber immerhin auf Platz eins. Unmittelbar gefolgt von der Zigarre. Da hat der Clinton-Effekt wohl eine nicht zu unterschätzende Rolle gespielt. Auf Rang drei die Gurke, und da hat mir die *Super-Illu* dann die Information mitgeliefert, die mir bei der Banane gefehlt hat:

Nicht die im Glas!

Schon da war ich geneigt, mich wieder dem Faltblatt *Ihr Fahrplan* als Erbauungslektüre zuzuwenden, blieb dann aber doch gebannt an der Hitliste hängen. Auf Platz vier der Phallussymbole: Ein Zug, der in einen Tunnel einfährt. Ich geriet ins Schleudern. Ein Zug, der in einen Tunnel einfährt, als erotisches Highlight? Also, ich weiß nicht ... jedes Mal, wenn ich meine Modelleisenbahn aufgebaut hatte, war es für mich das Schlimmste, wenn die Lok zu schnell in den Tunnel einfuhr und entgleiste. Auf Platz 17 war interessanterweise der »Edding-Stift« ... ich hätte mir da als Zusatzinformation gewünscht: ungeöffnet.

Ich hätte mich dann gedanklich wieder nahe bei den Gurken (nicht die im Glas!) gefühlt. Bei dem Edding-Stift hab ich dann endgültig aufgehört, diese Studie ernst zu nehmen. Obwohl sie mir noch verraten hat, dass der Begriff Morgenlatte aus der erotischen Hitparade herausgerutscht ist. Mit Morgenlatte verbindet man, laut der *Super-Illu,* nur noch den aufgeschäumten Milchkaffee, der vor 12 Uhr mittags getrunken wird ... und der ist auch ohne *Super-Illu* nicht erotisch, der nervt! Weil es endlos lange dauert, bis das Gegenüber, dem man am frühen Morgen möglichst rasch entfliehen will, endlos lange braucht, bis sie ihn endlich ausgetrunken hat.

Multiple Eheschließung

Wieder treibt mich die Frage um: Wieso heiraten Menschen so oft, wenn sie doch wissen müssten, dass sich nichts Entscheidendes ändert. Gut, es bringt gewisse Vorteile: Man hat wieder für eine gewisse, überschaubare Zeit jemanden, dem man die Schuld an irgendetwas zuschieben kann. Vergessen wir all diese Schauermärchen über Liebe, Schwingungen oder steuerliche Gründe ... die Schuld auf jemanden abwälzen zu können, das allein zählt. Nur in der alternativen *taz* findet man noch so gefakte Anzeigen: »Frau mit heiterer Skepsis sucht einen Partner zum Kuscheln.«

Was soll das? Was bitte ist eine heitere Skepsis? Wenn die Frau sagt: »Ach, eigentlich möchte ich mich am liebsten aus dem Klofenster stürzen – aber da passe ich ja nicht mehr durch!«

Keine Ahnung. Überall Verunsicherung. Auch bei uns. Die Schnelllebigkeit. Der Turbokapitalismus. Die Globalisierung. Früher war alles so übersichtlich – da hast du genau gewusst: Beim Tchibo gibt's Kaffee. Heute heißt es: »Ah, du gehst zu Tchibo – bring mir ein paar Dessous mit!« Und dann stehst du verzweifelt vor dem Regal, bemüht, keinen Fehler zu machen. »Wie wollt sie die jetzt? Gemahlen, oder ...?«

Und egal, wie du es machst – du machst es schon wieder falsch ... bei den Frauen sowieso, was einem jedes Stammtischgespräch bestätigen wird.

»Da hast du mal schön Recht ... entweder es kommt die Richtige zum falschen Zeitpunkt. Oder die Falsche erwischt dich zum richtigen Zeitpunkt. So isses mir jedes Mal gegange.«

Aber es gibt ja auch Beruhigendes für uns Männer. Die Fachzeitschrift der laktierenden Einheiten, die *Brigitte,* hat eine Umfrage veröffentlicht, die auch die Frauen beruhigt. Von wegen Männer wollen immer nur das eine. Stimmt gar nicht. 55 Prozent der Männer halten Humor in einer Beziehung für wichtiger als Sex.

»So? Ich kenn des nur umgekehrt. Jedes Mal, wenn's so weit war, und die hat mich e bisje genauer angeguckt, dann hat sie gelacht.«

Männer halten Humor in einer Beziehung für wichtiger als Sex. Humor ist für uns Männer wichtiger als ... Klar. Und die Erde ist eine Scheibe.

Nine-Eleven

Eine Frage wird zu jedem runden Gedenktag wohl auch in Jahrzehnten noch gestellt werden: »Wie haben Sie damals den 11. September erlebt?« Bis dahin war die Top-Gedenkfrage: »Wie haben Sie den Fall der Mauer erlebt?« Angela Merkel hat ihn verpennt. Sie war in der Sauna.

Der 11. September – ich hab das erst gar nicht richtig geschnallt. Ich hatte den Fernseher laufen, aber auf stumm geschaltet, um ungestört Musik hören zu können, ab und zu habe ich auf den Bildschirm geschaut: brennende Häuser, das hat mich erst gar nicht weiter berührt, weil am Tag zuvor war in den Nachrichten immer über einen Bordellbrand in Bangkok berichtet worden. Ich war nur verwundert, dass sich dieses Thema so lange in den Nachrichten hielt. Dann stieg ich ins Auto, um nach Groß-Gerau zu fahren, geschlossene Veranstaltung, um eine Handvoll Kreisräte in den Ruhestand wegzuschmunzeln. Auf der A3 wurde ich dann von SWR3 informiert, hörte wieder und wieder die dämliche schnarrende Kleinjungentexanerstimme von George W. Bush: »America is under attack.«

Im Landratsamt von Groß-Gerau saßen ziemlich viele Menschen ziemlich ratlos in der Gegend rum, nachdem auch noch das Gerücht die Runde machte, die Terroristen hätten auch das Capitol dem Erdboden gleichgemacht. Daraufhin wurde die Veranstaltung abgesagt, und ich bin wieder nach Hause gefahren. Der 11. September. Nine-Eleven.

Und es war so ein schöner Tag, strahlend blauer Himmel,

ein Wetter, wie man seitdem immer wieder sagt, ein Wetter zum Flugzeuge entführen oder Märtyrer zeugen. Und danach war was los! Am Anfang waren alle sprachlos. Geschockt von den Bildern. Ich habe auch erst gedacht: Boh, da hat der Spielberg aber tolle Effekte eingebaut – aber wann bitte kommen Arnold Schwarzenegger, Sylvester Stallone oder Bruce Willis, um das Ganze aufzulösen und Gut und Böse voneinander zu sprengen?

Nichts. Niemand in Sicht. Sie kamen nicht. Sylvester Stallone ist ohnehin mittlerweile in einem Alter, in dem er sich mehr mit seiner Prostata befassen muss, Bruce Willis hatte nichts als Zoff zu Hause, führte seinen persönlichen Dschihad mit der Gerade-Noch-Ehefrau und unzähligen Exgeliebten oder umgekehrt, und Arnold Schwarzenegger stolperte nur noch in billigen Werbespots für E.on herum, die uns mit umweltfreundlichem Wasser- und Solarstrom locken wollen, gleichzeitig aber ganze Regionen mit Atomkraft aus Temelin beliefern, einem maroden Kernkraftwerk in Tschechien, das uns demnächst, wenn wir nicht aufpassen, um die Ohren fliegen dürfte. Ganz ohne Terrorattentat: »Temelin is under attack!«

Aber interessante Bilder wird es wohl auch geben. Falls nicht das eintritt, was führende Politiker am 11. September gebetsmühlenartig, wie in einem pawlowschen Reflex, prophezeit hatten: das große Umdenken: »Das ist ein Tag, der die Welt verändern wird.«

Schäuble fängt gerade erst an, diesen Gedanken umzusetzen ... Nine-Eleven – auf einmal waren wir alle solidarisch. Gut, das waren wir vorher eigentlich auch schon. Amerika zuliebe haben wir die Nacht vor Allerheiligen abgeschafft und durch Halloween ersetzt. Mancherorts werden schon keine ewig brennenden Ölkompositionslichter mehr auf die Gräber gestellt, sondern Kürbissfratzen, die einen seltsamerweise immer an Dick Cheney erinnern. Solidarität! Reihenweise began-

nen die Menschen nur noch bei McDonald's zu essen, nachdem George W. Bush, der Besonnene, der Entschlossene, der
Betroffene, die Puppet on the String von irgendeiner Oil-Com-
pany aus Texas, gemahnt hatte: »Wer nicht auf unserer Seite
isst ... isst auf der Seite der Terroristen!«

Oder so. Wir waren dabei. Vorauseilend im Gehorsam. Das
können wir Deutschen. Da macht uns so schnell keiner etwas
vor: Meister sein in der schnellen Hysterie und Meister im Be-
troffensein. Da machen wir alle mit, da sind wir dabei. Hört
man sogar in den Verkehrsdurchsagen: »Betroffen davon sind
auch die Autobahnen.«

Das war aber auch eine Aufregung in den ersten Tagen nach
den Direktflügen in die Büros des WTC – schon, wenn einem
nur die eher harmlose Frage gestellt wurde: »Sag mal, was ist
denn los? Wieso ist dein Handy dauernd aus?« Und du hast,
auch eher harmlos, geantwortet: »Mein Akku ist leer. Bin laden!« Schwupps – stand der Verfassungsschutz neben dir und
hat einen potenziellen »Schläfer« vermutet. Und dann lief
sich die Polit-Armada der Berufsbetroffenen warm, mit ihrem
Aufruf zur besinnungslosen, äh, zur *bedingungslosen* Solidarität mit den USA. Brieftaubenzuchtvereine erwogen, ihre Jahreshauptversammlung abzusagen, ließen sie dann aber doch
stattfinden, um sich dem Terror nicht zu beugen. Ein deutliches Zeichen gegen gewaltbereite islamistische Fundamenta-
listen!

Ja, seit Nine-Eleven, seit dem Tag, der die Welt verändert hat,
ist alles anders. Das Klima ist gerettet, der Hunger weltweit einer gesunden Ernährung gewichen, und sämtliche Lohngefäl-
le sind beseitigt. Na ja, noch nicht ganz. Aber das wird schon
noch ...

Krisen der Freundschaft

Nach der großzügigen Bekundung der »Uneingeschränkten Solidarität«, von der Gerhard Schröder vor laufenden Kameras schmalzte, und dem abgehusteten Betroffenheitsschwachsinn von Peter Struck: »Ab jetzt sind wir alle Amerikaner!«, war es dann allerdings überraschend, wie schnell Rot-Grün nach der uneingeschränkten Solidarität auf uneingeschränkte Distanz ging. Gut, dafür gab es schwerwiegende Gründe – es war Wahlkampf in Deutschland. Und da hatte der Kanzler der Friedenspartei SPD, die er friedensstiftend in Kosovo-, Balkan- und Afghanistaneinsätze geführt hatte, die transatlantische Notbremse gezogen. Martialisch hatte er im Sommer 2002 verkündet, andere Themen, mit denen er hätte punkten können, lagen nicht auf der Straße, und das wiederholte Jahrhunderthochwasser war noch nicht absehbar, und auf dem Marktplatz zu Goslar fuhr urplötzlich der Friedensgeist in ihn ein: »Und, liebe Freundinnen und Freunde, das sage ich ganz klar: Es gibt keine deutsche Beteiligung bei einem Kriegseinsatz im Irak.«

Ich habe mir da gedacht – abwarten. Lass die Wahlen rum und Edmund I. gescheitert sein, dann wird unser Wackelkanzler weicheiernd, oder wie es im Politikersprech heißt: »diplomatisch«, verkünden: »Natürlich habe ich im Wahlkampf, öhm, gesagt, und dazu stehe ich nachgerade außerordentlich, dass ich eine Truppenentsendung deutscher Soldaten als außerordentlich kritisch betrachte. Aber wir haben nun eine völlig veränderte Sachlage, liebe Freundinnen und Freunde –

zum einen haben wir die Wahl gewonnen, öhm, und zum anderen ...«

Aber nein – er stand zu seinem Wort. Danach waren unsere Beziehungen zu Amerika dauergefrostet. Bush gab sich nur noch mit der B- und C-Riege deutscher Hinterbänkler ab, die im Stundentakt zu empfangen er sich bemüßigt fühlte. Es hatte lange gedauert, bis die beiden Staatschefs einmal wieder wenigstens miteinander telefoniert hatten ... und dann, von der Weltöffentlichkeit ungläubig bestaunt – die Versöhnung beim NATO-Gipfel in Prag. Die Welt hat gejubelt: Der Händedruck von Prag – gut, Bush wäre ein neuerlicher Prager Fenstersturz sicher lieber gewesen, aber egal. Auch der schneidige US-Botschafter in Berlin, Daniel Coats, hatte danach angemerkt, trotz des verlogenen Harmonie-Fotoshootings: »Das Klima ist vergiftet!«

Da hab ich nur gedacht – tja, Jungs, ein spätes Eingeständnis, aber vielleicht noch nicht zu spät. Pustet einfach mal ein bisschen weniger CO_2 in die Atmosphäre, dann wird's vielleicht wieder. Daniel Coats ... eine ganz große Nummer. Er hatte messerscharf erkannt: »Die Haltung der Europäer zum Anti-Terror-Kampf der USA wird sich ändern, wenn es auch hier Anschläge gibt wie am 11. September in den USA. Ich hoffe und bete dafür, dass den Europäern diese Lektion erspart bleibt.«

Moment mal, Coats, habe ich mir da gedacht, das verstehe ich jetzt nicht so ganz: Wenn den Europäern, wie du hoffst, diese Lektion erspart bleibt – wieso sollte sich dann deren Haltung ändern? Worauf spekulierst du jetzt? Was soll passieren? Und wen wird das FBI mit der Durchführung beauftragen? Es gab ja im Vorfeld der Bundestagswahl 2002 leichte Unstimmigkeiten. Die Kandidatenfrage der Union war nach dem Killerfrühstück von Wolfratshausen gelöst – Angela war abserviert, wie 1980 der Dicke durch Franz Josef Strauß, der so indirekt dafür sorgte, dass nach seiner vergeigten Wahl Helmut Kohl dieses

Land 16 Jahre lang mit seiner bräsigen, reformverweigernden Pfälzerei in die Schlusslichtposition Europas taumeln lassen konnte.

Edmund Stoiber wurde zum Kanzlerkandidaten gekürt. Hinterher gab es die wirklich wichtigen Details für die interessierte Öffentlichkeit: Die Gattin des Kandidaten, Karin Stoiber, wurde befragt, was es denn zum Frühstück gegeben hätte, und bereitwillig gab sie Auskunft: Marmelade, belegte Brötchen und – wie überraschend für ein Frühstück – Kaffee. Verschmitzt gab sie dann noch zu Protokoll, dass selbstverständlich sie mit der Entsorgung der Frühstücksreste beauftragt war, was sie auch gerne und selbstlos erledigt hätte, denn, so ihr kurzer Einblick ins Privatleben, für ihren Edmund wäre das nichts – er wüsste schließlich bis heute nicht, wie man die Spülmaschine richtig ein- und ausräumt. Aha. Aber der Kandidat war gekürt. Am 11. Januar 2002. An One-Eleven! Am vierten Monatsgedenktag von Nine-Eleven. Da hat, zeitgleich, George W. Bush vor lauter Schreck eine halbe Brezel verschluckt. Und wäre fast daran erstickt! Helle Aufregung herrschte: eine Killer-Brezel im Weißen Haus. Ein Al-Qaida-Kipferl im Oval Office: »The terrorists! An attack of the terrorists! America is under attack!«

Sondermeldungen bei CNN, sämtliche Nachrichtensender unterbrachen ihre Programme – eine lausige Laugenbrezel, wahrscheinlich aus Bayern, stürzte den mächtigsten Mann der Welt für mehrere Minuten in eine tiefe Ohnmacht. Ein Gottesgeschenk! In diesen Minuten konnte der Rest der Welt einmal kurz durchschnaufen. Das Haus der Irren in Washington war für ein paar Minuten handlungsunfähig. Man hätte den Brezellieferanten sofort für den Friedensnobelpreis vorschlagen sollen. Was für eine Aufregung: Eine talibanöse Brezel konnte sich im Zentrum der Macht in den Schlund von George W. Bush krümeln, weshalb Verteidigungsminister Rumsfeld mit Vergeltungsschlägen gegen sämtliche Bäckereien und Teig-

fabriken im Irak drohte. Einmal Bagdad gehört und falsch verstanden – schon waren alle »on alert«. Und das alles nur, weil
sich an diesem Tag die Wege zweier großer Politiker gekreuzt
hatten. Die von Dabbeljuh und Edmund Stoiber: Der eine zu
dumm zum Brezel essen, und der andere, wie uns seine liebe
Frau Karin mitteilen ließ, zu blöd, um dreckiges Geschirr in die
Spülmaschine zu räumen. Solche Gestalten regieren die Welt!

Die Welt liebt ihn

Wie beliebt ein Politiker ist, merkt man meist daran, wie streng er bewacht werden muss, damit potenzielle Liebhaber ihm nicht zu nahe kommen. Unvergessen der große Staatsbesuch von George W. Bush in Mainz. Davon war ich, im Rhein-Main-Gebiet zu Hause, besonders betroffen. Am Vorabend dieses großen Politevents musste ich mich vom Hauptbahnhof in Frankfurt mit dem Taxi nach Aschaffenburg bringen lassen, weil Züge aus Sicherheitsgründen nicht mehr fahren durften. Am Steuer saß ein iranischer Taxifahrer – wir haben uns gegenseitig mit Sympathiebekundungen für George W. Bush nicht gerade überboten. Der Taxifahrer nicht aufgrund seiner Herkunft, ich auch nicht, weil ich statt des preisgünstigen Rhein-Main-Verbundtickets die teure Taxivariante wählen musste, insgeheim aber froh war, trotz des anstehenden Staatsbesuchs in einem freien Land überhaupt noch nach Hause zu kommen. Was für ein Aufwand! Autobahnkreuze wurden gesperrt. Bahnreisende untersucht – schon am Vortag war ich Opfer. Mein ICE stand, als ich nach Köln wollte, außerplanmäßig auf offener Strecke bei Hanau – wo sonst? –, weil ein Truppentransport mit grenzdebilen GIs, die zum Pflichtwinken nach Wiesbaden abkommandiert waren, Vorrang hatte. Die GIs hatte es sicherlich gefreut. Das ganze Jahr in Hanau. So hässlich, die Barackengegend dort. Okay – Wiesbaden-Erbenheim, der Zielpunkt der Reise, ist auch nicht viel schöner, aber auf der Durchreise konnten sie wenigstens einen Blick erhaschen auf – Offenbach. Das ist ein Fortschritt. Ich hatte wäh-

rend des Zwangsstopps auf freiem Feld nur einen Fehler gemacht, vorher zu viel Wasser getrunken, ich musste aufs Klo –
und ich hatte mich schon gewundert: Warum wird es unter
mir auf einmal so warm? Haben die, aus Sicherheitsgründen,
von unten die Öffnung zugeschweißt. Zurück im Großraum-
waggon, auch nicht viel besser – hatte einer der Bombensuch-
hunde mein Wurstbrötchen gefressen. Welch ein Aufwand für
diesen eingeflogenen Depp. Auf der Fahrt nach Köln habe ich
nur überlegt: Als die G-8-Gipfel noch G-7-Gipfel waren, mit
Russland als Zusatzzahl – sechs Jahre, bevor Deutschland wegen des beliebten Staatsgastes Dabbeljuh in einen Hochsicher-
heitstrakt verwandelt wurde, da war Bill Clinton zum Gipfel in
Köln. Es gab ein paar Absperrgitter, das war's. Und am Rande
des Gipfels ist Bill Clinton in eine Kneipe marschiert und hat
jovial gemeint: »Ich bin ein Kölsch!«

Zugegeben – das war schon ein kleiner Rückschritt zu John
F. Kennedys großspurigem Ausspruch: »Ick bin aaain Böärli-
ner!«

Auch Ronald Reagan hatte seinerzeit am Brandenburger Tor
noch schweres Pathos versprüht: »Mr Gorbatchev – open this
gate!«

Jetzt kam Dabbeljuh und stammelte, wie die *taz* so wunder-
schön schlagzeilte: »Ich bin ein Mainzelmännchen!«

Die Mission vor »Mission accomplished«

Eines war von Anfang an klar: Der Irak besitzt Massenvernichtungswaffen. Basta. Zur Ablenkung haben die Amis ein paar
UN-Inspektoren im heißen Wüstensand herumturnen lassen,
die dann aber eine gegenteilige Erkenntis gewonnen haben.
Dadurch hatten die Amis schon wieder einen Grund mehr
einzumarschieren, denn wie gefährlich und raffiniert muss
ein Saddam Hussein sein, wenn er die nicht vorhandenen Waffen so geschickt verstecken kann, dass sie nicht einmal den
gewieften UN-Inspektoren auffallen? Alles steuerte auf den
unvermeidbaren Konflikt hin. Tony Blair, Dabbeljuhs Gespie-
le, legte den Kriegsskeptikern flugs eine Liste vor, wonach eine
überwältigende Mehrheit der Europäer für den Kriegseinsatz
gestimmt hätte, er nenne jetzt nur England, Wales, Schottland,
Nordirland – das seien auf einen Schlag schon vier ... und dann
hat der Durchgeknallte aus Texas sein Ultimatum gestellt:
Saddam hätte jetzt noch genau 48 Stunden Zeit, diese Welt zu
verlassen ... nein, er hat sich in letzter Sekunde noch korrigiert:
sein Land. Es waren wilde, unruhige Tage, voller Anspannung.
Ich habe zu der Zeit in Herzogenaurach übernachtet, abends
ging es etwas länger mit dem Veranstalter, am nächsten Morgen dann dieser zarte Hinweis: »Wir bitten Sie, Ihr Zimmer bis
11 Uhr zu räumen!«

Da war ich, kriegsmäßig nervös, erst einmal beunruhigt: Ich
habe gleich aus dem Fenster gespäht, ob nicht womöglich irgendwelche Spurpanzer mit knirschenden Ketten um die Ecke
biegen. Oder eine »Patriot«-Rakete, die sich vielleicht verflo-

gen hat. Da gab es ja von Anfang an Probleme mit der Freund-Feind-Kennung. Mal schoss eine US-»Patriot-Rakete« einen britischen Kampfbomber ab, mal verirrte sich eine amerikanische »Stinger«-Rakete in ein befreundetes Camp der »Coalition of the Willing«. Der schöne Begriff war geboren:

Killed in friendly fire.

Bis heute bin ich mir nicht sicher, ob sich ein Soldat wirklich freut, wenn er von befreundetem Sperrfeuer getroffen wird: »Gott sei Dank – wenigstens war es eine Kugel von uns!«

»Patriot«-Raketen. Überhaupt die Namen des amerikanischen Waffenarsenals: »Apache«-Hubschrauber, »Tomahawk«-Marschflugkörper ... das bringen nur die Amis fertig. Waffen, die Frieden, Freiheit und Demokratie bis in den hintersten Winkel der Welt tragen sollen, nach einem Volk zu benennen, das sie erst einmal ausrotten mussten, um danach die selbst ernannte demokratischste aller Demokratien installieren zu können. Kriegswoche folgte auf Kriegswoche, und irgendwann haben sich auch die glühendsten Befürworter des Einmarsches gefragt: Wo ist eigentlich Saddam? Der alte Bush war schon zu blöde, ihn zu fassen, und der junge Bush, in seinem Drang beseelt, den alten Bush für seinen vergeigten ersten Golfeinsatz zu rächen, konnte es anscheinend auch nicht besser. Saddam. Hie und da tauchte er immer mal wieder auf, in Interviews, man wusste gar nicht so recht – sind die echt, sind sie autorisiert? Wie alt sind sie? Und, vor allen Dingen, wenn dieser Mann Ölgelder und Reichtümer im Überfluss besitzt: Wieso kann er sich nicht mal eine einigermaßen ansprechend wirkende Brille leisten? Wenigstens eine von Fielmann? Da gibt es doch heute Möglichkeiten! Immer nur dieses klobige Kassengestell, das einen an die Jugend erinnert hat, als wir den Speicher ausräumen mussten für die Aktion »Brillen für die Dritte Welt«. Damals muss der Mann irgendwie ein altes Teil aus Castrop-Rauxel

abbekommen haben. Hatte der Mann keine Berater? Das war doch nicht zeitgemäß, nicht im Zeitalter der Medienkriege, wo konkurrierende Nachrichtensender rund um die Uhr um die schönsten Bilder und die am besten sitzenden Frisuren buhlten. Hoch droben auf den Panzern die »Embedded journalists«, also die eingebetteten Journalisten, die die Amerikaner großzügig mitgenommen hatten, damit die dann aus Dankbarkeit besonders kritisch und wahrheitsliebend über den Fortlauf der Operationen berichten konnten. Immer in der Angst lebend, von eigenen Waffensystemen irrtümlich endgültig eingebettet zu werden ... vom »Friendly Fire«. Da hatten die britischen Kommandeure schon nach ein paar Tagen die Losung an ihre Soldaten ausgegeben: »Jungs – vor den Irakern braucht ihr keine Angst zu haben. Aber schaut immer in den Rückspiegel, ob ein Ami kommt. Dann wird es gefährlich!«

Wenn dumme Menschen Krieg führen, braucht es eben intelligente Waffen, das sehe ich ein. Nur, was macht eine intelligente Rakete eigentlich, wenn sie merkt, dass sie sich verflogen hat? Merken die intelligenten Patronen, wenn sie durch die Luft sirren, dass sie gerade auf einen Zivilisten zufliegen und zerstören sich selbst? Die Amerikaner glauben an so etwas. Die Amerikaner, an deren Seite wir fest und unerschütterlich stehen sollen, wie die Kriegsmamsell der Union, Angela Merkel, meinte, uns unmissverständlich klarmachen zu müssen. Auch wenn sie dabei selbst zunehmend unter »Friendly Fire« geriet, Heckenschützen lauerten schon in den eigenen Reihen der Union, während die Parteivorsitzende, bei der die Grenze zwischen Mut und Starrsinn in manchen Momenten fließend zu sein schien, täglich Grußkarten an den amerikanischen Präsidenten verfasste, die stets mit den Worten endeten: »Und ich entschuldige mich nochmals aufrichtig für den Starrsinn des deutschen Volkes, an dieser Expedition nicht teilnehmen zu wollen. From Angela with love.«

Oder so. Gut, auch George W. Bush hat Opfer gebracht. Er wolle, das hat er stolz und staatstragend angekündigt, während des Krieges auf Süßigkeiten und seinen täglichen Nachtisch verzichten. Das sind Botschaften, die brachten Bewegung und Moral in die Truppe. Keine Doughnuts, so lange Bagdad nicht gefallen ist.

Mit dem Irak-Krieg hatte Dabbeljuh von Anfang an keine Probleme. Etwas peinlich war es nur, als ihn ein Reporter fragte: »Mr President – wissen Sie eigentlich, wo dieses Land genau liegt?«

Da war Schweigen angesagt im Oval Office. Aber er hat sofort, unmissverständlich und beschwörend klargemacht, weshalb Saddam von dieser Welt verschwinden müsse: Er ist nicht gewählt, besitzt Massenvernichtungswaffen, lässt Menschen hinrichten und kümmert sich einen Dreck um Beschlüsse der UNO. Komisch – nach diesem Satz hätte er sich eigentlich selbst ins Jenseits bomben müssen. Als ein besonderes Highlight im »Friendly Fire«.

Hellwach waren die amerikanischen Militärs, als festgestellt wurde, dass die irakischen Al-Samud-Raketen im leeren Zustand eine Reichweite von 170 statt der von irakischer Seite zugegebenen 150 Kilometer hatten. Da war Lower Manhattan schon wieder in heftiger Alarmbereitschaft. Auf der Stelle haben die amerikanischen Geheimdienste ihre Agententätigkeit verstärkt.

Und die Inspekteure fanden Senfgas. Da hab ich mir gedacht, jetzt steigen aber noch in der Nacht die B-52-Bomber auf, um alles in Schutt und Asche zu legen. Was geschah? Nix. Die Amis blieben total ruhig. Völlig gelassen. Gut, diese Reaktion erklärt sich, wenn man weiß, dass Senfgas vor allem zur Reinigung von Bohranlagen verwendet wird. Da bleibt der Ami cool. Das lag ja schließlich in seinem Interesse – dass ihm die Ölquellen besenrein übergeben werden.

Tsunami-Hilfe

Nach dem Seebeben in Südasien rollte die größte Spendenakti-on in der Geschichte über unsere Republik. Die Regierung war am Anfang etwas zurückhaltend, aber dann hat Super-Danke-Gerd nachgelegt: »Joschka, hör ma – wenn wir den ständigen Sitz im Sicherheitsrat haben wollen, müssen wir die anderen Nationen beeindrucken. Mach mal die Schatulle auf!«

Und auf einen Schlag gab es 500 Millionen Euro Sofort-hilfe ... Hans Eichel lag gefesselt und geknebelt im Keller der Bundesbank ..., und in dem Paket von 500 Millionen enthalten war – ein fertig entwickeltes Tsunami-Frühwarnsystem. Aus Potsdam. Was haben wir?, dachte ich mir. Über zwei Jahre kein Mautsystem ans Laufen gebracht. Marssonden verschwin-den spurlos im All, wenn der Landerüssel aus deutscher Pro-duktion stammt. Wir haben Neigezüge von Siemens, die alles tun, nur nicht sich neigen, wenn es darauf ankommt. Nichts klappt, nichts funktioniert. Aber wir haben ein fertig entwi-ckeltes Tsunami-Frühwarnsystem, das in Potsdam vor sich hin rostet. So erfuhren wir immerhin, was mit unseren Spenden-geldern nach dem Hochwasser im Oderbruch passiert ist. Da war noch was übrig, und da haben die sich gedacht: »Da ent-wickeln wir ma lieba ein Frühwarnsystem, wa? Könnte ja sein, dass in 12 000 Jahren mal eine Killerwelle unsere Spreewald-gurkenplantagen bedroht! Irgendwas brauchen wir doch – Mauer is ja keene mehr da ...«

Nach dem Tsunami haben sich alle gefragt: Wie konnte Gott das zulassen? Gott, der die Welt geschaffen hat und uns, die

Krone der Schöpfung. Wir sind ja allen anderen Lebewesen überlegen. Ich weiß nicht. Alle Tiere im Tsunami-Gebiet haben sich schon einen Tag vor dem Seebeben gesagt: »Oh, oh – da kommt was! Müsse mer schnell uff en Hügel!«

Was macht die Krone der Schöpfung? Stellt sich hin und sagt: »Oh, oh – da kommt was! Müsse mer schnell e Foto mache!«

Erziehungsdramen

Im täglichen Erziehungsvollzug hat man es nicht immer leicht. Es heißt ja nicht von ungefähr:

»Die hohe Kunst der Erziehung besteht darin, im richtigen Moment die Geduld zu verlieren.«

Und das geht schnell – es ist aber auch so vieles weggebrochen in der heutigen Zeit. Welchem Kind kann man heute noch mit Hausarrest drohen, nach der x-ten Staffel von »Big Brother«? Wenn man mit Hausarrest droht, kommt als Antwort: »Okay, ich bleib drei Monate in meinem Zimmer – was gibt's dann zu gewinnen?«

Wir hatten neulich Streit zu Hause, kommt meine Tochter und blafft uns an: »Damit ihr's wisst – ihr seid die Nächsten, die rausmüssen aus dem Haus. Ich hab euch nominiert!«

Wenn es auf die Zeugnisse zugeht, herrscht ab und an noch Stress. Viele Schüler, die vor den Ferien verzweifelt sind – aber da sag ich mir auch: Was soll die Aufregung? Nehmt euch ein Beispiel an der freien Wirtschaft – dort wird Versagen belohnt. Oft im zweistelligen Millionenbereich ... kam wieder meine Tochter an und hat gemeint: »Papa, ich hab Mathe total verhauen – krieg ich was? Mehr Taschengeld?«

Ich hab den Spieß umgedreht und einen Beratervertrag mit ihr geschlossen: Ich helfe ihr regelmäßig bei den Hausaufgaben, und wenn sie deswegen dann die Schulaufgaben so richtig in den Sand setzt und die Versetzung gefährdet ist, muss sie mir das Doppelte von ihrem Taschengeld als Honorar zurückzahlen. Die Kinder heute sind einem weit voraus, vor allem, was die Technik angeht. Wir mussten uns früher mit 16 heimlich in einen *Schulmädchen-Report* schleichen, heute laden sich die Kids das volle Pornoprogramm auf ihr Dritthandy, auf das keiner mehr Zugriff hat. Da hat sich so viel geändert. Früher wurde ganz behutsam aufgeklärt, mit Blümchen und Bienchen und so, heute fragt die 7-jährige Jessica-Jacqueline-Soraya-Chiara-Moon ihre Schwester, die 9-jährige Friederike, wie das wäre mit dem Kinderkriegen, ob sie ihr das mal erklären könnte, und die 9-Jährige schnickt lässig ihr Handy rüber und meint: »Da, guck!«

Die Jugend ist einfach überreizt. Auch sexuell. Was 10-Jährige heute schon in Talk- und Gerichtsshows erfahren! Für uns war das noch anders. Wenn wir die natürliche Geschlechtsreife erreicht hatten, so mit 22 oder 23, da war für uns die Foto-Love-Story in der *Bravo* das höchste. Wo immer ein Mädel zum Umziehen in einen Geräteschuppen verschwand und immer ein Junge im falschen Moment die Tür öffnete, damit das Mädel die Arme vors Gesicht reißen konnte, um verschreckt auszurufen: »Huch!«

Das war zwar praktisch, weil es den Blick auf gewisse Körperteile freigegeben hat, aber ich muss sagen, ich bin im späteren Leben nie jemandem begegnet, der »Huch!« gesagt hat. »Finger weg!«, ja, das vielleicht, aber nie »Huch!« – wir wurden noch ganz vorsichtig an die Materie herangeführt, aber die Jugend heute hat es schwerer. Mein Nachbar wollte neulich seinen 8-Jährigen mal etwas aufklären, ganz behutsam, weil er mit seiner Frau mal wieder allein sein wollte, verständlich, nach acht Jahren, und der druckste rum:

»Also, Kevin-Marcel, weißt du, wenn Mami und Papi, wenn die mal allein und ungestört zusammen, äh, das heißt jetzt nicht, dass wir dich dann nicht mehr so ganz doll lieb haben, weil ... also wolltest du nicht mal wieder ins Kinder-Kino, oder ins Planschparadies, warte, ich ...«

»Ei, Babba, drucks doch net so rum – wenn ihr mal widder ficke wollt, dann sag des doch!«

»Huch! Wo hast du das denn her?«

»Ei, von de Arabella!«

Der viel beschworene Sittenverfall bei den Jugendlichen – da hat die CSU gleich die wahren Schuldigen ausgemacht: die Verantwortlichen beim Fernsehen. Es gab sogar eine Überlegung im bayerischen Familienministerium, für ein Verbot der Schmuddel-Talks am Nachmittag einzutreten. Moment, habe ich mir gedacht – wer hat denn seinerzeit so vehement für die Einführung des Privatfernsehens gekämpft? Die Aufbruchstimmung, von wegen:

»Das bringt die langersehnte Meinungsvielfalt!«

Oder:

»Ein Gegengewicht zum Rotfunk!«

Das haben sie nun davon – dass eine 13-Jährige nachmittags bei Arabella wehklagen durfte: »Ich brauche täglich Sex!«

Es war auch sehr interessant, kurz nach dem Mittagessen interessanten Ausführungen zu lauschen wie: »Mein eitriger Ausschlag im Schritt ist mein einziger Freund!«

Ein hübscher Themennachmittag. Sicher war es auch wichtig, dass sich Drittklässler bei Bärbel Schäfer über das Thema informieren konnten: »Ich mach's am liebsten von hinten!«

Wobei ich Bärbel Schäfer am liebsten auch nur von hinten sehe. Und vor allem mit abgedrehtem Ton. Nett auch, wenn der Schweißer Bruno bei »Vera am Mittag« wieder mal erzählen durfte, wie detailliert er seine Frau verprügelt hat. Schön, dass viele Kinder dann sagen konnten: »Kuck mal – wie bei uns zu Hause!«

Am Anfang, als ich diese Talks verfolgte und merkte, dass ich all diese Probleme nicht habe – da hab ich mich schon gefragt: Bist du noch normal? Ich weiß nicht, am Fernsehen kann man auch sehen, wie die Werte aus den Fugen geraten sind:

Früher hat man gestörte Menschen in die geschlossene Abteilung gesteckt, heute bekommen sie Handgeld und lümmeln in Talkshows rum. Die größten Leidtragenden dieser Entwicklung sind die Lehrer. Wenn die einem Drittklässler im Unterricht entgegendonnern: »Setzen, sechs«, fängt der an, seine Banknachbarin zu befummeln. Apropos Sex und Jugendliche: In Bayern gab es vor Kurzem mal wieder helle Aufregung, weil der Bundesjugendring einen Aufklärungskoffer an Schulen verteilt hat, einen so genannten »Sex-Pack«. Bayern hatte 1100 Stück geordert, allein 600 davon gingen an die bayerische Trachtenjugend, und die hat dann wohl geübt, was man mit dem Gamsbart so alles anstellen kann. Ich glaube schon, dass bei der Trachtenjugend Aufklärungsbedarf geboten ist ... jahrelang nur Maria Hellwig angebetet – bei der wüsste ich gerne, wie die sich fortgepflanzt hat ... wahrscheinlich per Fernbestäubung aus dem Herrgottswinkel –, ob des Aufklärungskoffers hat die bayerische Staatsregierung natürlich wieder vor Wut geschäumt. Wie immer eigentlich, wenn sie das Wort Aufklärung hört. Und der Bistumssprecher von Kardinal Wetter, seine weihrauchwandelnde Exzellenz Winfried Röhmel, hat klare Worte gesprochen:

»Ich kann mir nicht vorstellen, dass dafür Bedarf ist. Vor allem nicht, wenn Sekrete und Funktionalität im Vordergrund stehen. Man muss nicht gleich mit jedem ins Bett. Ich scheue mich auch nicht, hier den Begriff Keuschheit zu nennen.«

Das sind klare Worte vom Bistumssprecher. Sekrete stehen im Vordergrund ... da denke ich sofort an eitrigen Ausschlag im Schritt und muss Arabella kucken.

Schlagzeilen

Als der Uralt-Kanzler, der Dicke, im Überschwang vor seiner Bimbes-Affäre Wolfgang Schäuble zum Kronprinzen ausrief, gab's natürlich Ärger in München – schöne Schlagzeile in der *Abendzeitung*:

»CSU fühlt sich von Schäuble überrollt!«

Noch schöner allerdings der Aufmacher in der *FAZ*:

»Schäuble stellt sich voll hinter Kohl!«

Da fielen viele Anhänger freudetrunken und Hosianna rufend durch die Straßen:

»Ein Wunder! Ein Wunder!«

Doch, Schlagzeilen machen Spaß. Als irrtümlich gemeldet wurde, Rudolf »The Big Sleep« Scharping wolle auf einer SPD-Kreuzfahrt als Entertainer auftauchen, um harmlose urlaubswillige Rentner zu quälen, wurde anderntags in der *Bonner Rundschau* mit der passenden Überzeile dementiert:

»Scharping weiß von nichts!«

Das war das erste Mal in der Geschichte des investigativen Journalismus, dass man bei einer Meldung von einem Wahrheitsgehalt von annähernd 100 Prozent ausgehen konnte.

Tücken der Technik

Ich hab's, wie schon gesagt, nicht so mit der Technik. Ich hab zwei linke Hände. Gut, die Alt-68er sagen, wenigstens noch etwas, das links ist in der Gesellschaft, die freuen sich ja sogar über Links auf der Homepage, das ist der Identitätsverlust, der stürzt einen schon mal in eine tiefe Sinnkrise. Ich habe meine Sinnkrise, wenn es um Technik geht. Ich finde es ja auch toll, was man mit den Geräten alles machen kann, wenn man gelernt hat, was man mit all den Geräten machen kann. Dieser Siegeszug der Technik fing bei uns allen mal an, so Anfang der 90er Jahre, mit den ersten schnurlosen Telefonen. Oder war am Anfang das Fax? Oder war es der Anrufbeantworter? Nein, ich glaube, es war die Geschirrspülmaschine. Alles Errungenschaften, die einem das Leben erleichtern, die einem helfen, Zeit zu sparen ... Zeit, die man dann in andere Aufgabenfelder investieren kann – in Streit zum Beispiel. Da ist für mich der Geschirrspüler das beste Beispiel. Wir hatten früher in den Wohngemeinschaften immer die schwierige Situation: Wer spült ab und wer trocknet ab? Dramen ohne Ende. Komischerweise will der Mann immer spülen. Das war bei mir auch so. Mit Abtrocknen kann man mich jagen. Abspülen ist in Ordnung. Der Mann ist einfach immer schneller am Becken. Ein Psychologe hat mir mal erklärt, dass alles mit den pränatalen Urinstinkten zu tun hat. Das Eintauchen in das warme Spülwasser sei im Grunde nichts anderes als das Wiedereintauchen in den Mutterleib. Interessant, hab ich mir gedacht.

Ein anderer Tiefenpsychologe hat mir aber erklärt, das mit

der Spüllust und der Abtrockenverweigerung bei Männern hätte alles noch mit der Steinzeit zu tun. Wir Männer trügen nun mal das Archaische in uns, das Kämpferische, und wenn wir dann an eine Pfanne, die so richtig schön verkrustet ist, rangehen mit Ako-Pads und Scheuerpulver, wenn wir da alles geben, und die Pfanne ist hinterher blitzblank sauber, dann müssen wir uns so fühlen wie damals, wenn wir ein Mammut erlegt hatten. Das wurde dann gegrillt, danach haben wir ein Mittagsschläfchen gemacht, in der Höhle war alles verkrustet, und schon gab's wieder Streit, weil es im Neandertal noch kein »Fairy-Ultra« gab, ganz zu schweigen von Geschirrspülmaschinen. Da wurde einem die Höhlenfrau noch vorgestellt mit den Worten: »Und das ist meine Öko-Lavamat!«

Das war eigentlich gar nicht so schlimm. Die Frauen waren beschäftigt, sie wussten, der Mann wird höchstens 25 oder 26 Jahre alt, danach weiß er, dass er nichts mehr taugt und stirbt. Eigentlich eine glückliche Epoche. Zumindest hat noch niemand das Gegenteil überliefert. Heute werden die Männer immer älter, die Haushaltshilfen immer elektronischer, Mammutlendchen gibt es tischfertig tiefgefroren für die Mikrowelle bei Minimal – aber die Menschen werden immer unglücklicher und unzufriedener. Gibt es eigentlich keine wissenschaftliche Untersuchung, wie hoch die Scheidungsrate im Pleistozän war? Ich glaube, die haben damals noch nicht mal geheiratet, weil die kirchliche Trauung ja noch nicht erfunden war. Die mussten sich damals noch auf ganz natürlichem Weg fortpflanzen, weil die unbefleckte Empfängnis erst ein paar Jahrtausende später kam. Ist auch wieder so etwas, was ich nicht verstehe: Da regt sich die Kirche heute über die künstliche Befruchtung auf, die Reagenzgläser und Samenbanken – aber wie war das eigentlich mit Maria? Ich glaube, ich schweife jetzt etwas zu sehr ab. Der Begriff »Schweif« an dieser Stelle war auch unpassend. Ich war ja bei der Technik. Aber das mit

diesen Geschirrspülmaschinen, das ist wirklich interessant. Man schafft sich so ein Teil an, für teures Geld, mit Überlaufschutz und Aquastopp, ein paar Tage lang sitzt man noch davor und freut sich:

»Ist das schön! Kuck mal – weißt du noch, wie wir uns früher gestritten haben wegen dem blöden Abwasch. Das macht die Maschine jetzt ganz von allein.«

Das geht ein paar Tage gut. Dann merkt man urplötzlich: Es fehlt ein Konfliktfeld. Das Yin und Yang des Zusammenlebens ist auf das Höchste gefährdet: Und auf einmal platzt eines Morgens die Frage in den Raum: »Sag mal – hast du gestern wieder die Spülmaschine eingeräumt?«

Schon findet der alte Streit zum Thema: »Wer spült und wer trocknet ab?«, seine technische Fortsetzung. Da kann man es seiner Partnerin nie recht machen: Entweder man räumt die Maschine falsch ein oder falsch aus. Das Konfliktfeld ist wieder da. Deshalb bin ich wahrscheinlich auch nicht so technologiefreundlich gestimmt. Weil, all die anderen Gerätschaften, die einem das Leben erleichtern, die schaffen nur neue Spannungen, weil die alten, natürlich gewachsenen Konfliktfelder fehlen. Mit dem Anrufbeantworter war es doch ähnlich. Was waren wir glücklich am Anfang!

»Hach, toll – so ein Anrufbeantworter, das ist super! Da hören wir genau, wer anruft, und wenn wir nicht rangehen wollen, dann gehen wir eben einfach nicht ran.«

Das waren noch die alten Teile, die nicht digitalen, nicht die, wo alles schon integriert ist und man nicht mehr mithören kann. Aber auch dieses Argument war natürlich Quatsch. Schon allein dieses kollektive: »Wir!« und »Dann gehen wir eben einfach nicht ran!«

Wer definiert dieses »Wir«, wenn es plötzlich, man hat es sich gerade gemütlich gemacht, aus dem Lautsprecher quäkt:

»Ja, hallo, Eva, hier ist die Christina, du, du weißt doch, wir haben uns doch gestern über den Bernd unterhalten, ich kann dir sagen, ich war doch gestern noch total gut drauf, deswegen, aber, es zeigt sich ja oft erst hinterher, was für ein mieses Charakterschwein so ein Mann sein kann, wenn er das bekommen hat, was er wollte, ich bin jetzt wieder völlig fertig, ich hab jetzt abgeschlossen damit, ach, weißt du, ich wollte eigentlich nur noch mal kurz mit jemandem reden, bevor ich, weißt du, eigentlich macht das ja alles keinen Sinn mehr, wozu sind wir eigentlich auf dieser Welt, ich wollte halt nur noch mal kurz mit dir plaudern, bevor ich, damit du es nicht aus der Zeitung erfahren musst, das fände ich dann doch etwas unpersönlich, so lange, wie wir uns schon kennen, ja, ich liege gerade in der Badewanne, weißt du, und der Rotwein schmeckt wirklich außerordentlich gut, und im Geschäft hab ich auch nur Ärger, und der Föhn liegt gerade zufällig auf der Fensterbank ...«

Das war es dann mit dem gemütlichen Abend, den einem der Anrufbeantworter hätte bescheren sollen – weil sie natürlich den Hörer abnehmen wird, um den Föhn vor dem Ertrinken zu retten. Man ist ja ein Mensch. Wie schön war das in den Zeiten vor den Anrufbeantwortern. Da hat man gesagt, wenn man abends allein sein wollte: »Wir heben einfach nicht ab.«

Oder man hat das Telefon ausgehängt. Das geht ja heute nicht mehr. Früher musste man nur aushängen. Das waren noch diese Dinger mit den Wählscheiben. Heute ist alles viel schnelllebiger. Als meine Tochter drei Jahre alt war, hab ich ihr von der Tournee ein Holzspielzeugtelefon mit Wählscheibe mitgebracht. Die hat mich angekuckt wie ein Handy und nur gemeint:

»Komm, Papa, jetzt gib mir mal deine Nummer, damit ich dich abspeichern kann!«

Mittlerweile ist sie eingeschult, kann halbwegs schreiben, seitdem redet sie nicht mehr mit mir, sondern schickt mir

251

eine SMS. Vorgestern hab ich sie gefragt: »Hast du deine Hausaufgaben auch brav gemacht?«

Kam nur: »Wo bist du denn gerade?«

»In Bietigheim-Bissingen.«

»Hast du dort einen Internet-Zugang? Dann mail ich's dir
eben rüber!«

Das sind so Augenblicke, in denen man sich so richtig alt
fühlt.

Du bist Deutschland

Eine der dämlichsten Optimismuskampagnen, die jemals losgetreten wurde, um den Sunshine-Standort Deutschland zu preisen, das war die Flachnummer »Du bist Deutschland!«

30 Prominente und Vertreter aus dem einfachen Volk durften sich hochglanzkompatibel ausmähren, um uns zu zeigen:

»Wir waren schon immer was – aber jetzt sind wir auch wieder wer!«

Unter dem Logo von zwei kopulierenden Bratwürstchen mit nationalfarbenem Senfklecks durfte uns die Elite Deutschlands Mut machen. Sandra Maischberger augenklimperte mit dem Satz los:

»Du bist das Wunder von Deutschland. Ein Schmetterling kann einen Taifun auslösen!«

Wir haben die Bilder von New Orleans noch vor Augen – das sollen *wir* ausgelöst haben? Wie stehen wir da vor den Augen der Welt? Weiter fragten sie sich im nationalen Hoffnungsspot:

»Wieso schwenkst du Fahnen, während Schumi seine Runden dreht?«

Ich glaube, das haben sich in dieser Formel-1-Saison viele gefragt. Aber wir sind wer, weil:

»Du hältst den Laden zusammen. Du bist der Laden.«

Ab Punkt 18 Uhr wird der Schlüssel umgedreht, damit der Laden dicht ist. Ärgerlich, aber dann säuselte Uli Wickert:

»Mag sein, du stehst mit dem Rücken zur Wand ...«

Und eine Vertreterin aus dem Volk, eine Klofrau, unterstützt ihn:

»... oder dem Gesicht vor einer Mauer!«

Und dann kam der Kameraschwenk auf Marcel Reich-Ranicki:

»Doch einmal haben wir schon gemeinsam eine Mauer niedergerissen!«

Oliver Kahn meinte dann noch:

»Du bist die Hand. Du bist 82 Millionen.«

Das war von der Grammatik her völlig daneben. Bei Oliver Kahn muss es heißen:

»Du *hast* 82 Millionen.«

Nein, nur kein Neid, denn:

»Meckere nicht über dein Land, sondern biete ihm deine Hilfe an.«

Sagte Reinhold Beckmann. Von dem möchte ich aber gar nichts angeboten bekommen, schon gar nicht Hilfe.

Aber egal, wir können es schaffen, verriet uns Xavier Naidoo zwischen den Stelen des Holocaust-Denkmals in Berlin:

»Weil aus deiner Flagge viele werden und aus deiner Stimme ein ganzer Chor!«

Da wollte ich meinen Fernseher aus dem Fenster schmeißen, aber dann wurde mir am Ende des Spots verraten, dass ich mit meinen Flügeln schlagen soll und damit Bäume ausreißen. Und dann, für unsere PISA-Geschädigten:

»Du bist die Flügel, du bist der Baum, du bist Deutschland!«

Danke für diese Erkenntnis. Nicht immer fragen, was mein Land für mich tun kann. Nein, was ich für mein Land tun kann: Steuern zahlen. Um solch bescheuerte Medienkampagnen zu finanzieren.

Workshops

Wenn das Veranstaltungsprogramm der esoterischen Volks-
hochschule nicht mehr ausreicht, müssen irgendwann härte-
re Drogen her. Man versucht, alle Probleme über die Psycho-
therapie zu lösen. Das fängt bei den Kindern an: Wenn früher
ein Kind in Mathe nicht mitkam, was hat man dann gemacht?
Nachhilfelehrer geholt. Heute schickt man es fünf Tage zur
psychiatrischen Beobachtung: »Herr Doktor, können Sie für
drei Tage mal auf unseren Kevin aufpasse, der hat die Schnitt-
mengenlehre net so im Kopf, und ich muss dringend zu meinem Bachblütenworkshop ...«

Was es heute alles gibt! Es werden ganz tolle Kurse angeboten: »Fit mit Zilgrei – bequeme Kleidung, warme Socken anzie-
hen!«

Scheint wichtig zu sein, mit einer eigenen Zilgreilehrerin.

»Kinesiologie – Brain Gym für Eltern: Dieser Workshop
richtet sich an alle Eltern, die daran glauben, dass in ihrem
Kind mehr schlummert, als bisher lebt. In diesem Workshop
erlernen Sie alle 26 Brain-Gym-Übungen, die konkrete Aus-
wirkungen haben auf unsere Fähigkeiten zu kommunizieren
(Mittellinienbewegungen) und Prüfungsstress abzubauen
(Längungsbewegungen). Bitte Decke und dicke Socken mitbringen.«

Aha – diesmal sogar dicke Socken.

»Trennung – und jetzt? Arbeit an der Beziehungsfähig-
keit. Trennung, ob unfreiwillig oder selbst gewollt, hinterlässt
in unserem Inneren tiefe Narben. In diesem Seminar wollen

wir uns mit einer Diplom-Lebensberaterin unseren Gefühlen stellen, mit Mut zum Alleinsein und zur Selbstakzeptanz. Bitte mitbringen: Decke, Kissen, bequeme Kleidung und dicke Socken.«

Was es alles gibt:

»Pendeln und Biotensor, Bestimmung geomantischer Zonen, Reiki, die Kraft der Selbstreinigung für Körper, Seele und Geist – bitte Socken und Decke mitbringen!«

Fußreflexzonenmassage war das einzige Programmangebot, zu dem man keine dicken Socken mitbringen musste. Auch nicht beim »Schamanischen Trommeln«. Bei der »Aromamassage«, die über die Haut auch die Seele streicheln kann, waren ebenfalls keine Socken nötig, wohl aber bei den Massagen mit den tibetischen Klangschalen, um die Verbindung zwischen direktem körperlichen Erleben und Erfahren von Schwingungen und der Erweiterung und Bewusstwerdung des psychisch-seelischen Ausdrucks durch Tiefenentspannung erleben zu können, natürlich nur mit:

Lockerer Kleidung, Decke und Socken.

Beim Steinorakel und beim Mandala-Malen, den 21 Chakren und dem Aura-Soma-Pomander waren keine Socken nötig, sonst immer. Ich muss zum einen sagen: Wenn ich all diese Kurse besucht hätte, wäre ich wahrscheinlich auch reif gewesen für einen Massenselbstmord auf Teneriffa, und zum anderen habe ich mich gefragt, warum zum Teufel immer dieser Hinweis mit den Socken. Irgendwann kam ich dann drauf – in dreiwöchigem Abstand wurde Folgendes angeboten:

»Socken und Strümpfe stricken! Wollten Sie schon immer einmal selber Strümpfe stricken? Strickexperte Olaf Sattler wird Ihre Fragen rund ums Sockenstricken beantworten! Kommen Sie einfach vorbei.«

Da fehlte dann allerdings der Zusatz:

»Bitte dicke Socken mitbringen!«

An solchen Angeboten merkt man richtig: Dieses Land hat wahnsinnig große Probleme.

Glückskeks

Neulich hatte ich Hunger, es sollte schnell gehen, also hab ich mir gesagt: Gehst du halt zum Chinesen. Mache ich gelegentlich sehr gerne, die sind dort immer so freundlich. Gut, die Musik ist manchmal etwas störend, aber sonst. Kleiner Tipp: Nie am 10. eines Monats dorthin gehen. Da kommen immer die Triaden zum Abkassieren. Huh, sagen viele, böse, böse Triaden, die Mafia, organisierte Kriminalität, die Schutzgelderpresser – dabei, was machen die eigentlich? Kassieren zehn Prozent, und dafür wird man beschützt. Was macht der Staat? Kassiert bis zu 56 Prozent und schützt dich nicht einmal vor der Steuerfahndung ... beim Chinesen bin ich gerne, die kommen freundlich an den Tisch: »Wolle esse mit Stä?«

Ich mach das ja nicht, weil da schon wieder Technik im Spiel ist. Ich nehme lieber Messer und Gabel. Aber an dem Tag bin ich ausgerastet, nach all dem Ärger mit meinen PINs. Als der Kellner kommt und meint: »Welche Nummer hatten Sie? Die 158 oder die 161?«, bin ich ausgerastet: »Ja woher soll ich das wissen?! Ich hatte gedünstete Bambussprossen an Krabbenhack in mildem Chestnut-Curry! Wie soll ich mir denn merken, welche Nummer das ist?«

Der arme Kerl stand ganz eingeschüchtert da, mit seinen Schalen und hat sich erst mal entschuldigt: »Costa Rica – erster Tag.«

Ich hab dann halt gesagt: »Na ja, jetzt geben Sie schon her ...«

Das war dann die 158, »Familienglück« für drei Personen.

»Familienglück« – das gibt's nur noch auf der Speisekarte beim Chinesen. Die Familie am Nebentisch war alles andere als glücklich. Die mussten sich zu viert mein Krabbenhack teilen. Beim Chinesen bin ich jetzt clever. Ich bestelle nur noch nach Nummern: »Hätte gerne die 12, mit spärlich 8, aber dafür mehr 17!«

Kam er neulich an den Tisch:

»So – für wen sind die Sojaschösslinge mit den frittierten Flusskrebsschwänzen?«

»Woher soll ich denn das wissen?! Ich hatte die 12, mit spärlich 8, aber dafür mehr 17! Woher soll ich denn wissen, was für ein Essen das ist?«

»Einen Moment, bitte, ich schau mal nach. Wolle esse mit Stä?«

»NEIN!! WOLLE NICHT ESSE MIT STÄ! WOLLE ESSE MIT MESS UN GA!«

Hab dann wieder 158, mein »Familienglück«, in mich reingezwungen. Aber das mit dem nach Nummern bestellen – das behalte ich bei, da bin ich jetzt eisern. Hat mir mein »Personal Analyst Coach« auch geraten:

»Wenn du einmal eine Entscheidung getroffen hast, musst du diesen Weg zu Ende gehen!«

Börsenschwankungen

Dieses Auf und Ab an den Börsen – für die Nerven ist das nichts. Kein Wunder, dass der verunsicherte Kleinaktionär Abend für Abend verzweifelt vor dem Nachttisch kauert und sein Abendgebet spricht:

Heiliger Dow Jones.
Der Du bist im Xetra,
Dein Dax komme,
Dein Value geschehe,
Wie im Parketthandel,
So auch bei den Neuemissionen.
Unseren täglichen Share hold uns heute,
Und vergib' uns unsere Rendite,
Wie auch wir vergeben unsere Optionsscheine,
Und führe uns nicht in die Schwankung,
Sondern erlöse uns von der Asien-Krise.
Denn Dein sind die Bonds
Und die Blue Chips
Und die Hedgefonds
Und die Kommunalobligationen,
In nachbörslicher Ewigkeit.
Amen.

Pope down

2005 hat den Vatikan schwer mitgenommen: Das lange Ende von Johannes Paul II. Der hat halt auch nicht auf die Ärzte gehört. Dauernd Audienzen in einer Zeit, wo überall die Grippeviren herumgeschwirrt sind, also die normalen – vom Vögeln infiziert man sich im Vatikan ja eher seltener ... Entschuldigung: *von* Vögeln. Obwohl ... Aber wenn überall die Grippe herrscht, sollte man große Menschenansammlungen meiden. Das hätte man dem Papst vielleicht mal sagen sollen. Sitzt da immer in seinem von Brokat umsäumten Treppenlift und wird von allen Seiten angehustet. Kein Wunder, dass es ihn flachgelegt hat. Mag sein, dass die Kurie gegen Kritik und Realität immun ist, aber nicht gegen Grippeviren. Er hat die Gefahr unterschätzt, ist viel zu früh wieder zurück an die Arbeit, hat sich gedacht: »Krippe? Gibt's nur an Weihnachten! Bald haben wir Chostern ...«

Als sie ihn immer zum Vorhang gerollt haben, wie für ein Remake von Hitchcocks *Das Fenster zum Hof,* haben viele gesagt: »Bitte, jetzt lasst den Mann doch endlich mal in Ruhe!«

Erbärmlich, wie er da nach Luft japsen musste – ich hab mich gefragt: Was muss da passiert sein, dass Gott seinem Stellvertreter die Stimme entzieht?

Als dann am Abend die Glocken läuteten, haben sich die Medien gegenseitig überboten. In der Stunde seines Ablebens waren die Öffentlich-Rechtlichen sehr korrekt. Haben die Nachrufe ausgepackt, die schon seit zehn Jahren in den Schubladen herumlagen, alles sehr getragen und angemessen. Bei den Dritten, da hat nur der NDR einen kleinen Ausreißer gehabt – die haben, völlig unbeeindruckt, die »Lange-Helmut-Kohl-Nacht« gesendet. Gut, da war's auch finster ... die Öffentlich-Rechtlichen waren also noch einigermaßen sensibel. Aber die Privaten – heillos überfordert! Auf Kabel 1 lief ein Western. Nicht *Spiel mir das Lied vom Tod,* nein, so viel Pietät muss sein, irgendetwas anderes ganz Normales, also wo Böse reihenweise von Guten umgelegt wurden, weil sie die Sprache nicht verstanden hatten oder Indianer waren, also Heiden, also Ungläubige. Und damit waren sie wieder voll im Konsens mit der vatikanischen Leitkultur. Auf RTL II hatte sich in der Stunde des Ablebens vom Pontifex Focus TV eingenistet mit dem schönen Beitrag: »Was kommt in die gelbe Tonne?«

Feinfühlig wie immer gingen jene Sender auf das Thema ein, die ohne grenzdebile Zuschauer nicht überlebensfähig wären: die privaten Ratesender, bei denen gebeutelte Hartz-IV-Opfer Abend für Abend ihr staatlich garantiertes Mindesteinkommen in Warteschleifen verjuxen, damit Moderationsattrappen, die gesellschaftlich nicht mehr eingliederungsfähig sind, in einem großen Feldversuch der offenen Psychiatrie ihr Dasein fristen.

Den Sensibilitätscontest bei der Programmgestaltung hatte zweifellos PRO 7 gewonnen. Um 22 Uhr 10, da war der Pontifex schon langsam am Erkalten, hat PRO 7 den schönen Film gestartet: *»Stirb langsam – Jetzt erst recht!«*

Am Montag schlug die große Stunde von Reinhold Beckmann. Da lümmelte Gloria von Thurn und Taxis herum, die Hobbyethnologin, die auf die Frage, warum das Aids-Virus in Afrika so verheerend grassiert, nicht die Antwort parat hatte, die wir alle kennen: Weil Kondome nach der katholischen Heilslehre »BähBäh« sind und es in erster Linie gilt, ungeborenes Leben zu schützen, nein, sie hatte messerscharf analysiert: »Der Neger an sich, der schnackselt eben gern.«

Gloria, hab ich mir gedacht, an dir sieht man aber auch, was jahrhundertelanger Inzest aus dem Adel macht. Und bei Beckmann hat Gloria die Quintessenz ihres überflüssigen Dahinnuschelns in die Kamera gehustet: »Der Papst war ein Frauenrechtler!«

Stimmt, Gloria, und wir alle wissen: Die Erde ist eine Scheibe. Aber wann gehst du endlich so lange in eine Richtung spazieren, bis du über den hinteren Rand ins Nichts der Unendlichkeit fällst?

Und neben Gloria saß der Papst-Biograph und Vatikan-Korrespondent der *Bild-Zeitung,* Andreas Englisch. Dieser Mann muss dringend in Behandlung. Der hat losgeseibert, der KGB solle endlich zugeben, dass er damals den Anschlag auf den Papst geplant hat, auf JP II., der, glaubt man A. E., mit der Hand Gottes die Mauer eingerissen hat. Da war der Dicke wieder sauer: »So'n Quatsch! D'ss war doch ich!«

JP II., so der Vatikanexperte der *Bild-Zeitung,* hat mit dazu beigetragen, dass der Kommunismus verschwunden ist. Fast. Es gibt nur noch ein funktionierendes Zentralkomitee – das der Katholiken. Das ZdK. Und dann ist Andreas Englisch völlig abgeschrägt bei »Beckmann«. Auf einmal haben sich Spucke und Tränen zu einem Wasserfall vermischt, und er hat losgesprudelt: »Ich war so oft bei ihm. Ich habe vor ihm gekniet ... Nur auf seiner letzten Reise habe ich ihn nicht begleiten können ...«

Schade eigentlich. Und kaum war Andreas Englisch mal einen Tag im geistigen Nirwana, hat *BILD* ihren Norbert Körzdörfer ins Rennen geschickt, den größten Schwulstschreiber vor dem Herrn. Der war in Rom unterwegs, auf dem Weg zum Petersdom: »Ich stehe in der Schlange Gottes!« Schön, aber wo war der Apfel? Und was hat Eva gemacht? »Ein Stau der Gefühle.« Das klingt wie ein neuer Song von Peter Maffay:

»Ist es Wärme? Ist es Kühle?

Egal mein Freund.

Wir sind immer im Stau der Gefühle!«

Aber ich war ja noch beim Gefühlsberichterstatter Körzdörfer: »Die Schlange. Ein Flaschenhals Gottes. Ein moder-
nes Babylon. Wir sind ein quasselnder Fluss. Du stehst an und
sprichst mit dir selbst.«

Das kennt man ja aus dem Alltag: »Es is, als ob isch gesche
e Wand red! Da kann isch misch ja gleisch mit mir selbst un-
nerhalte!«

Und kaum dass der alte Papst, den er nicht auf seiner letzten Reise begleiten konnte, weg war, hatte Andreas Englisch
seinen neuen Favoriten ausgemacht: Kardinal Ratzinger.
Und dann war Andreas Englisch ganz aufgeregt, bei den ersten vorgezogenen Neuwahlen in der Sixtinischen Kapelle, als
die Kurienkardinäle ins Konklave gewatschelt sind. Nicht alle,
ein Drittel war schon zu alt oder zu krank zum Papst-Casting.
10 000 Jahre Sex im Dunkeln sind einmarschiert, um sich ein
paar Tage lang einschließen zu lassen. Eigentlich kein schlechter Gedanke: Alte Männer rücken irgendwo ein, um sich eine
Zeit lang wegzuschließen. Das werden wir als klerikale Big-
Brother-Variante irgendwann noch erleben, auf RTL II, da bin
ich ganz sicher. Und Andreas Englisch hat wieder tiriliert: »26
Jahre habe ich auf diesen Augenblick gewartet, einmal in der
Sixtinischen Kapelle zu stehen, wenn sie für eine der geheim-
nisvollsten Wahlen vorbereitet wird – der Wahl eines neuen
Papstes!«

Nun muss man dazu sagen – Herr Englisch ist 39. Das heißt,
als er angefangen hat, davon zu träumen, einmal in der Sixtinischen Kapelle zu stehen, das war vor 26 Jahren – da war er
13. In dem Alter haben wir armen Verirrten im Partykeller Fla-
schendrehen gespielt und Orangentanz gemacht. Wenn wir da
Andreas Englisch gefragt hätten: »Hey Andi – kommst du mit
zur Kellerparty bei der Katja? Du bist doch auch eingeladen?«,

hätte es natürlich nur eine Antwort geben können: »Ja, bin ich schon, aber, tut mir Leid – ich kann nicht. Ich warte von Stund an 26 Jahre auf den Augenblick, an dem ich einmal in der Sixtinischen Kapelle stehen darf ...«

Und wir hätten gesagt: »Klar. Tschuldige Andreas, das hatten wir völlig vergessen ...«

Uns hat die Frage auch beschäftigt: Wer wird der nächste Papst? Mir war von Anfang an klar: Es wird ein Mann der Kirche sein. Und dann die Überraschung! Der erste deutsche Papst seit 1522.

»Habemus Papam!«

Einen bayerischen!

»Grüß Gott!«

Aber bis es so weit war! Wir durften ja alle hautnah dabei sein. Erst beim langen Sterben des alten Papstes ... das haben die ja bis zum letzten Atemzug in die hintersten Winkel der Wohnzimmer gesendet. Die werden sich in der Kurie gedacht haben, beim Vorgänger, bei Johannes Paul I., ging das ein bisschen zu schnell. Und vor allem ist der eines ganz natürlichen Todes gestorben ... Wer wissen will, wie das war damals, dem sei der Klassiker auf DVD empfohlen: *Der Pate. Teil 3.*

Und diesmal haben sie sich gedacht, da lassen wir die Web-Cam ran, bis zum letzten Schnaufer, damit wir über jeglichen Verdacht erhaben sind. Und danach die Wiederauferstehung, also der Neue: »Wir haben einen neuen Stellvertreter!«

Da war ein Leuchten in den Augen der Menschen, obwohl Stellvertreter zu sein, das heißt in der freien Wirtschaft nichts anderes als: »Na ja – zum Chef hat's halt nicht ganz gereicht, irgendwie!«

Die Papstwahl, die war vielleicht spannend! Als der Rauch aus diesem billigen Schornsteinrohr von OBI stieg, man konnte die Farbe gar nicht so schnell erkennen, waren auch die Reporter ratlos: »Es ist, glaube ich, noch zu früh, jetzt schon zu sagen ... welche Farbe ... es sieht eher grau aus ...«, zum Glück hat keiner »gräulich« gesagt, »wir können jetzt noch nicht mit Bestimmtheit sagen, ob ... doch ... es ... nein ... da qualmt's ... nein. Das ist wohl eher nur ein Nachqualmen ...«

Dass es überhaupt so ungehemmt qualmen konnte, hat mich überrascht. Es wurde sicherlich Pech dazugeschüttet, damit es mit dem schwarzen Rauch auch wirklich klappt. Gut, Pech haben sie noch genügend gebunkert in den Katakomben vom Vatikan, von früher, um die Scheiterhaufen schneller zum Brennen zu bringen – es gab ja noch keine Grillkohleanzünder beim Hexenbarbecue. Und dass überhaupt Rauch hat aufsteigen dürfen, ich hab gedacht – das verhindert bestimmt Brüssel mit einer neuen Richtlinie zur Luftreinhaltung. Feinstaub. Ohne Partikelfilter geht da nix. Und wenn unsere Industrie dann die Rußfilter hätte liefern müssen – das wäre eine lange Sedisvakanz geworden. Und dann war es ratzfatz, also »ratzifatz«, quasi, vorbei. Ein deutscher Papst!

Die Medien haben sich gar nicht mehr eingekriegt, allen voran die *Bild-Zeitung,* mit der schönsten Schlagzeile des Jahres:

WIR SIND PAPST!

Die Engländer haben das natürlich gleich gekontert: »Panzerkardinal!«

Enttäuscht waren sie wieder einmal in Lateinamerika. Aber das sind sie, seit sie entdeckt worden sind. Man hat gemunkelt, es könnte auch ein Afrikaner werden. Da haben die Stammtische gleich wieder rotiert: »Häh? En schwazze Papst? En Nescher? Asamoah I., oder was?«

Dann wurde gemutmaßt, ob er vielleicht aus einem Land kommt, in dem die katholische Kirche besonders unterdrückt wird. Das wird sie in Marktl am Inn eher nicht, glaube ich. Aus Asien, aus China womöglich? Da hätte man sich aber schon

umgewöhnen müssen. Allein mal bei der Erteilung des Oster-
segens:

»Ulbi et Olbi!«

Auch beim Abendmahl: »So – wer hatte die 33?, ›Hostie Süß-
Sauer‹.« Und das Abendmahl endet nicht mehr mit: »Amen!«,
sondern mit: »Ha gesmekk?«

Forsthaus Falkenau

Ehrlichkeit gibt es im Fernsehen doch nur noch in der Werbung: Unvergessen der Weinbrandspot, dieser legendäre Schwenk auf den selbstversonnen-glücklichen Familienvater: »Ich freu mich auf zu Hause ... und auf ›Mariacron‹!«

Das hat analytische Schärfe, das hat Tiefgang, das ist Leben. Und dann schwampft es nach der Werbepause wieder weiter, in diesen Vorabendserien – »Forsthaus Falkenau« zum Beispiel. Tag für Tag steht die von Sorgen geplagte Frau Oberförster im Türrahmen, lächelt und freut sich, dass der Gatte Oberförster nach Hause kommt. Der aber hängt noch irgendwo in seinem Hochsitz, schaukelt die Nüsse, doch sie steht schon im Türrahmen und lächelt ihn herbei. Im richtigen Leben würde sie doch nur in Panik geraten: »Scheiße – der Alte kommt in zehn Minuten! Wo ist mein ›Mariacron‹?«

Nicht so bei »Forsthaus Falkenau« . Deshalb nennt man diese Serien auch so gerne Science-Fiction. Neulich hatten sie gerade geheiratet, wollten am nächsten Tag in die Flitterwochen, er hatte noch einen letzten Kontrollgang durch den Forst gemacht, vom nahenden Ende des Universums im Innersten schon zutiefst überzeugt, weil ein paar Nordmanntannen vom Borkenkäfer befallen waren, sie stand schon wieder im Türrahmen, Spinnweben unter den Achseln, und dann kam er, mit diesem gramgebeugten Gesichtsausdruck, sie ahnt schon, da ist was im Busch, sagt aber nicht, was 99 Prozent aller Frauen in solch einem Moment sagen würden, nämlich: »Du weißt schon, dass wir morgen in die Flitterwochen fahren wollen, ja? Sag jetzt bloß nicht, du hast es dir anders überlegt!«

Nein, das macht sie nicht. Sie lächelt ihn an und gurrt: »Martin, was ist denn?« Oberförster Rombach setzt sich seufzend auf einen Holzklotz: »Nichts. Nein, es ist nichts.« – »Aber, aber – du hast doch was!«

Dann kommt eine endlos wirkende Pause ... nur die Rohrdommel tschilpt verhalten aus den Lautsprechern der Dolby-Surround-Anlage ... endlich rafft er sich auf: »Ja, es ... es gibt Probleme im Wald.« Panik schleicht sich in ihren Blick. »Der Borkenkäfer?«

Des Oberförsters Blick versenkt sich im Rindenmulch, ein kurzes, betroffenes Nicken, da löst sie sich vom Türrahmen und hastet ins Innere des Forsthauses. Er stammelt ihr nach: »Aber Liebling – was machst du denn da?« – »Ich packe unsere Koffer wieder aus!« – »Aber Schatz – unsere Flitterwochen!« – »Die können warten! Bis deine Bäume wieder nachgewachsen sind!«

Dahinschmelzend-debil erhebt sich Förster Rombach von seinem Holzklotz, nimmt sie sanft in den Arm: »Weißt du eigentlich, dass ich dich noch genauso liebe wie gestern? Ich könnte dich glatt noch mal heiraten.«

Und dann kommt von ihr wieder nicht, was jetzt kommen müsste: »Ja, ja ... und dann heiratest du mich noch mal, und dann wollen wir am nächsten Tag in die Flitterwochen, und dann kommt wieder dein verfickter Borkenkäfer dazwischen, und wenn es nicht der Borkenkäfer ist, dann ist es eben der gefährliche Rapsstengelrüssler, der den gemeinen Kiefernsaibling bedroht, und wir müssen unsere Flitterwochen wieder verschieben bis zur Goldenen Hochzeit. OH NEIN, MEIN LIEBER! DU MUSST DICH HIER UND JETZT ENTSCHEIDEN: DEIN BORKENKÄFER ODER ICH!!!«

Aber nein, das macht sie nicht. Sie haucht ihm nur einen

Kuss durch den Weichzeichner zu: »Ist schon gut, Martin. Mir wird schon nicht langweilig. Schau – ich habe noch jede Menge zu bügeln.«

Warum werden Drehbuchautoren, die das verbrechen, nicht erschossen?

Nachwort

Hätte Guido Westerwelle das Nachwort geschrieben, würde an dieser Stelle, ihm angemessen, stehen:

»Ich hab mich hinten festgewurzelt,
Dass niemand aus dem Album purzelt.«

Ich möchte mit dem Motto des leider eingestellten amerikanischen Satireblatts *Weekly World News* schließen:

»Wir lassen uns eine gute Geschichte nicht durch Recherchen kaputt machen.«

Und sollten Sie meinen, am Alltag verzweifeln zu müssen – locker bleiben. Wenn wir nicht lachen, wird's auch nicht lustiger.